EKFS

Else Kröner-Fresenius-
Stiftung

WER, WENN NICHT WIR

Else Kröner –
Unternehmerin
und Stifterin

IMPRESSUM

Text:
Dr. Michael Kamp, Dr. Florian Neumann

Mitarbeit:
Stefan Inderwies, Frankfurt/Main
Kathrin Mayr, München
Anna Pezold, München
Nina-Catherine Rücker, Frankfurt/Main
Silke Schäfer, Frankfurt/Main
Heiko Schmidt, München
Katrin Schnödewind, Frankfurt/Main
(Neumann & Kamp Historische Projekte,
München)

Herausgeber:
Else Kröner-Fresenius-Stiftung, Bad Homburg

© August Dreesbach Verlag, München 2010

Grafisches Konzept:
Philipp von Essen, Hamburg

Gesamtherstellung:
Ludwig Auer GmbH, Donauwörth

Papier:
Muncken Polar/Bilderdruckpapier

Schrift:
Adobe Jenson Pro

Printed in Germany
ISBN 978-3-940061-44-7

Besuchen Sie uns im Internet:
www.augustdreesbachverlag.de
www.historische-projekte.de

INHALT

Einleitung 7

I. Eltern 11

II. Fresenius: Familie, Hirsch-Apotheke und
Pharmaunternehmen 23

III. Kindheit und Schulzeit 35

IV. Hirsch-Apotheke und Unternehmen Fresenius bis 1944 57

V. Reichsarbeitsdienst und Ausbildung in
der Apotheke. 77

VI. Die junge Unternehmerin 101

VII. Der Aufstieg des Unternehmens 127

VIII. Familiengründung 143

IX. Fresenius auf dem Weg zum Großunternehmen 159

X. Die Aufsichtsratsvorsitzende Else Kröner 185

XI. Gesellschaftliches Engagement und Stiftungen 207

XII. Else Kröner in den Jahren 1987 und 1988 227

Nachwort: Else Kröners Vermächtnis –
Stiftung und Unternehmen 243

Quellen 251

Zeitzeugen 256

ELSE KRÖNER (1925–1988) nimmt einen außergewöhnlichen Platz in der Wirtschaftsgeschichte der deutschen Nachkriegszeit ein. Sie war eine überaus erfolgreiche Unternehmerin – und das zu großen Teilen aus eigenen Stücken. Else Kröner wurde von vielen Menschen gefördert und unterstützt, aber das Meiste hat sie sich selbst erarbeitet, denn dass sie einmal ein Unternehmen führen würde, war ihr nicht in die Wiege gelegt.

Der Werdegang von Else Kröner, geborene Fernau, weist teilweise geradezu romanhafte Züge auf: Sie stammte aus kleinen Verhältnissen und kam nach dem frühen Tod ihres Vaters durch glückliche Umstände in den Genuss großzügiger Förderung durch den Apotheker und Unternehmer Dr. Eduard Fresenius und seine Frau. Bei ihnen führte Elses Mutter den Haushalt. Da das Ehepaar Fresenius kinderlos geblieben war, vermachte Dr. Fresenius, der 1946 verstarb, seiner »Ziehtochter« die Frankfurter Hirsch-Apotheke und das Unternehmen »Dr. E. Fresenius Chemisch-pharmazeutische Industrie KG« in Bad Homburg. Doch so großzügig das Vermächtnis auch war, es barg nach dem Krieg große Probleme: Die Hirsch-Apotheke war 1944 bei Bombenangriffen auf Frankfurt zerstört worden und der Bad Homburger Betrieb war hoch verschuldet. Nach Abschluss ihres Pharmaziestudiums und mit gerade einmal 26 Jahren machte sich Else Fernau daran, Apotheke und Unternehmen auf Erfolgskurs zu bringen – eine Aufgabe, die mit sehr viel Arbeit verbunden war. Geschickt nutzte sie die Chancen, die der Wiederaufbau in den 1950er Jahren bot. Betriebswirtschaftliche Kenntnisse eignete sie sich erst im Abendstudium an. Für persönliche Interessen blieb angesichts dessen kaum Zeit.

Die Leitung der Hirsch-Apotheke übergab Else Fernau bereits in den 1950er Jahren einem Apothekerkollegen und widmete sich fortan dem Aufbau des Bad Homburger Unternehmens. Dort stand ihr seit den späten 1950er Jahren Hans Kröner zur Seite, den sie 1964 heiratete. Mit ihm baute sie das Unternehmen Fresenius in zweieinhalb Jahrzehnten zu einem international agierenden Großunternehmen auf.

Else Kröner war nicht immer glücklich über diese Entwicklung. Sie hätte die Arbeit in einem familiären Kleinbetrieb vorgezogen, in dem sie, wie in den ersten Jahren des Unternehmens nach dem Krieg, alle Mitarbeiter persönlich kannte. Die mit der Ausweitung des Unternehmens verbundene Versachlichung, die unvermeidliche Zunahme der Anonymität und der Entfremdung im menschlichen Umgang widersprachen ihren persönlichen Vorstellungen von einem Wirtschaftsbetrieb. Aber sie sah ein, dass das Unternehmen wachsen und neue Märkte erschließen musste, um gegenüber der Konkurrenz bestehen zu können. Sie verstand, dass die Entwicklung die Grundlage dazu war, dass das in ihrem Unternehmen erarbeitete Fachwissen Menschen in Not helfen und in viele Länder getragen werden konnte, in denen es dringend benötigt wurde.

»Wer, wenn nicht wir?« – keine Äußerung von Else Kröner bringt ihr soziales Verantwortungsgefühl besser zum Ausdruck. Denn wer sonst, als erfolgreiche Unternehmerinnen und Unternehmer wie sie selbst, sollten Menschen in Notlagen helfen? Aus dieser Haltung heraus hat sie fünf Kinder adoptiert, um ihnen bessere Lebenschancen zu eröffnen. Sie hat zahlreiche humanitäre Initiativen unterstützt und Kinderpatenschaften übernommen. 1983 gründete sie die Else Kröner-Fresenius-Stiftung, deren Ziel die Förderung medizinischer Forschung und die Unterstützung notleidender Menschen ist. Auf die Stiftung ging nach Else Kröners letztem Willen mit ihrem Tod ihr Vermögen über.

Mit der vorliegenden Biografie möchte die Else Kröner-Fresenius-Stiftung die Erinnerung an die große Unternehmerin und Stifterin wach halten und Else Kröner zugleich in einer Weise ehren, die zu ihr passt. Formen der Überhöhung oder Stilisierung fielen daher von vornherein aus. Else Kröner wusste zwar, wer sie war, und war stolz auf das, was sie geleistet hatte, aber sie blieb bescheiden. Das kam im persönlichen, unprätentiösen Umgang mit ihren Mitarbeitern genauso zum Ausdruck, wie in ihrer Erscheinung. Ihr Leben lang kaufte sie Kleider von der Stange und freute sich darüber, wenn sie nicht gleich auf den ersten Blick als »die Chefin« ihres Unternehmens zu erkennen war.

Für die vorliegende Biografie bildeten die vielen Briefe, die Else Kröner als Privatperson und Unternehmerin geschrieben hat, eine einzigartige Quellenbasis. So ist es zum Beispiel möglich, aus der umfangreichen Korrespondenz mit ihrem Tanzstundenpartner einen detaillierten Einblick in das Leben der jungen Else Fernau und das ihrer Altersgenossen in den 1940er Jahren zu bekommen. Geschehnisse der Kriegszeit in Frankfurt, Else Fernaus Arbeit bei der Erntehilfe, beim Arbeitsdienst und beim Kriegshilfsdienst sowie die Erlebnisse ihres Tanzstundenpartners beim Militär sind Themen der frühen Briefe. Später geben ihre persönlichen Aufzeichnungen darüber Aufschluss, wie sie die Rolle der Frau in der Gesellschaft der Nachkriegszeit sah und welche Schlüsse sie für ihr eigenes Fortkommen daraus zog.

Für die 1970er und 1980er Jahre sind es dann vor allem die so genannten »Tageskopien«, also Kopien der täglich anfallenden Briefe und internen Mitteilungen, die einen Eindruck von Else Kröners zupackendem Führungsstil im Unternehmen vermitteln. Diese Tageskopien eröffnen zudem einen Blick in die Geschichte von Fresenius, einem aufstrebenden Unternehmen der Pharmabranche. Insofern ist die Biografie nicht nur ein Beitrag zur deutschen Geschichte im Allgemeinen, indem das Lebensbild einer bedeutenden Persönlichkeit gezeichnet wird, sondern auch zur deutschen Wirtschaftsgeschichte im Speziellen: Aus der Perspektive der Unternehmerin Else Kröner wird ein Teil der Geschichte von Fresenius rekonstruiert.

Das Bild der Privatperson und Unternehmerin Else Kröner und die Aussagen zu ihrem privaten und beruflichen Umfeld wurden durch Recherchen in städtischen und staatlichen Archiven ergänzt und überprüft. Außerdem fanden sich zahlreiche Zeitzeuginnen und Zeitzeugen bereit, aus erster Hand über Else Kröner zu berichten. Ihnen sei an dieser Stelle besonders gedankt. Sie haben wesentlich dazu beigetragen, dass in der vorliegenden Biografie ein differenziertes Bild von Else Kröner gezeichnet werden konnte.

I.
ELTERN

VOM LAND IN DIE STADT

ALS ELSE FERNAU, die spätere Else Kröner, am 15. Mai 1925 in Frankfurt am Main geboren wurde, deutete nichts darauf hin, dass sie einmal eine bedeutende Unternehmerin werden würde. Else Fernau stammte aus einfachen Verhältnissen. Ihre Eltern kamen beide aus Arbeiterfamilien und verlebten ihre Kindheit und Jugend in mittelhessischen Kleinstädten. Erst in der Zeit um den Ersten Weltkrieg zogen sie auf der Suche nach Arbeitsmöglichkeiten nach Frankfurt am Main. In der großen hessischen Stadt lernten sie sich schließlich kennen.

Die Mutter, Thekla Therese Reucker, genannt Therese, kam am 1. Dezember 1889 in Lollar zur Welt, einer kleinen Gemeinde zwischen Gießen und Marburg. Sie war die Tochter des Ziseliermeisters Johann Ludwig Wilhelm Reucker und dessen Frau Ernestine Henriette Philippine Elisabeth, einer geborenen Nickel.

Wie viele der damals rund 1.300 Einwohner Lollars profitierten die Reuckers von der Entwicklung, die das Hüttenwesen im Landkreis Gießen genommen hatte.[1] Die Verarbeitung der örtlichen Erzvorkommen bescherte dem Dorf Lollar in der zweiten Hälfte des 19. Jahrhunderts eine wirtschaftliche Blüte, die es Anfang des 20. Jahrhunderts zu einer größeren Gemeinde mit rund 2.000 Einwohnern werden ließ. Seit 1850 bestand zunächst eine Eisenbahnverbindung zwischen Lollar und Marburg, und ab Anfang der 1860er Jahre war der Ort an das Schienennetz des Rhein-Main-Gebiets und des Ruhrgebiets angebunden, was seiner industriellen Entwicklung äußerst förderlich war. Den Anfang der Schwerindustrie in Lollar machten 1854 zwei Hochöfen. Sie bildeten den Grundstock zur so genannten »Hedwigshütte«, die 1861 von dem Familienunternehmen Buderus aus Wetzlar übernommen wurde.[2] Im Buderus-Eisenwerk mit seiner Gießerei wurden zunächst Dauerbrandöfen hergestellt.[3] Als mit dem Aufkommen von Gasöfen und Zentralheizungen die Nachfrage zurückging, stieg das Unternehmen in den

1890er Jahren auf die Produktion von gusseisernen Gliederkesseln und Heizkörpern um. Im Ersten Weltkrieg wurden die Eisenwerke in Lollar auch kurzzeitig für Rüstungszwecke herangezogen.

Nach dem Ersten Weltkrieg stand Lollar dann wie viele Städte mit Schwerindustrie vor großen wirtschaftlichen Schwierigkeiten und erlebte soziale Unruhen. Die Bestimmungen des Versailler Friedensvertrags, die für die deutschen Hüttenbetriebe empfindliche Einschnitte brachten, trafen Lollar hart. Außerdem hatte die deutsche Reichsregierung aufgrund der hohen Reparationszahlungen an die Siegermächte des Ersten Weltkrieges unter anderem die Geldmenge vermehren lassen und damit eine galoppierende Inflation ausgelöst. Die Arbeiter in Lollar, die angesichts dessen um ihre Existenz fürchteten, kämpften mit lang anhaltenden Streiks für bessere Löhne und soziale Absicherung.[4]

Therese Reucker war froh, dass sie in diesen schweren Zeiten nach dem Besuch der Volksschule eine Anstellung als Beschließerin im Schloss Hungen gefunden hatte, das etwa 30 Kilometer südöstlich ihrer Heimatgemeinde gelegen ist.[5] In der Schlossanlage, die auf einen Bau der Herren von Falkenstein aus dem 14. Jahrhundert zurückgeht, waren zu jener Zeit Wohnungen eingerichtet.[6] Die Hausmeisterdienste füllten Therese Reucker jedoch schon bald nicht mehr aus. Auf der Suche nach Veränderung und besserem Verdienst zog es sie nach Frankfurt am Main[7], wo bereits ihr älterer Bruder, Hermann Reucker, als Kaufmann tätig war. Er bestärkte seine Schwester in ihrem Vorhaben, in der Großstadt nach einer neuen Anstellung zu suchen. In den Haushalten Frankfurter Familien wurden immer wieder ungelernte Kräfte benötigt. Therese Reucker wagte den Schritt in die Großstadt und hatte auf Anhieb Glück. Sie fand eine neue Beschäftigung als Haushälterin bei dem Frankfurter Apotheker Dr. Eduard Fresenius und seiner Frau Else in der Forsthausstraße 87, in Frankfurt-Sachsenhausen, genauer: im großbürgerlichen westlichen Viertel des Frankfurter Stadtteils.

Sachsenhausen, eine einstige Fischervorstadt und Gärtnersiedlung, hatte bis ins späte 19. Jahrhundert einen dörflich-kleinbürgerlichen Charakter. Mit schwarzen Schindeln gedeckte, teilweise baufällige Fachwerkhäuser drängten sich in den engen verwinkelten Gassen. Im Westen dieses schon damals bei den Frankfurtern beliebten Ausgehviertels mit seinen Apfelweinlokalen hatten sich seit der Mitte des 19. Jahrhunderts einige wohlhabende Frankfurter Bürger niedergelassen. Entlang des Mainufers entstand ein ganzer Stadtteil großbürgerlichen Zuschnitts mit herrschaftlichen Villen und Geschäftshäusern. So hatte sich beispielsweise Hermann Mumm von Schwarzenstein um 1902 an der Forsthausstraße eine Villa im Stil des Historismus errichten lassen, weil das alte Palais der Familie auf der Zeil einem Warenhaus hatte weichen müssen. Die Familie Mumm von Schwarzenstein hatte in der Vergangenheit einige Bankiers, Diplomaten und einen Frankfurter Oberbürgermeister gestellt. In der französischen Champagne besaß die Familie Weingüter und betrieb einen Weinhandel, aus dem die heute noch bekannte Sektkellerei Mumm hervorging.[8]

Bei den betuchten Neu-Sachsenhäusern stand damals in der Freizeitgestaltung der Pferdesport an erster Stelle. Um die Jahrhundertwende war zu diesem Zweck an der Ecke der Forsthausstraße, der heutigen Kennedyallee, mit der Stresemannallee das Hippodrom errichtet worden. Aber auch die Kunst kam nicht zu kurz. Seit 1878 befand sich das bekannte Städelsche Kunstinstitut in einem neu errichteten Museumsgebäude am Schaumainkai. An der dortigen Kunstschule waren Maler wie Max Beckmann und Fritz Boehle tätig, die unweit ihrer Wirkungsstätte in Sachsenhausen wohnten. Bald zog es weitere Künstler in den beschaulichen Stadtteil, so etwa den Komponisten Paul Hindemith. Er lebte und arbeitete von 1923 bis 1927 im Sachsenhäuser Kuhhirtenturm.[9]

Die Bevölkerungszahl Sachsenhausens nahm seit dem Ende des 19. Jahrhunderts angesichts dieser Entwicklungen rasch zu. Waren 1890 etwa 24.000 Einwohner im Stadtteil gemeldet, waren es 1912 bereits mehr als doppelt so viele: 50.000.[10] Um den Kern des alten Sachsenhausen mit seinen Apfelweinlokalen und dem »Dippemarkt« am Mainufer, einer Art Flohmarkt, der auf Kochtöpfe, Pfannen und anderes Küchengerät spezialisiert war, entstanden ganz anders geartete neue Stadtviertel. In Richtung Süden, entlang der Darmstädter Landstraße, siedelten sich einige Industrie- und Gewerbebetriebe an, von denen es die Brauereien Binding und Henninger zu überregionaler Bedeutung brachten.

Therese Reucker, die direkt nach dem Ersten Weltkrieg nach Frankfurt gekommen war, erlebte diesen Wandel unmittelbar mit. Die Forsthausstraße, in der sie nunmehr lebte und arbeitete, wurde zu einer der großen Ausfallstraßen Frankfurts. Über die großzügig angelegte Straße, die heutige Kennedyallee, gelangte man zum Frankfurter Waldstadion, das 1925 am Rand des Frankfurter Stadtwalds eröffnet wurde. Nicht nur die dortigen großen Sportveranstaltungen zogen zahlreiche Besucher an: Das 42 Hektar große Areal des Stadtwalds war bei den Frankfurtern ein beliebtes Ausflugsziel, das mehr als nur Gelegenheit zum Spazierengehen bot. Neben der Naturlandschaft waren das Waldtheater und verschiedene Sportstätten mit Turnhalle, Schwimmbad, Licht- und Luftbad, Radrennbahn und Tennisplätzen Sachsenhäuser Attraktionen.[11]

Nach der schweren Zeit der Inflation, die ihren Höhepunkt im November 1923 erreicht hatte, herrschte in der Stadt allgemeine Aufbruchstimmung. Wie andernorts galten die Jahre von 1924 bis zur Wirtschaftskrise Ende des Jahrzehnts auch in Frankfurt als die »Goldenen Zwanziger

Jahre«. Mit dem Amtsantritt des neuen Oberbürgermeisters Ludwig Landmann im Jahr 1924 wehte ein neuer Wind durch die Stadt. Landmann leitete die Entwicklung des »Neuen Frankfurt« ein, ein Begriff, der sich vor allem auf den Städtebau bezog. Die neue Schlichtheit des vom Bauhaus geprägten und auf Funktionalität reduzierten Baustils sollte die Überschwänglichkeit von Historismus und Jugendstil ersetzen und ein nach der Kriegszeit wiedererlangtes optimistisches Lebensgefühl nach außen hin sichtbar machen. Die Altstadt wurde saniert, Straßen wurden ausgebaut und die ersten Leuchtreklamen installiert, die als Symbole für die »moderne Zeit« gedeutet wurden. Paradebeispiele für einen neuen Stil im Wohnungsbau waren die gegen Ende des Jahrzehnts entstehenden, vom Architekten Ernst May gestalteten Trabanten- und Gartenstädte, die die drückende Wohnungsnot lindern sollten. Zu ihnen gehörten die Römerstadtsiedlung bei Heddernheim im Norden und die im Südwesten der Stadt gelegene Wohnanlage Bruchfeldstraße in Niederrad. Auf dem Gebiet des Riedhofs in Sachsenhausen, das sich zum größten Teil im Besitz der Bankiers-Familie Bethmann befand, baute die »Heimat Gemeinnützige Bau- und Siedlungs-AG« die »Heimatsiedlung«. Es entstanden Gebäude im Bauhaus-Stil mit insgesamt mehr als 1.000 Wohnungen, die ausschließlich für Angestellte gedacht waren. Auf dem Modernisierungsprogramm der Stadt stand außerdem die Verbesserung der Verkehrsinfrastruktur. Straßen und Brücken wurden für den zunehmenden Individualverkehr ausgebaut, 1924 ging westlich der Stadt der neue Flughafen Rebstock in Betrieb, und es setzten die Planungen für eine erste deutsche Autobahn von Hamburg über Frankfurt bis nach Basel ein, die so genannte Hafraba. Die Durchführung dieser Pläne scheiterte jedoch zunächst an der Weltwirtschaftskrise.[12]

Zu dieser Zeit war Therese Reucker bereits verheiratet. Sie hatte vermutlich über ihren Arbeitgeber Dr. Eduard Fresenius den jungen Kaufmann Christoph Fernau kennen gelernt, der schon kurz vor dem Ersten Weltkrieg nach Frankfurt gekommen war.

Christoph Konrad Fernau war zweieinhalb Jahre jünger als Therese Reucker. Er war am 11. August 1892 im hessischen Cornberg geboren, einem Dorf nahe Rotenburg an der Fulda. Wie Therese Reucker war er auf der Suche nach Arbeit in die Metropole am Main gekommen, wo schon vier seiner älteren Geschwister lebten. In Frankfurt absolvierte er eine Ausbildung zum Kaufmann, bevor er wie viele seiner Altersgenossen in den Krieg zog. Nach dem Krieg, in dem er als einfacher Soldat gedient hatte, lernte Christoph Fernau in Frankfurt Friedrich Schmidt kennen, der ein kleines Transportunternehmen unterhielt. Bald schon trat er mit ihm privat und beruflich in engere Beziehung: Privat, weil Christoph Fernau den verwitweten Friedrich Schmidt mit seiner älteren Schwester Marie Fernau bekannt machte und dieser Marie heiratete; und beruflich, weil Schmidt nach dem Krieg für sein rasch expandierendes Transportunternehmen kaufmännische Unterstützung benötigte und Christoph Fernau ihm dafür wie gerufen kam. Mit seiner kaufmännischen Ausbildung war Christoph Fernau für Schmidt der ideale Mitarbeiter und schließlich Teilhaber des Unternehmens. 1922 wurde Schmidts Transportunternehmen in »Schmidt & Fernau« umbenannt. Christoph Fernau übernahm fortan die Arbeit im Büro, das sich in der Hafenstraße 23 im Gutleutviertel befand, während der Fuhrpark des Unternehmens im Bäckerweg 10 im Stadtteil Nordend-Ost untergebracht war.[13]

Die beiden Schwäger wirtschafteten erfolgreich – und das in einem nicht gerade einfachen Geschäftszweig.[14] Nach dem Ersten Weltkrieg sahen nämlich viele Deutsche den Beruf des Transportunternehmers als zukunftsträchtig an und gründeten LKW-Transportbetriebe. Einen entscheidenden Anteil daran hatten die Bestimmungen des Versailler Vertrags, die eine massive Abrüstung des deutschen Heeres verlangten. Dadurch wurden zahlreiche Heeres-LKW freigesetzt, die kostengünstig auf den Markt kamen und rasch Abnehmer fanden. Viele begeisterten sich damals schon deshalb für den Beruf des LKW-Transporteurs, weil er ihnen die Beschäftigung mit noch recht neuen und entsprechend faszinierenden »motorisierten Fuhrwerken« bot. Außerdem erschien ihnen die Betätigung als recht sicher, denn zu transportieren, so dachten sie, gab es immer etwas. Ein weiterer Grund für die starke Zunahme der LKW-Transportunternehmen in den 1920er Jahren bestand im deutlichen Rückgang der Produktionskosten und damit der Anschaffungspreise für Lastkraftwagen. Die LKW-Zulassungen stiegen pro Jahr um 22 Prozent. In den 1920er Jahren kam es daher zu einem regelrechten »Wildwuchs« von kleinen und kleinsten Transportfirmen. Ende der 1920er Jahre waren auf deutschen Straßen für den Güterverkehr etwa 11.000 LKW im Einsatz, die meisten von ihnen im Güternahtransport.

Der Transportbetrieb von Friedrich Schmidt und Christoph Fernau musste die neue und ständig wachsende Konkurrenz zunächst nicht fürchten. Das Unternehmen, das mit einem Lastkraftwagen und – damals noch vollkommen selbstverständlich – mit mehreren Pferdefuhrwerken arbeitete, war in Frankfurt etabliert und übernahm beispielsweise Weintransporte von den Anbaugebieten am Rhein zu den führenden Weinhändlern Frankfurts.

Die gemeinsame Arbeit bescherte den beiden Unternehmern einen bescheidenen Wohlstand. Christoph Fernau heiratete Therese Reucker am 8. Juni 1923[15] und mietete mit ihr zusammen drei Zimmer im Dachgeschoss des villenartigen Gebäudes in der Forsthausstraße 87, im selben Haus, in dem Therese Fernaus Arbeitgeber Dr. Eduard Fresenius mit seiner Frau das erste Stockwerk bewohnte. Am 15. Mai 1925 kam die gemeinsame Tochter von Christoph und Therese Fernau zur Welt. Wie sich Else Fresenius, Therese Fernaus »Herrschaft«, noch viele Jahre später erinnern sollte, hatte sich Therese in der Nacht auf den 15. Mai in den Vaterländischen Frauenverein bringen lassen, wo sie – offensichtlich ohne große Komplikationen – eine gesunde Tochter gebar. Else Fresenius erfuhr von dem Ereignis durch einen Anruf vom Vaterländischen Frauenverein und machte sich sogleich auf den Weg in das Krankenhaus des Vereins, das heutige Maingau-Krankenhaus in der Eschenheimer Anlage. In ihren Worten: »Im Vaterländischen angekommen, wurde ich gleich nach Zimmer Nr. 63 geführt und machte mich gefaßt, dort eine totenbleiche, verfallene Therese vorzufinden. Ich traute meinen Augen nicht, als im sonnendurchfluteten Zimmer, im schneeweißen Bettchen, blonde Zöpfe zu beiden Seiten, rosig und munter, ein ganz junges Mädchen lag, das gerade Mütterchen geworden war!«[16] Da Else Fresenius damals gerade erkältet war, bekam sie die Neugeborene an dem Tag nur kurz zu Gesicht. Einen Monat später wurde die Tochter von Christoph und Therese Fernau in der evangelischen St. Lukaskirche in Sachsenhausen nach den Namen ihrer beiden Taufpatinnen Else Fresenius und Elisabeth Reucker auf den Namen Else Elisabeth getauft.[17]

KURZES FAMILIENGLÜCK

Alles sprach für eine glückliche Zukunft der jungen Familie. Therese Fernau hatte eine auskömmliche Anstellung und ihr Mann Christoph war zusammen mit seinem Schwager trotz ständig wachsender Konkurrenz erfolgreich. 1928 beschlossen Christoph Fernau und Friedrich Schmidt sogar, einen zweiten Lastkraftwagen anzuschaffen. Doch dazu sollte es nicht mehr kommen. Im Frühjahr 1929 wurde Christoph Fernau mit starken Schmerzen in die Frankfurter Universitätsklinik eingeliefert. Es bestand der Verdacht eines Blinddarmdurchbruchs, der sofort operiert werden musste. Aber alle Rettungsversuche scheiterten an Komplikationen während der Operation. Die operierenden Ärzte stellten zu spät fest, dass ihr Patient zuckerkrank war.[18] Christoph Fernau starb am 27. März 1929 im Alter von nur 37 Jahren.

In den Jahren der Wirtschaftskrise und in Zeiten, in denen es noch keine soziale Absicherung wie heute gab, bedeutete für Therese Fernau der Tod ihres Mannes nicht nur einen schmerzhaften persönlichen Verlust – er stellte sie vor existentielle Probleme. Ohne vermögenden Familienhintergrund und als alleinerziehende Mutter einer dreijährigen Tochter stand sie vor größten Schwierigkeiten. In dieser Notlage war es ein großes Glück, dass Therese Fernau mit der Unterstützung ihres Arbeitgebers

[oben] Therese und Christoph Fernau wohnten bei
Dr. Eduard Fresenius und seiner Frau Else in der
Forsthausstraße 87, in Frankfurt-Sachsenhausen. Blick
vom Domturm über den Main in Richtung Sachsenhausen, um 1910.

[unten] Die Mutter von Else Kröner, Therese Reucker,
kam um 1920 aus Lollar, einer kleinen Gemeinde
zwischen Gießen und Marburg, nach Frankfurt und
fand eine Beschäftigung als Haushälterin bei dem
Apotheker Dr. Eduard Fresenius. Am 8. Juni 1923
heiratete sie Christoph Fernau, der auf der Suche nach
Arbeit aus dem hessischen Cornberg in die Metropole
am Main gekommen war. Die Fotografie zeigt die
Hauptwache und den Turm der St. Katharinenkirche in
Frankfurt. Hier nimmt die Zeit ihren Anfang. Rechts im
Hintergrund ist die Kuppel der einstigen Hauptpost zu
erkennen. Ihr gegenüber befand sich die Hirsch-Apotheke
von Dr. Eduard Fresenius.

[linke Seite] Else Fernaus Vater, Christoph Konrad Fernau, um 1920. Er betrieb in den 1920er Jahren zusammen mit seinem Schwager Friedrich Schmidt eine Spedition.

[oben] Die Spedition Schmidt & Fernau, die mit einem Lastkraftwagen und mit mehreren Pferdefuhr-werken arbeitete, übernahm unter anderem Wein-transporte von den Anbaugebieten am Rhein zu den führenden Weinhändlern Frankfurts.

[unten] Die Forsthausstraße, in der die Fernaus wohnten, bildete den direkten Weg zum neuen Waldstadion und Erholungsgebiet im Südwesten der Stadt.

No. 3245.

Identitäts-Ausweis.

Gültig zur Reise nach dem besetzten Gebiet im Westen Deutschlands

vom 31. März 1920 bis 30. März 1921

Familienname: *Reucker*

Vorname: *Therese*

Staatsangehörigkeit: *Hessen*

Beruf: *Hausfrau*

Wohnort und Wohnung: *Frankfurt a. M.*
Forsthausstraße 87

geboren am: *1. 12. 1889* zu: *Cölbe*

Gestalt: *mittel* Haar: *blond*

Augen: *blau* Gesichtsform: *oval*

Besondere Kennzeichen: —

50 Pf.

Unterschrift des Inhabers: *Therese Reucker*

Es wird hiermit bescheinigt, daß der Inhaber die durch vorstehende Photographie dargestellte Person ist und die darunter befindliche Unterschrift eigenhändig vollzogen hat.

Frankfurt a. M., den *31. März* 1920

Der Polizei-Präsident.

J. A.:

Fr. Honsack & Co., Frankfurt a. M.

Ein Ausweis von Else Fernaus Mutter, Therese Reucker, von 1920. Solche Identitätsausweise wurden nach dem Ersten Weltkrieg benötigt, um in die von den Sieger-mächten besetzten Gebiete Deutschlands reisen zu können.

rechnen konnte. Sie blieb weiterhin Haushälterin bei Dr. Eduard und
Else Fresenius. Um die kleine Else kümmerte sich das kinderlos gebliebe-
ne Ehepaar Fresenius mit Hingabe und behandelte sie fast wie eine eigene
Tochter.

Auch Friedrich Schmidt und seine Familie hielten weiterhin engen
Kontakt zu Therese Fernau und ihrer Tochter. Schmidt wollte das einstige Unternehmen »Schmidt & Fernau« allein unter seinem Namen weiter-
führen, doch nach dem Tod seines Schwagers traf ihn ein weiterer Schick-
salsschlag: Er erblindete und konnte das Unternehmen nur dadurch
erhalten, dass er seinen damals 14-jährigen Sohn Philipp von der Schule
nahm. Auf diese Weise konnte das von der Wirtschaftskrise gebeutelte
Unternehmen erhalten bleiben. Philipp Schmidt führte den Betrieb weiter, bis er 1939 zur Wehrmacht eingezogen wurde.[19]

1 Zur Bevölkerungsentwicklung in Lollar vgl. Huttarsch, Reinhold/Müller, Michael: Lollar beiderseits der Lahn. Lollar 1984, S. 346 f. **2** Vgl. Geschichte der Eisenwerke Buderus, 2 Bde., München 1938; Bd. I: Vom Ursprung und Werden der Buderus'schen Eisenwerke Wetzlar; Band II: Die Neuere Geschichte der Buderus'schen Eisenwerke, hier Bd. I, S. 208. **3** Vgl. ebd., S. 278. **4** Huttarsch/Müller: Lollar beiderseits der Lahn, S. 174–182. **5** Zeitzeugengespräch Gerda Gaul, Oktober 2009. **6** Freundeskreis Schloss Hungen e. V., http://www.freundeskreis-schloss-hungen.de/geschichte.html (abgerufen am 29.10.2009). **7** Zeitzeugengespräch Gerda Gaul, Oktober 2009. **8** Neue Deutsche Biographie, Band 18, Berlin 1997, S. 579 ff. **9** Klötzer, Wolfgang: Sachsenhausen – Mehr als nur ein Vorort der Metropole Frankfurt am Main, in: Ders.: »Keine liebere Stadt als Frankfurt«. Kleine Schriften zur Frankfurter Kulturgeschichte II, Frankfurt/M. 2000, S. 80. **10** Nordmeyer, Helmut: Sachsenhausen – Ansichten. Bilder aus Alt-Sachsenhausen vom 16. Jahrhundert bis zur Gegenwart, Frankfurt/M. 1998, S. 10 (http://www.stadtgeschichte-ffm.de/download/sachsenhausen.pdf). **11** Schembs, Hans-Otto: Das war das 20. Jahrhundert in Frankfurt am Main, Gudensberg-Gleichen 2005, S. 29; Klötzer, Wolfgang: Frankfurt in den Zwanziger Jahren. Mit einem Ausblick auf die dreißiger, Würzburg 1984. **12** Klötzer, Wolfgang: »Wahrlich eine schöne und lebendige Stadt...« Kleine Schriften zur Frankfurter Kulturgeschichte (Archiv für Frankfurts Geschichte und Kunst 60), Frankfurt/M. 1985, S. 97. **13** Alphabetisches Verzeichnis der Einwohner und Firmen von Frankfurt am Main, 1924: Erster Eintrag für Schmidt & Fernau, Speditions-Geschäft mit der Adresse Bäcker-Weg 10; 1927: Erster Eintrag für Schmidt & Fernau, Hafenstraße 10. **14** Zum Folgenden vgl. Vahrenkamp, Richard: Die Entwicklung der Speditionen in Deutschland 1880 bis 1938. Neue Geschäftsfelder, neue Kooperationsformen und neue Regulierungen (Working Papers in the History of Mobility No 11 (2007). Online unter: http://www.vahrenkamp.org/WP11_Speditionen.pdf (abgerufen am 15.11.2008), S. 3 ff. **15** Familienstammbuch Fernau/Reucker. **16** Fresenius, Else: Rede zur Konfirmation von Else Fernau, Konfirmationsbuch, unpaginiert, aber: fol. IV. **17** Taufe am 28.06.1925, Familienstammbuch Fernau/Reucker; Elisabeth Reucker war die Frau von Hermann Reucker, dem älteren Bruder von Therese Fernau. **18** Zeitzeugengespräch Marianne Schmidt, Januar 2009. **19** Zeitzeugengespräch Marianne Schmidt, Januar 2009.

II.
FRESENIUS: FAMILIE, HIRSCH-APOTHEKE
UND PHARMAUNTERNEHMEN

FRANKFURTER GROSSBÜRGERTUM

ELSE FERNAU HAT zeitlebens zutiefst bedauert, dass sie ihren Vater so früh verloren hat. Ein richtiges Familienleben hatte sie dadurch nie kennen gelernt, auch wenn sich Dr. Eduard Fresenius und seine Frau Else darum bemühten, ihr den bestmöglichen Ausgleich zu bieten. Dass sie selbst keine Kinder hatten, spielte dabei genauso eine Rolle wie die Verpflichtung, die Else Fresenius der Halbwaisen gegenüber als Patin empfand. Zwar sicherte sie bei der Taufe nur zu, nach Kräften dafür zu sorgen, dass Else Fernau »den Weg in die christliche Gemeinde findet«; aber es war für sie und ihren Mann selbstverständlich, dass damit auch die Aufgabe verbunden war, ihrem Patenkind in Notlagen beizustehen und eine Sorgepflicht zu übernehmen. Doch bei aller Herzlichkeit waren Dr. Fresenius und seine Frau für Else Fernau immer nur der »Onkel Doktor« und das »Gotchen«.

Allerdings ist Else Fernau durch die Fürsorge des Ehepaars Fresenius in eine Welt des Großbürgertums hineingewachsen, die ihr sonst verschlossen geblieben wäre. Die Familie Fresenius, die ursprünglich aus Friesland stammt, besaß seit 1743 das Bürgerrecht der Stadt Frankfurt am Main und stand in der hessischen Metropole in hohem Ansehen. Zu besonderer Berühmtheit hatte es der Pastor Johann Philipp Fresenius gebracht, der Goethes Eltern traute und den berühmten Sohn der Stadt 1749 taufte und später konfirmierte.[1]

Neben Theologen brachte die Familie vor allem bedeutende Naturwissenschaftler hervor. Mitte des 19. Jahrhunderts erlangte Karl Remigius Fresenius, ein Urenkel des Frankfurter Pastors, wissenschaftliches Renommee. Nach Jahren als Assistent des Chemie-Pioniers Justus von Liebig[2] gründete er 1848 das »Chemische Laboratorium Fresenius Wiesbaden«.[3] Dort führte er chemische Analysen der nassauischen Bodenschätze durch, prüfte Nahrungsmittel und untersuchte die chemisch-mineralische Zusammensetzung der Quellwässer von Selters, Bad Ems und Fachingen. Außerdem bildete er in einer eigenen, dem Labor angegliederten Unterrichtsabteilung

Chemiker aus. Die bedeutendsten seiner Schüler waren Eugen de Haën[4] und Eugen Lucius[5], die in der zweiten Hälfte des 19. Jahrhunderts bedeutende Chemieunternehmen gründeten. Karl Remigius Fresenius und seine Nachfolger befassten sich dagegen weiterhin mit wissenschaftlichen Analysen, für die das seit 1975 in Taunusstein ansässige »Institut Fresenius« noch heute bekannt ist.[6]

Der in Frankfurt verbliebene Zweig der Familie Fresenius verlegte sich vor allem auf die Pharmazie. Ende des 19. Jahrhunderts erwarb Johann Philipp Fresenius die Hirsch-Apotheke, eine der ältesten Arzneimittelhandlungen Frankfurts.[7] Johannes von Steinheim hatte sie 1462 unmittelbar neben dem Dom als »Apotheke an der Pfarr« gegründet. Seit 1581 firmierte sie als »Apotheke zum güldenen Hirsch« – ein Name, der sich im allgemeinen Sprachgebrauch bald zu »Hirsch-Apotheke« abschliff. Ihr Sitz war weiterhin in der Nähe des Frankfurter Doms. Erst Anfang des 19. Jahrhunderts, als sich die Zeil zu einer der Hauptgeschäftsstraßen der Stadt entwickelte, entschlossen sich die damaligen Besitzer, die Apotheke in das Haus Zeil 111 zu verlegen. Dort gibt es die Apotheke noch heute.

Johann Philipp Fresenius führte die Hirsch-Apotheke mit großem Erfolg. Im Privaten war er weniger glücklich. Von den vier Kindern, die ihm seine Frau Anna Gertrude Fresenius, eine geborene Nortz,[8] gebar, starb die Tochter Luisa Johanna Emilia bereits im ersten Lebensjahr im April 1874,[9] und der Sohn Karl Wilhelm kam im September 1906 im Alter von 24 Jahren ums Leben.[10] Schon frühzeitig stand fest, dass der am 17. November 1874 geborene[11] Johann Eduard, genannt Eduard, die Apotheke übernehmen sollte. Ferdinand Jacob Fresenius, Jahrgang 1878,[12] wurde Chemiker.

DR. EDUARD FRESENIUS

Ganz im Sinne der väterlichen Planungen arbeitete Eduard Fresenius nach dem Abitur, das er 1894 am Frankfurter Realgymnasium Wöhlerschule ablegte, in der Hirsch-Apotheke.[13] Zum Sommersemester 1899 schrieb er sich für das Fach Pharmazie an der Ludwig-Maximilians-Universität in München ein, wo er nach dem damals dreisemestrigen Studium[14] am 27. Oktober 1900 die pharmazeutische Approbation erhielt. Danach leistete er in seiner Heimat Militärdienst, in dessen Rahmen er das hessische und preußische Reserveoffizierspatent als Rittmeister erwarb, worauf er zeitlebens sehr stolz war. Eduard Fresenius, der seit 1901 mit der aus Dresden stammenden Else Pospisil verheiratet war, übernahm danach zunächst Verwaltungsaufgaben in der väterlichen Apotheke.[15] Aber er wollte sich auch akademisch weiterbilden und den Doktorgrad erwerben. 1904 nahm er daher an der Großherzoglich Hessischen Ludwigs-Universität in Gießen das Studium der Staatswissenschaft, Botanik und Physik auf. Er studierte in erster Linie bei Prof. Magnus Biemer, der wenige Jahre zuvor das »Staatswissenschaftlich-Statistische Seminar« der Universität gegründet und der philosophischen Fakultät angegliedert hatte.[16] Entsprechend den staatswissenschaftlich-historischen Interessen seines Doktorvaters befasste sich Eduard Fresenius in seiner Dissertation »Zur Reform des Apothekenwesens« mit der Entwicklung des Handels und der Herstellung von Arzneimitteln seit der Antike und mit den speziellen Ausformungen des Apothekenwesens im Deutschen Reich.[17] Als Problem stellte er in seiner Arbeit heraus, dass bei den Apotheken im Reich hinsichtlich des Rechtsstatus zwischen privilegierten und konzessionierten Betrieben unterschieden wurde, wobei die Privilegierungen ad personam erfolgten, die Konzessionen hingegen in der Regel nach zehn Jahren veräußert werden konnten. Hier sei, so Eduard Fresenius, von Reichsseite eine Vereinheitlichung anzustreben.[18] Weitere Problemfelder im deutschen Apothekenwesen erkannte er im ständigen Anstieg von »Spezialitäten und Geheimmitteln« größerer pharmazeutischer Produzenten gegenüber den von Apothekern selbst hergestellten Rezepturen. Die industriellen Spezialmittel würden zudem in immer stärkerem Maße über Drogerien vertrieben, was die Umsätze mit Pharmazeutika in den Apotheken zurückgehen lasse und die Apotheker zwinge, pharmaziefremde Produkte in ihr Warensortiment aufzunehmen.[19] Auch hier machte sich Eduard Fresenius zum Anwalt einer Reglementierung von Seiten des Reichs. Einen Ausweg aus der komplexen Problemlage des deutschen Apothekenwesens erkannte er in der Verstaatlichung der Betriebsberechtigungen von Apotheken und der Verbeamtung der Apotheker und Arzneimittelhändler.[20]

Für Staatswissenschaftler war das von Eduard Fresenius entwickelte System ein interessantes Modell. In der dynamischen Entwicklung, die die pharmazeutische Industrie und der Handel mit ihren Produkten zu Beginn des 20. Jahrhunderts nahmen, hatte es allerdings keine Aussicht, umgesetzt zu werden. Das war bei allen Hoffnungen, die er an die Realisierung seiner Entwürfe knüpfte, auch dem am 14. Februar 1906 zum Dr. phil. promovierten Eduard Fresenius klar.[21] Aber immerhin hatte die Arbeit seinen Blick für die Realitäten des pharmazeutischen Marktes geschärft, und er zog daraus die Konsequenzen. Bereits am 1. April 1905 hatte er von seinem Vater die Hirsch-Apotheke als allein verantwortlicher Leiter übernommen, und in der folgenden Zeit baute er sie kontinuierlich aus.[22] Eduard Fresenius wollte es nicht bei dem Ladengeschäft auf der Zeil belassen, sondern die Hirsch-Apotheke darüber hinaus zu einem pharmazeutischen Großhandelsbetrieb weiterentwickeln. Um einen weiter gefassten Absatz zu ermöglichen, knüpfte er mit Geschick Verbindungen zu den nahe gelegenen Taunus-Bädern. Bald belieferte die Hirsch-Apotheke

25

Wiesbaden, Bad Soden und Bad Homburg mit Arzneimitteln. Auf diese Weise ergaben sich Verbindungen zu zahlreichen Fürstenhäusern des In- und Auslands, deren Mitglieder sich in den Badeorten gerne Kuren unterzogen. Das Königshaus von Rumänien zählte schließlich ebenso zu den Kunden von Dr. Eduard Fresenius wie jenes von Griechenland, zudem Adelshäuser aus England und Mitglieder der russischen Aristokratie.

Nach wenigen Jahren war die Hirsch-Apotheke dank des Engagements von Dr. Fresenius ein erfolgreiches Handelsunternehmen. Sein Vater Johann Philipp Fresenius wollte daher sein Erbe so geregelt sehen, dass Eduard die Apotheke mitsamt dem Geschäftshaus Zeil III und dem rückwärtig verbundenen Haus Holzgraben 16 übernahm und Ferdinand für seine Anteile an diesem Erbe entschädigt wurde. Auch wenn die Brüder 1911 noch kurz vor dem Tod ihres Vaters eine entsprechende juristische Regelung trafen,[23] belastete die Erbaufteilung das Verhältnis zwischen ihnen zeitlebens. Ferdinand Fresenius war der Ansicht, letztlich nicht im angemessenen Maße entschädigt und sowohl von seinem Vater als auch von seinem Bruder Eduard übervorteilt worden zu sein. Eduard Fresenius war es dagegen immer wichtig, darauf hinzuweisen, dass ihr Vater kurz vor seinem Tod den Übernahmepreis der Apotheke vollkommen richtig angesetzt hatte. Den Wert der Apotheke hatte Johann Philipp Fresenius mit rund 1,2 Millionen Reichsmark beziffert, was durchaus realistisch war. Um 1910 hatten zwei andere – und kleinere – Apotheken in Frankfurt die Besitzer gewechselt, wobei die Rosen-Apotheke für eine Million und die Einhorn-Apotheke für 1,1 Millionen Mark auf die neuen Inhaber übergingen.[24] Während in dieser Frage die Wertbemessung durchaus realistisch schien, konnten dagegen zwei weitere Taxierungen als problematisch erscheinen: Der Quadratmeterpreis für Grundstück und Haus lag mit 855 Mark weit unter dem von benachbarten Grundstücken auf der Zeil, bei denen zwischen 2.000 und 7.000 Mark pro Quadratmeter gezahlt wurden.[25] Der Vater Johann Philipp hatte selbst angeregt, dass Eduard Geschäft und Haus »unter günstigeren Bedingungen als der Verkaufswert für eine dritte Person betragen würde« ankaufen sollte.[26] Zudem wurde das Betriebsrecht der Apotheke mit 450.000 Mark angesetzt, was zum damaligen Zeitpunkt im Vergleich zu den bei der Übernahme der Einhorn-Apotheke bezahlten Summen ein sehr geringer Betrag war.[27] Diese niedrigen Bewertungen von Immobilie und Betriebsrecht sollten es Eduard ermöglichen, die Apotheke ohne allzu hohe finanzielle Belastungen weiterzuführen. Ferdinand sollte aus dem Erbe entsprechend zur Hälfte ausbezahlt werden, was auch zum größten Teil geschah. Nur für eine noch ausstehende Summe von 450.000 Mark wurde für Ferdinand Fresenius eine Hypothek auf das Haus Zeil III eingetragen, die von Eduard jährlich mit vier Prozent, also 18.000 Mark, verzinst werden musste.[28]

Anfangs schien es so, als ob der Bruderzwist mit diesen Regelungen beigelegt wäre, und Eduard Fresenius ging daran, die Hirsch-Apotheke breiter als bisher auf dem pharmazeutischen Markt zu positionieren. Er versuchte damit, vor allem dem Problem entgegenzuwirken, das er in seiner Dissertation angesprochen hatte: Eine Apotheke wie die Hirsch-Apotheke würde gegenüber den Herstellern von »Spezialitäten und Geheimmitteln« zunehmend das Nachsehen haben und zu einem bloßen Verkaufsbetrieb von Pharmazeutika werden. Eduard Fresenius hatte aus der Pharmaziegeschichte des 19. Jahrhunderts Beispiele von Apothekern wie Christian Friedrich Boehringer in Stuttgart[29] oder Heinrich Emanuel Merck in Darmstadt[30] vor Augen, die zu erfolgreichen Pharmaunternehmern geworden waren. Er entschloss sich daher, das der Hirsch-Apotheke angegliederte, zur rückwärtigen Straße Holzgraben hin gelegene Laboratorium zu einem eigenen chemisch-pharmazeutischen Unternehmen aufzubauen. Am 1. Oktober 1912 ließ er den Betrieb als »Dr. Eduard Fresenius Chemisch-pharmazeutische Industrie« im Handelsregister der Stadt Frankfurt am Main eintragen.[31]

Die Zeit für den Aufbau eines Pharmaunternehmens war günstig, denn in der medizinisch-pharmazeutischen Forschung herrschte Aufbruchsstimmung. Es war noch keine 40 Jahre her, dass Louis Pasteur in Paris und Robert Koch in Berlin einen Durchbruch bei der Aufklärung des Entstehens von Infektionskrankheiten erreicht hatten und damit den Weg zu ihrer medikamentösen Prävention und Bekämpfung bahnten. In den 1890er Jahren hatten Emil Behring und sein japanischer Kollege Shibasaburo Kitasato bei Robert Koch am Institut für Infektionskrankheiten in Berlin die Grundlagen der Serumtherapie gegen Tetanus und Diphtherie gelegt. Und 1909 hatten der Frankfurter Serologe und Pharmakologe Paul Ehrlich und Sarachiro Hata Salvarsan zur Behandlung der Syphilis entwickelt.

Eduard Fresenius nahm an diesen Entwicklungen regen Anteil. Noch zu Lebzeiten seines Vaters hatte er für Paul Ehrlich zur Verbesserung des ab 1910 von der Firma Hoechst vertriebenen Salvarsans an der Entwicklung von sterilen Lösungen gearbeitet und die Herstellung großer Mengen bidestillierten, pyrogenfreien Wassers für Injektions- und Infusionslösungen aufgenommen. Zur Injektion musste das Therapeutikum nämlich mit Lösungsmitteln versetzt werden. Waren diese nicht vollkommen rein, kam es zu Nebenwirkungen wie Erbrechen, Durchfall oder Hautausschlag.[32] Die Entwicklung reinsten sterilen Wassers war daher für seine wirksame Anwendung unabdingbar. Prof. Dr. Dreyfus vom Städtischen Krankenhaus Frankfurt hatte eine Methode zur Herstellung derartigen sterilen Wassers entwickelt, nach der es dann von Eduard Fresenius produziert und vertrieben wurde. Unter völlig aseptischen Bedingungen wurde das

Wasser in Glasampullen abgefüllt und luftdicht verschlossen – daher der Name »Ampuwa« für Ampullenwasser. Auf diese Weise war es dauerhaft haltbar.[33]

Die Produktion von Infusionslösungen sollte auch darüber hinaus ein zentrales Aufgabengebiet des Unternehmens von Dr. Fresenius bleiben. Zudem stellte er mit seinen Mitarbeitern Reagenzien für Laboratoriums- und Untersuchungsbedarf her. Später kamen diätetische Produkte zum Beispiel für Diabetiker hinzu. Hier arbeitete Dr. Fresenius mit dem Diätforscher Prof. Dr. Carl von Noorden zusammen.[34] Von Noorden forschte vornehmlich zur Physiologie des Stoffwechsels, wobei sein besonderes Interesse Stoffwechselstörungen, Ernährung, Diabetes und Darmerkrankungen galt. 1895 hatte er eine »Privatklinik für Zuckerkranke und diätetische Kuren« in Sachsenhausen gegründet, die eine der ersten Fachkliniken für Diabetes in Europa war.[35] Dr. Fresenius war dann auch der Erste, der in den 1920er Jahren das für Diabetiker wichtige Insulin von einer britischen Firma nach Deutschland importierte, das die beiden Kanadier Frederick Banting und Charles Best 1921 zum ersten Mal extrahieren konnten.

Ein weiterer bedeutender Mediziner, mit dem Dr. Fresenius eng zusammenarbeitete, war der Dermatologe Prof. Karl Herxheimer.[36] Mit ihm entwickelte er mehrere Präparate zur Behandlung von Ausschlägen, Flechten und Ekzemen.

Andere Produkte im Sortiment der »Dr. Eduard Fresenius chemisch-pharmazeutischen Industrie« waren Spezialpräparate gegen Erkältungskrankheiten wie Bormelin-Nasensalbe, Trophelin, Novorenin-Öl und Terpinol-Pastillen.[37] Außerdem stellte das Unternehmen das Perkutan-Tuberkulin-Hamburger-forte her, das zur Diagnose von Tuberkulose dient.[38]

Bei aller Begeisterung für pharmako-chemische Neuerungen setzte Dr. Fresenius aber auch auf Naturheilmethoden und homöopathische Mittel. Dafür unterhielt er bei seinem Jagdhaus in Schmitten im Hochtaunus einen umfangreichen Kräutergarten.

Eduard Fresenius wurde mit seiner Apotheke, dem ihr angegliederten Pharmagroßhandel und der »chemisch-pharmazeutischen Industrie« rasch zu einer über die Fachkreise von Apothekern und Pharmazeuten hinaus bekannten Frankfurter Persönlichkeit. So wurde auch seine konservative politische Haltung zum Anlass für Kommentare. Ein Beiträger vermutlich der »Roten Fahne«, dem Publikationsorgan der Kommunisten, machte daher 1919 auch sofort publik, wie ablehnend Dr. Fresenius den Entwicklungen in Berlin nach dem Ende des Ersten Weltkrieges gegenüber stand. Im Juli des Jahres war in einem »Die Freude des Apothekers Fresenius« überschriebenen Artikel zu lesen: »Herr Dr.

Fresenius, Besitzer der Hirsch-Apotheke, in Zeil No. 111, Frankfurt am Main, ist ein treu-deutscher Mann. In ihm hatten die Alldeutschen stets ihre festeste Stütze. Der Bund zum Schutze der Freiheit und des Lebens Wilhelms II. zählt ihn zu seinen Mitgliedern. Die gegenrevolutionären Offiziere geben sich bei ihm regelmäßige Stelldichein. In seiner Hand laufen alle Fäden zusammen, um das alte System in seinem vollen Umfang wieder aufzurichten, um ›Zucht und Ordnung‹ aufs neue zu schaffen. Natürlich hat ein solcher Mann von treu-deutscher Gesinnung auch treu-deutsche Begriffe von Unordnung und Zuchtlosigkeit, von Ehre und Mannesmut. Feigheit, Würdelosigkeit sind ihm vollständig fremd; Ritterlichkeit hingegen erfüllt sein ganzes Sein. Deshalb empfand er auch die lebhafteste Genugtuung, daß der Jäger Runge, Leutnant Bogel und ein Dutzend andere Offiziere im Januar dieses Jahres im Edenhotel in Berlin den Genossen Liebknecht – Dutzende Bewaffnete gegen einen Wehrlosen – mit dem Gewehrkolben niederschlugen und später im Auto feige erschossen. Daß davon die gleichen treu-deutschen Ehrenmänner das ›Judenweib‹ Rosa Luxemburg in noch mutigerer Weise beseitigten, fand nicht minder den Beifall des Herrn Dr. Fresenius. Und aus Freude über die jedes treu-deutsche Herz erhebende Tat deutscher Offiziere und des Jägers Runge, die – und das ist das einzige Bedauern des Dr. Fresenius – sich jetzt mit dem Rock des Herrn Noske behängen müssen, während sie früher den Rock des Kaisers trugen, schenkte der Apotheker Fresenius jedem seiner Angestellten 15 Mark. Judas hat einstens dreißig Silberlinge für seinen Verrat erhalten und sein Name ist damit unsterblich geworden. Herr Dr. Fresenius hat es sich mehr als dreißig Silberlinge kosten lassen, denn sein Personal ist zahlreich, aber gerade deshalb ist seine Tat wert, ebenfalls der Vergangenheit entrissen zu werden.«[39]

Als ehemaliger Militärangehöriger des Kaiserreichs und Rittmeister der Reserve war Eduard Fresenius noch stark im alten System verwurzelt und stand den Neuerungen der jungen Weimarer Republik entsprechend skeptisch gegenüber. Auch später machte er aus seiner Verbundenheit mit dem ehemaligen Kaiser keinen Hehl. Er belieferte den einstigen Monarchen, der sich oft zur Kur in Bad Homburg aufgehalten hatte, noch in dessen niederländischem Exil mit »Kuritol-Zigaretten« aus eigener Produktion. Die Kuritol- oder Bronchial-Zigaretten hatte Dr. Fresenius als Ersatz-Zigaretten für Menschen entwickelt, denen der Arzt vom Rauchen abriet. Sie enthielten so gut wie kein Nikotin und waren stattdessen mit Menthol und anderen desinfizierenden Substanzen versetzt. Dadurch sollten sie eine anregende und erfrischende Wirkung haben, nicht nur bei Krankheit, sondern auch bei jeder Art von körperlicher Anstrengung.[40]

Als Apotheker, Pharmagroßhändler und Pharmaunternehmer überstand Dr. Fresenius die Inflationszeit Anfang der 1920er Jahre ohne größere Probleme. Nicht zuletzt die zentral in der Frankfurter Hauptgeschäftsstraße Zeil gelegene Hirsch-Apotheke bescherte ihm gute Gewinne. Allerdings brachten die Folgen der Inflation von 1923 den Konflikt mit seinem Bruder Ferdinand wieder zum Ausbruch. Ferdinand Fresenius drang darauf, dass die Hypothek auf das Geschäftshaus in der Zeil 111 und im Holzgraben 16 nach dem Aufwertungsgesetz vom 16. Juli 1925 neu bewertet wurde und zog dafür gegen seinen Bruder vor Gericht.[41] Dem Aufwertungsgesetz zufolge mussten die Hypotheken aus der Zeit vor der Inflation in der 1923 eingeführten Goldmark neu festgesetzt werden.[42] Ferdinand ging es aber nicht nur darum. Er nutzte die Gelegenheit, um die grundsätzliche Frage nach der Angemessenheit der 1911 vorgenommenen Bewertung von Apotheke und Grundstück erneut aufs Tapet zu bringen. Am 5. Februar 1927 kam es vor dem Amtsgericht Frankfurt zu einem Verfahren in der »Aufwertungssache des Chemikers Dr. Ferdinand Fresenius aus Cronberg im Taunus gegen Dr. Eduard Fresenius aus Frankfurt am Main«.[43] Dr. Fresenius und sein Bruder einigten sich schließlich darauf, die auf der Apotheke und dem Gebäude Zeil 111/Holzgraben 16 lastende Hypothek aufzuwerten und den gesamten Aufwertungsbetrag von 300.000 Goldmark im Grundbuch eintragen zu lassen. Eduard Fresenius hatte seinem Bruder Ferdinand demnach bis 1932 insgesamt 300.000 Goldmark zu zahlen – mit allen in dieser Zeit anfallenden Zinsen. Die beiden Parteien einigten sich vor Gericht und die Kosten des Verfahrens wurden unter den Brüdern geteilt.[44]

Die Übereinkunft erfolgte nur vor Gericht und damit nach außen hin einvernehmlich. Zwischen den Brüdern ging der Streit weiter. Die finanziellen Leistungen, die Eduard gegenüber Ferdinand Fresenius zu erbringen hatte, kamen ihm alles andere als gelegen. Inzwischen hatten sich in der Apotheke, im ihr angegliederten Pharmagroßhandel und im chemisch-pharmazeutischen Unternehmen finanzielle Probleme eingestellt, die immer größer wurden. Die Gründe dafür waren vielfältig. Wie der im Jahre 1930 bestellte Wirtschaftsprüfer Dr. Fritz Amberger in seinem Gutachten deutlich machte, waren vor allem die mangelnden betriebswirtschaftlichen Kenntnisse von Dr. Eduard Fresenius und dessen Personal für die Missstände verantwortlich. Eduard Fresenius und seine Mitarbeiter waren der Buchhaltung der drei Betriebe nicht mehr Herr geworden, wenn sie denn überhaupt versucht hatten, genau Buch zu führen. Ein Grundproblem bildete die komplizierte Aufteilung der Tätigkeitsbereiche von Apotheke, Pharmagroßhandel und chemisch-pharmazeutischem Unternehmen, die

Eduard Fresenius und seine Mitarbeiter schon bald nicht mehr übersahen. So wurden Einkäufe für das chemisch-pharmazeutische Unternehmen über die Apotheke getätigt, aber nicht entsprechend in den Büchern vermerkt. Und umgekehrt konnte es vorkommen, dass Bestellungen für die Apotheke über das chemisch-pharmazeutische Unternehmen liefen, ohne dass dies eigens verzeichnet wurde. Von einer kaufmännischen doppelten Buchführung konnte zudem in keinem der Unternehmen die Rede sein. Entsprechend aufwändig waren die Versuche des Wirtschaftsprüfers, im Nachhinein Ordnung in das Durcheinander zu bringen. Um wenigstens für die Zukunft eine notwendige Übersicht zu schaffen, schlug Dr. Amberger eine »Unterteilung der Unkosten- und Umsatzkonten beispielsweise für Insulin« vor.[45] Er unterschied demnach drei Konten: Apo (für Apotheke), Cepi (für Chemisch-pharmazeutische Industrie) und Insulin (Großhandel) und schlug zudem auch eine eigene Abrechnung für die Bereiche »Homöopathie« und »diätetische Abteilung« in der Apotheke vor, weil dies die Bilanzierung noch einmal erheblich erleichtere.[46] Sein Ziel war eine »restlose Durchorganisation«[47] des Betriebes.

Auf den Rat des Wirtschaftsprüfers hin engagierte Dr. Fresenius dann auch für das Jahr 1930 einen Buchhalter, unter dessen Leitung für alle Unternehmungen erstmals eine ordnungsgemäße doppelte Buchführung erfolgte, der »Beweiskraft in steuerrechtlicher, wirtschaftlicher und rechtlicher Beziehung« beizumessen war.[48]

Als auf diese Weise Ordnung in die Bücher kam, traten die Probleme der drei Unternehmungen allerdings umso deutlicher zu Tage. Dr. Fresenius hatte seit Mitte der 1920er Jahre im blinden Vertrauen darauf, dass die Apotheke große Überschüsse abwarf, in großem Stil Privatentnahmen getätigt, die allerdings weit höher waren als die Gewinne, die die Apotheke erzielte. Und in den anderen Geschäftsbereichen sah es nicht besser aus. Um im Großhandel und im chemisch-pharmazeutischen Unternehmen weiter zu expandieren, hatte Dr. Fresenius Kredite aufgenommen und das Geschäftshaus in der Zeil mit weiteren Hypotheken belastet[49], so dass Apotheke und Unternehmen schließlich nur noch durch Fremdkapital finanziert waren. In der Kombination mit den erheblichen Privatentnahmen führte dies Apotheke und Unternehmen an den Rand des Abgrunds – und das obwohl, wie Dr. Amberger bestätigte, alle Unternehmensbereiche im Prinzip rentabel waren. Wie der Wirtschaftsprüfer 1930 in seinem Gutachten zur Hirsch-Apotheke feststellte, war »zwischen der Rentabilität des Unternehmens einerseits, die als durchaus gegeben zu betrachten ist, und den an sich in keinem Verhältnis zu dieser Rentabilität stehenden Privatentnahmen zu trennen, die im Wesentlichen die erhebliche Vermehrung der langfristigen und kurzfristigen Verbindlichkeiten hervorgerufen haben.«[50] Alles in allem kam Dr. Amberger zur

Erkenntnis, dass die Liquidität des Unternehmens 1930 »recht gering« war.[51] De facto war die Herkunft des Betriebskapitals »restlos betriebsfremd«.[52] Insgesamt stand den vorhandenen Kreditoren von rund 130.000 RM kurzfristig eine Deckung von 122.491,65 RM gegenüber. Kurz: »Die dem umlaufenden Betriebskapital gewidmeten Bestandteile reichen … nicht aus, um die kurzfristigen Verbindlichkeiten zu decken.«[53] Dr. Amberger kam angesichts dessen zu einem fatalen Urteil: »Wenn man alles dies berücksichtigt, ergibt die Bilanz per 31. Dezember 1930 bereits eine Illiquidität, die den Betrag von RM 10.000,- weit übersteigt. Dass diese Illiquidität keine vorübergehende sein kann, ist aus den … entwickelten Zahlen und Rückschlüssen ohne weiteres zu ersehen.«[54] Die Zukunft des Unternehmens zeichnete Dr. Amberger dementsprechend düster. Für ihn war trotz erheblicher Überschüsse eine Disposition für die Zukunft kaum möglich, denn selbst wenn die Privatentnahmen mit diesen Überschüssen in Einklang gestanden hätten, hätten sie nicht ausgereicht, um die vorhandene Verknappung mit weit über 10.000 RM zu beseitigen. »Geldkalamitäten« sah Dr. Amberger auch in den folgenden Jahren ständig am Horizont des Unternehmens aufscheinen.[55]

Angesichts dessen fasste Dr. Fresenius den Plan, das gesamte Geschäft an einen Großproduzenten oder an ein Krankenhaus zu verkaufen.[56] Der Wirtschaftsprüfer Dr. Amberger konnte dies nur begrüßen.[57]

1 Zu Johann Philipp Fresenius: Goethe, Johann Wolfgang: Dichtung und Wahrheit. Erster Teil. Viertes Buch. Hamburger Ausgabe. Band 9, Autobiographische Schriften, München 1988, S. 143. 2 Fresenius, Remigius: Karl Remigius Fresenius 1818 bis 1897. Nassauische Lebensbilder 1 (1939), S. 191–203; Poth, Susanne: Carl Remigius Fresenius. (1818–1897). Wegbereiter der analytischen Chemie, Stuttgart 2006. 3 www.institut-fresenius.de/ueber_uns/historie/index.shtml (abgerufen am 16.5.2009). 4 Ramstetter, Heiner: Eugen de Haën, in: Hannoversche Geschichtsblätter, Neue Folge, Bd. 20 (1966), S. 107–190. 5 Klötzer, Wolfgang (Hrsg.), Frankfurter Biographie. Erster Band: A-L, Frankfurt am Main (Verlag Waldemar Kramer) 1994, S. 470 f.; Bäumler, Ernst: Die Rotfabriker. Familiengeschichte eines Weltunternehmens, München 1988. 6 Fresenius, R.: Karl Remigius Fresenius 1818 bis 1897, S. 195; Institut Fresenius Gruppe (Hrsg.): 1848–1993. 145 Jahre Unternehmensgeschichte. Eine kleine Chronik, Wiesbaden 1993. 7 Die älteste Frankfurter Apotheke ist die Kopfapotheke aus dem Haus »zum goldenen Haupt«, die schon 1404 erwähnt wird. Heute hat sie ihren Sitz in der Braubachstraße 36. Die Schwanenapotheke wird 1423 auf dem Römerberg erwähnt. Dazu zusammenfassend: Lerner, Franz: Das tätige Frankfurt im Wirtschaftsleben dreier Jahrhunderte (1648–1955). Zugleich ein Handbuch Altfrankfurter Firmen, Frankfurt am Main 1955. Zur Geschichte der Hirsch-Apotheke: Aus der Geschichte einer deutschen Apotheke 1462–1937. Zum Jubiläum der Fresenius'schen Hirsch-Apotheke in Frankfurt am Main, Frankfurt am Main [1937]; Unterhaltungsblatt der Hirsch-Apotheke Frankfurt am Main von Dr. Fresenius seinen Freunden und Kunden gewidmet. 2 Jahrgänge: 1933 (Nummer 1–8), 1934 (Nummer 9); 500 Jahre Hirschapotheke, in: Mitteilungen der Industrie- und Handelskammer Frankfurt am Main 1962 (15.06.1962), S. 371; Hirsch-Apotheke (Chronologie), Hessisches Hauptstaatsarchiv Wiesbaden, Abt. 484, Nr. 110; Dr. Fresenius Hirsch-Apotheke. Im neuen Heim – an der alten Stelle Zeil 111 – gegenüber der Hauptpost, Frankfurt am Main September 1957; Dr. Fresenius Hirsch-Apotheke (Hrsg.): 525 Jahre Hirsch-Apotheke, Pressemitteilung zum Jubiläum, 04.05.1987. 8 Standesamt Frankfurt Mitte, Trauungsbuch 1872, 26. August: Eheschließung Dr. phil. Johann Philipp Fresenius und Anna Gertrude Nortz. Lebensdaten Dr. phil. Johann Philipp Fresenius: 28.07.1842–27.03.1911; Anna Gertrude Fresenius 28.12.1850–20.03.1902. 9 Luisa Johanna Emilia, geb. 12.07.1873 und gest. 16.04.1874 in Frankfurt am Main; vgl. Standesamt Frankfurt Mitte, Geburtenbuch 1851–1898, April 1874. 10 Karl Wilhelm Fresenius, geb. 12.10.1881 in Frankfurt am Main, gest. 23.09.1906 in München. 11 Standesamt Frankfurt Mitte, Geburtenbuch 1851–1898, Juni 1874, Band 3, Eintrag-Nr. 1396. 12 Ferdinand Jacob Fresenius, geboren am 28.12.1878 in Frankfurt am Main. 13 Zur Geschichte der Wöhlerschule in Frankfurt am Main: http://www.woehlerschule.de/cms/front_content.php?idart=259 (abgerufen am 28.04.2009). 14 Vgl. dazu z.B. Oelschläger, Herbert/Ueberall, Sieglinde: Die Pharmazie an der Universität Frankfurt am Main, S. 23. 15 Fresenius, Eduard: Lebenslauf, in: ders.: Zur Reform des Apothekenwesens. Inaugural-Dissertation zur Erlangung der Doktorwürde der philosophischen Fakultät der Grossherzoglich Hessischen Ludwigs-Universität zu Giessen. Giessen (von Münchow'sche Hof- u. Univ.-Druckerei O. Kindt) 1906, S. 91. 16 Lenz, Friedrich: Die Wirtschaftswissenschaft in Gießen. Ein Beitrag zur Geschichte der politischen Ökonomie, in: Die Universität Gießen 1607 bis 1907. Festschrift zur dritten Jahrhundertfeier, Bd. 2, Gießen 1907, S. 375–396; zur Gründung des Instituts im Jahre 1900 bes. S. 388 f. 17 Fresenius, Eduard: Zur Reform des Apothekenwesens. 18 Ebd., S. 34 ff. 19 Ebd., S. 40 ff. 20 Überblick über die Optionen einer Gewerberegelung für Apotheker, ebd., S. 48; zur Verstaatlichung, S. 57–83. 21 Ebd., S. 5 f.; Universitätsarchiv Gießen: Promotionsakte Eduard Fresenius (Signatur: Phil Prom Nr. 333), Matrikelbuch (Signatur: Allg Nr. 1268). 22 Angaben ebd., S. 91, Lebenslauf. 23 Archiv EKFS, Hirsch-Apotheke, Urkunde Notar Justizrat Dr. jur. Hermann Thiele, Erbauseinandersetzung Nr. 317 Dr. Eduard Fresenius und Ferdinand Jacob Fresenius, 23.08.1911. 24 Archiv EKFS, Hirsch-Apotheke, Dr. Eduard Fresenius: »Beweismaterial, woraus zu ersehen ist, dass mein Uebernahmepreis 1912 wesentlich unter dem Verkehrswert liegt«, 3 Blatt Umfang, S. 1. 25 Ebd., S. 1. 26 Ebd., S. 1. 27 Ebd., S. 2. 28 Verhandlungsprotokoll, Notariatsregister Nr. 318, Frankfurt/Main, 23.08.1911, Archiv EKFS. 29 Viehöver, Ulrich: Die EinflussReichen. Henkel, Otto und Co – Wer in Deutschland Geld und Macht hat, Frankfurt am Main 2006, S. 52. 30 Merck KGaA (Hrsg.): Die Marke im Wandel der Zeit, Darmstadt o. J., S. 2. 31 Firmenarchiv Fresenius SE. 32 Schott, Heinz: Chronik der Medizin, Gütersloh/München 1993, S. 374 f. 33 Werbeanzeigen Ampuwa, ca. 1920. Zur Entstehungsgeschichte der Ampullenwasser vgl. Huhle-Kreutzer, Gabriele: Die Entwicklung arzneilicher Produktionsstätten aus Apothekenlaboratorien: dargestellt an ausgewählten Beispielen, Stuttgart 1989, S. 109–112. 34 Bad Homburger Fremdenführer 1936/37, S. 77 f. 35 Schittenhelm, A.: Carl von Noorden zum 70. Geburtstag. In: Münchener Medizinische Wochenschrift (Nr. 36, 1928), S. 1555 f; Krankenhaus Sachsenhausen des Deutschen Gemeinschafts-Diakonieverbandes GmbH: Die Geschichte unseres Hauses, http://www.krankenhaus-sachsenhausen.de/index.php?id=5 (abgerufen am 06.02.2009). 36 Bröer, Ralf: Art. Herxheimer, Karl, in: Eckart, W. U./Gradmann, C. (Hrsg.): Ärzte Lexikon. Von der Antike bis zur Gegenwart, Berlin 2001, S. 158; Notter, Bettina: Leben und Werk der Dermatologen Karl Herxheimer (1861–1942) und Salomon Herxheimer (1841–1899), Diss. Univ. Frankfurt, 1994; Plewig, Gerd/Christoph Löser (Hrsg.): Pantheon der Dermatologie. Herausragende historische Persönlichkeiten, Heidelberg 2008, S. 447–451. 37 Firmenarchiv Fresenius, Werbeanzeige. 38 Hamburger, Franz: Ueber die perkutane Anwendung des Tuberkulins. In: Münchener Medizinische Wochenschrift 48, 1922, S. 1664 f. 39 Zeitungsartikel, 19.07.1919, Fresenius-Firmenarchiv. 40 Fresenius-Firmenarchiv, Werbeanzeige Kuritol-Cigaretten. 41 Archiv EKFS, Hirsch-Apotheke, Amtsgericht Frankfurt, Abt. 22a (Aufwertungsstelle), Aktenzeichen 22a Aw. 269/24-46: Aufwertungssache des Chemikers Dr. Ferdinand Fresenius in Cronberg im Taunus gegen den Apotheker Dr. Eduard Fresenius in Frankfurt am Main. 42 Gesetz über die Aufwertung von Hypo-

theken und anderen Ansprüchen (Aufwertungsgesetz) vom 16. Juli 1925 nebst Gesetz über die Ablösung öffentlicher Anleihen vom 16. Juli 1925, Leipzig 1925, bes. S. 5–8. **43** Wie Anm. 40. **44** Archiv EKFS, Hirsch-Apotheke, Urteil Aufwertungsstelle, 5. Februar 1927. **45** Ebd., S. 11. **46** Ebd., S. 13. **47** Ebd. **48** Ebd., S. 10. **49** Vgl. dazu Archiv EKFS: Amtsgericht Frankfurt am Main, Grundbuch der selbständigen Gerechtigkeiten von Frankfurt a. M., Band 1, Blatt 6, passim. **50** Archiv EKFS, Hirsch-Apotheke, Dr. Fritz Amberger, beeidigter Bücherrevisor, öffentlich bestellt von der Industrie- und Handelskammer Frankfurt a. M.-Hanau: Gutachten über die Bilanzen der Hirschapotheke in der Zeit ab 1. Januar 1924 bis 31. Dezember 1930 (erstellt am 20. Mai 1931), S. 7. **51** Ebd., S. 15. **52** Ebd. **53** Ebd. **54** Ebd., S. 16. **55** Ebd., S. 17. **56** Ebd., S. 19. **57** Ebd., S. 19 f.

III.
KINDHEIT UND SCHULZEIT

EIN KOMFORTABLES ZUHAUSE

VON DEN FINANZIELLEN Sorgen, die Dr. Fresenius umtrieben, bekam Else Fernau nichts mit. Auch
seinen Mitarbeitern, Bekannten und Freunden blieben
sie zumeist verborgen, denn Dr. Fresenius war nach außen hin ein immer positiv gestimmter und fröhlicher
Unternehmer.[1] Er arbeitete gerne in seiner Apotheke und dem chemisch-pharmazeutischen Betrieb, genoss das Leben in vollen Zügen
und wollte möglichst viele Menschen in seiner Umgebung daran Teil
haben lassen.

Das Ambiente in der Forsthausstraße 87, in dem Else Fernau aufwuchs,
war entsprechend großzügig. Die Wohnung ihrer Eltern im Dachgeschoss
des Hauses war seit dem Tod ihres Vaters für Else Fernau nur noch ein
Rückzugsort. Das Leben spielte sich für sie im ersten Stockwerk ab, wo
Dr. Fresenius und seine Frau wohnten und ihre Mutter den Haushalt
führte. Dr. Fresenius liebte die kleine Else, die er »Knöpfchen« nannte,
über alles und war bereit, ihr jeden Wunsch zu erfüllen. Seine Frau hielt
ihm angesichts dessen immer wieder gerne vor, dass er sich am Anfang mit
der kleinen Else gar nicht so leicht getan hatte.[2] In Gegenwart des Babys,
erzählte sie noch Jahre später, sei er immer nervös geworden, habe nicht
gewusst, was er mit dem Kind anfangen sollte und seine Unsicherheit damit begründet, dass er eben nicht wisse, was er mit dem kleinen Wesen
»reden« könnte.[3] Aber diese Zurückhaltung hatte sich bald gegeben, Eduard Fresenius kümmerte sich gerne um die kleine Else und förderte sie, so
gut er konnte.

Für Therese Fernau stellte die Doppelbelastung als Haushälterin und
alleinerziehende Mutter eine große Herausforderung dar. Sie ließ das Kind
nicht gerne allein in ihrer Wohnung, aber sie konnte es auch nicht ständig
bei sich haben. Das erkannte Else Fresenius, die ihr dann beisprang und
sich um ihr Patenkind kümmerte.[4] Auf Dauer war dies aber keine Lösung.
Als Else Fernau aus dem Säuglingsalter heraus war, wurde sie daher zu

Fräulein Linné, einer Tagesmutter, gegeben, und ihre Mutter war auf diese Weise wenigstens vormittags der Sorge um sie enthoben.[5]

SCHULZEIT

Am 15. April 1931 wurde Else Fernau eingeschult[6] und verbrachte nun die Vormittage mit ihren Klassenkameradinnen – es herrschte strenge Geschlechtertrennung – in der Obhut der Lehrerin Anna Gangel an der Sachsenhäuser Grundschule »Schwanthalerschule«.[7] Fräulein Gangel blieb während der gesamten Grundschulzeit ihre Klassenlehrerin. Else Fernau war eine gute Schülerin, die in ihren Zeugnissen in den meisten Fächern mit »2« benotet wurde und lediglich in »Deutsche Sprache«, »Rechnen« und »Schreiben« in den ersten beiden Schuljahren eine »3+« erhielt. Bei ihren Mitschülerinnen und bei ihrer Lehrerin war sie aufgrund ihres aufgeschlossenen und freundlichen Wesens sehr beliebt.[8] Im Unterricht ließ nur bisweilen ihre Aufmerksamkeit etwas zu wünschen übrig, aber selbst hier erhielt sie im letzten Jahr eine »2« und konnte am 2. April 1935 ins Gymnasium überwiesen werden – die »Schillerschule«.[9] Unvergesslich blieb ihr und ihren Mitschülerinnen das Fest zu ihrem zehnten Geburtstag, das Dr. Fresenius für sie und ihre Kameradinnen aus der Grundschule auf seinem großen Waldgrundstück in Schmitten ausrichtete. Mit dem Auftritt eines Fresenius-Mitarbeiters als Zauberer, mit vielen Speisen und zahlreichen Spielen markierte es für Else Fernau und einige ihrer Klassenkameradinnen den Eintritt in einen neuen Lebensabschnitt als Gymnasiastinnen.[10]

Die unweit der Schwanthalerschule in Sachsenhausen gelegene Schillerschule war zusammen mit der Elisabethenschule im Frankfurter Nordend eine der beiden höheren Mädchenschulen der Stadt. Auch hier erwies sich Else Fernau als gute Schülerin, wobei sie allerdings in den ersten Jahren nach dem Urteil ihrer Lehrer durchaus noch Entwicklungspotential hatte. »Else war fleißig und arbeitete eifrig mit«, lautete die Wortbeurteilung in ihrem Osterzeugnis 1936, »sie sollte aber doch noch etwas ordentlicher und zurückhaltender werden.«[11] Und im Herbst des Jahres hieß es: »Else war gut in Aufmerksamkeit und Fleiß, muß aber in ihrer Haltung ruhiger werden.«[12] Im Dezember 1936 konnte ihre Mutter aber dann schon lesen: »Else war fleißig, ordentlich und paßte gut auf.«[13] Als hervorstechendstes Merkmal der Schülerin Else Fernau wird in den Zeugnissen immer wieder ihre große Hilfsbereitschaft vermerkt,[14] die für sie geradezu zu einem Wesensmerkmal werden sollte.[15]

Die guten schulischen Leistungen von Else Fernau im Gymnasium waren hart erarbeitet. Damit sie die Schule mit Erfolg absolvierte, hatte Dr. Fresenius für sie ein Kindermädchen eingestellt.[16] Fräulein Anna

Dr. Eduard Fresenius (1874–1946) galt als Grand-
seigneur alter Schule – hier mit seiner Frau Else (links)
und Inge Westenhoff, der Tochter von Freunden, bei
einem Aufenthalt in Baden-Baden.

[linke Seite] Dr. Eduard Fresenius erbte 1911 die Hirsch-
Apotheke auf der Frankfurter Zeil von seinem Vater und
gründete 1912 die »Dr. Eduard Fresenius Chemisch-
pharmazeutische Industrie KG«.

[oben] Das Haus in der Forsthausstraße 87, in dem
Else und Eduard Fresenius das erste Stockwerk bewohn-
ten. Im Dachgeschoss lebte Familie Fernau.

[unten] In den 1920er Jahren waren Pferdefuhrwerke
noch etwas ganz Alltägliches auf den Frankfurter
Straßen. Wie üblich hatte Eduard Fresenius auch hier
seinen Hund an seiner Seite.

[oben] Dr. Fresenius verbrachte viel Zeit in seinem Jagdhaus bei Schmitten. Auf dem großen Areal um das Haus
hielt er Tiere und unterhielt eine Heilpflanzenzucht.

[unten] Frankfurt in den 1930er Jahren. Blick vom
Steinweg in Richtung Schillerstraße in der stark befah-
renen Umgebung der Hauptwache.

[rechte Seite] Else Fernau Anfang der 1930er Jahre inmitten der Pflanzenzucht von Dr. Fresenius in Schmitten.

[linke Seite oben] *Else Fernau im Sommer 1925.*

[linke Seite Mitte] *Therese und Else Fernau (rechts) zu Besuch bei Verwandten in Aachen. Links im Bild Else Fernaus Tante Gertrud Reucker und ihre Cousine Rosemarie.*

[linke Seite unten] *Es war etwas Besonderes für Else Fernau, wenn sie bei ihren Aufenthalten in Schmitten auf dem Stuhl von Dr. Fresenius Platz nehmen durfte.*

[oben] *Else Fernau mit ihrem »Onkel Doktor« und dessen Hund beim Jagdhaus in Schmitten.*

[Mitte links] *Else Fernau mit ihrer Mutter in Schmitten.*

[Mitte rechts] *Else Fernau auf der Veranda in Schmitten.*

[unten] *Else Fernau während einer Reise mit Familie Fresenius Anfang der 1930er Jahre an der Seepromenade von Lugano.*

[oben] *Else Fernau im Kreise ihrer Mitschülerinnen an der Schillerschule. Sie sitzt in der mittleren Reihe, zweite Bank, rechts. Das Mädchen neben ihr ist ihre langjährige Schulfreundin Charlotte Rieger.*

[unten] *Das Mädchengymnasium Schillerschule in der Morgensternstraße in Sachsenhausen. Else Fernau wurde am 15. April 1931 in die örtliche Grundschule Schwanthalerschule eingeschult und wechselte im April 1935 auf das Gymnasium.*

Auwärter gab ihr Nachhilfe in verschiedenen Fächern und kümmerte sich auch um ihren gesellschaftlichen »Schliff«. Vor allem aber bot Fräulein Auwärter der Unordnung Einhalt, die nach den Worten von Else Fresenius im Zimmer ihres Patenkindes zu einem Dauerzustand zu werden drohte.[17] Außerdem erhielt Else Fernau Klavierunterricht. Ihre Klassenkameradinnen, die wie Charlotte Rieger nicht weit von ihr entfernt wohnten und mit Geschwistern und Freunden im Park des Palais Mumm von Schwarzenberg spielten, sahen Else Fernau daher außerhalb der Schulzeit nur selten.[18] Else war immer in das Bildungsprogramm von Fräulein Auwärter eingespannt. Angesichts dessen freute sie sich, wenn sie von ihrer gleichaltrigen Cousine Marianne Schmidt besucht wurde und mit ihr spielen konnte.[19] In den Ferien hatte sie zudem etwas Freiheit, wenn ihre Cousine Gerda Reucker aus Lollar zu Besuch kam. Dann waren die Mädchen den ganzen Tag zusammen und spielten noch in der Nacht, wenn sie eigentlich schlafen sollten, unter der Bettdecke ihr Lieblingsspiel Rommé.[20] Genauso genoss es Else Fernau, wenn sie während der Sommerferien zu einem mehrwöchigen Gegenbesuch bei Gerda Reucker und bei ihren Verwandten in Lollar war. Die restlichen Wochen der Ferien stand sie dann wieder unter Aufsicht von Fräulein Auwärter, die mit ihr auch in das Jagdhaus von Dr. Fresenius nach Schmitten fuhr, wo es dann eine Kombination aus »Urlaub auf dem Lande« und Lernen gab. Später sollten Urlaubsfahrten mit Dr. Fresenius und seiner Frau in die Schweiz und an den Rhein dazukommen, die als Bildungsfahrten mit Kulturprogramm angelegt waren.

Viele Möglichkeiten für Unartigkeiten gab es nicht, und so war es letztlich nur ein einziges schwereres »Vergehen«, das sich Else Fernau in ihrer Kindheit zu Schulden kommen ließ. Dieses wurde ihr dafür aber von »Onkel Doktor«, »Gotchen« und ihrer Mutter umso öfter vorgehalten. Einmal war sie zusammen mit ihrer Freundin Irmy Schneider in den Garten eines Nachbarn eingedrungen und hatte dort Stiefmütterchen ausgerissen und mitgenommen.[21] Als der Nachbar Dr. Fresenius den Diebstahl meldete, wurde Else zu Hause gehörig gescholten und musste sich bei dem Nachbarn persönlich entschuldigen. Im Übrigen war sie nach den Worten ihrer Patin nur beim Essen maßlos: »Der Appetit«, erzählte sie den versammelten Verwandten und Freunden bei Else Fernaus Konfirmation 1937, »erreichte oft Höchstrekord. 7 Stück Torte zur Geburtstagsfeier plus 5 Pfirsiche und Eis, danach 6 Wurstbrote nebst Orange und einem tüchtigen Schuß Lebertran war eine oft geübte Zusammenstellung und der Ausspruch ›jetzt esse ich nicht mehr bis 7 Uhr‹ als es ¼ nach 6 war, ist kein Märchen!«[22] Später kam die Eitelkeit in Garderobefragen zu den »Sünden« hinzu. Besonders die Auswahl des Konfirmationskleides stellte die Nerven von Mutter und Else Fresenius stark auf die Probe.[23]

45

Unterdessen entwickelte sich Else Fernau in einigen Fächern zu einer regelrecht begeisterten Schülerin. Besonders die Literatur hatte es ihr angetan. Das war vor allem das Verdienst von Else Fernaus Klassenlehrerin an der Schillerschule, Elisabeth Disselnkötter. Sie weckte bei ihr und bei vielen ihrer Klassenkameradinnen die Leidenschaft für Romane, Lyrik und Theater. Die Schülerinnen dankten es ihrer Lehrerin mit Gedichtrezitationen an ihren Geburtstagen.[24] Einmal gegen Ende ihrer Schulzeit, zu Weihnachten 1942, studierten die Schülerinnen ihr zu Ehren sogar ein gesamtes Theaterstück ein: Lessings »Minna von Barnhelm«. Die gesamte Klasse war beteiligt. Wer nicht spielte, war für das Bühnenbild, die Beleuchtung oder die Kostüme verantwortlich.[25]

Ein weiteres Lehrfach, für das sich Else Fernau begeisterte, war die Kunstgeschichte. Wie im Fall der Literatur war es ein Lehrer, der ihr Interesse für Kunst weckte, was ihr ein Leben lang erhalten blieb. In den letzten Jahren ihrer Schulzeit begann sie, Bildpostkarten von Gemälden und Skulpturen zu sammeln, klebte sie in Hefte ein und verfasste Texte zu einzelnen Künstlern und ihren Werken. Auf diese Weise verfasste sie eine kleine persönliche Kunstgeschichte.[26]

NEUE WEGE

Im Herbst 1941 machte Else Fernau erstmals einen Schritt aus jener Welt heraus, die für sie bis dahin vor allem aus zu Hause und Schule bestanden hatte. Den Anstoß dafür erhielt sie in der Tanzstunde. Dort verliebte sie sich in ihren Tanzstundenpartner Hans Roessler, der etwa anderthalb Jahre älter als sie war[27] und einer bekannten Frankfurter Familie entstammte: Er war der Sohn von Dr. jur. Hector Roessler, der seit 1921 dem Vorstand der Degussa angehörte, und dessen Ehefrau Lisa, einer geborenen Ziersch.[28] Wie Else Fernau Hans Roessler ein Jahr später in einem Brief auseinandersetzte,[29] war es bei ihr keine »Liebe auf den ersten Blick« gewesen: »Ja, warum hat man einen Menschen gern?«, schrieb sie ihm, um die Frage sogleich aus ihrer Sicht zu beantworten: »Früher dachte ich, daß man nur einen Menschen gern haben könnte, wenn er besonders hübsch sei oder sonst irgendwie faszinierend. Heute weiß ich, daß das nicht dazu gehört. Es kommt auf den Menschen selber an. Wenn man sich von einem Menschen verstanden fühlt, wenn man ihm alles sagen kann ohne Vorbehalt, wenn man sich nach ihm sehnt und immer gerne mit ihm zusammensein möchte, das ist für mich Liebe.« Und dann erläuterte sie ihm, wie sich ihre Vorstellungen durch ihn geändert hatten: »Wie ich vor einem Jahr in die Tanzstunde kam, wußte ich von alledem noch nichts, da ich ja fast noch nie mit einem Jungen verkehrt hatte. Du kamst dann, ich fand dich sehr nett, es machte mir jedoch nicht die geringsten Gewissensbisse, wenn ich mich auch im Beisein anderer … über Dich lustig machte. Bitte verstehe das nicht falsch, Du weißt doch, daß die Form für mich das wichtigste war. Ich habe Dich auch zuerst falsch eingeschätzt und wußte noch nicht ganz, in welche Kategorie ich Dich einordnen sollte.« Dann aber hatte sie gemerkt, dass er anders als »die anderen ›Herren‹« war, und sich in ihn verliebt.

Aber nicht nur geistig und gefühlsmäßig war es eine Liebe, die sich entwickeln musste. Auch ihre »Eltern«, von denen sie Hans gegenüber sprach – sie klärte ihn erst später über ihre eigentlichen familiären Verhältnisse auf – mussten erst an den Gedanken gewöhnt werden, dass es in ihrem Leben jetzt einen Menschen gab, der ihr sehr viel bedeutete und mit dem sie zusammen sein wollte. Wenn sie mit Hans ausgehen wollte, war das nicht so einfach möglich. »Du weißt«, erklärte sie Hans dazu, »ich bin noch sehr jung und habe in erster Linie meinen Eltern zu gehorchen. Anders wäre die Sache, wenn ich älter wäre und auf eigenen Füßen stünde. Ich bin nun einmal nicht so frei aufgewachsen wie die heutige Jugend im allgemeinen.«[30] Um trotz dieser Hindernisse den Kontakt zu Hans aufrecht zu erhalten, war sie auf die Idee gekommen, sie könnten sich Briefe schreiben. Von einem Briefwechsel innerhalb Frankfurts wollte Hans allerdings nichts wissen.[31] Doch schließlich fanden sie eine Möglichkeit, miteinander in enger Verbindung zu bleiben: Sie schrieb ihm Briefe, und er antwortete per Telefon.[32] Mit der Zeit lockerte sich die Haltung der »Eltern«, was das Ausgehen betraf. Allerdings nutzte das Else und Hans nicht mehr viel, denn Hans Roessler wurde im Frühjahr 1942 zur Wehrmacht eingezogen.

Else Fernau begann nun Frankfurt und sein Kulturleben zu entdecken – bei allen Einschränkungen, die es damals durch die nationalsozialistische Herrschaft und den Krieg gab. Seit 1933 waren die Nationalsozialisten in der Stadt tonangebend. Nach der »Machtergreifung« hatte die NSDAP auch bei den Kommunalwahlen im März 1933 in Frankfurt die absolute Mehrheit errungen. Der fortschrittliche Oberbürgermeister Ludwig Landmann war daraufhin aufgrund seiner jüdischen Abstammung des Amts verwiesen und durch den Nationalsozialisten Friedrich Krebs ersetzt worden. Dieser hatte dafür gesorgt, dass Behörden und Institutionen in Frankfurt »gleichgeschaltet«, Straßen im Sinne des NS-Regimes umbenannt und in der Stadt die ideologischen Vorgaben der Partei mit aller Konsequenz durchgesetzt wurden.

Das einstmals liberale Frankfurt veränderte sich. Das zeigte sich auch in scheinbar oberflächlichen Dingen. So war Frankfurt zur »Stadt des deutschen Handwerks« erklärt worden – und das obwohl Handwerksbetriebe in der Stadt im Vergleich zu Handelshäusern und Banken nie eine bedeutende Rolle gespielt hatten.[33] Aber die Entscheidung der Nationalsozialisten für diesen Titel war Teil ihrer Ideologie: Mit ihm sollte nicht zuletzt die Bedeutung der Frankfurter Juden gemindert werden. Frankfurt hatte 1933 mit 4,7 Prozent einen weitaus höheren jüdischen Bevölkerungsanteil als andere deutsche Städte, in denen er im Durchschnitt bei unter einem Prozent lag. Gerade von den Kaufleuten und Bankiers waren viele Juden oder nach nationalsozialistischer Definition jüdischstämmig. Allein 17 der 23 Warenhäuser Frankfurts gehörten jüdischen Familien,[34] darunter das Kaufhaus Wronker, das gleich neben der Hirsch-Apotheke von Dr. Fresenius gelegen war und das Else Fernau häufig aufsuchte. Diese Facette Frankfurts sollte mit der »Stadt des deutschen Handwerks« vergessen gemacht werden.

Seit 1933 waren zudem kontinuierlich Kriegsvorbereitungen getroffen worden. 1936 wurden erstmals seit dem Ende des Ersten Weltkrieges wieder Soldaten in Frankfurt stationiert, die durch Aufmärsche und Paraden Präsenz zeigten. Seit 1934 wurden Luftschutzbunker eingerichtet, in die sich die Bevölkerung bei möglichen feindlichen Angriffen flüchten sollte. Wenig später wurde die Bevölkerung dazu aufgerufen, Metall für die Rüstungsindustrie abzugeben. Mit Kriegsbeginn im September 1939 trat in Frankfurt wie überall in Deutschland die so genannte Verdunkelungsverordnung in Kraft. In der Nacht gab es keine Straßenbeleuchtung, und Fenster mussten so abgedichtet werden, dass kein Licht mehr von außen zu sehen war, das feindlichen Bombern hätte Orientierung bieten können. Tatsächlich kam es in Frankfurt seit 1940 zu Fliegeralarm, bei dem die Bevölkerung sich in sichere Unterstände begeben sollte. Else Fernau nahm dies im Gegensatz zu ihrer Mutter fatalistisch. An Hans Roessler schrieb sie im April 1942: »Leider haben wir in der letzten Zeit sehr viel Luftalarm oder besser gesagt, Schreckalarm, da nie ein Flieger sich sehen läßt. So habe ich mich meistens auf die andere Seite gedreht und weiter geschlafen. Doch das letzte Mal ließ mir meine Mutter keine Ruhe. Sie hörte die ganze Zeit das Surren eines Fliegers, so zog ich mich stöhnend mehr schlafend als wachend an und saß ¾ Stunde herum. Dann entwarnte es, und es hatte nicht ein einziges Mal geschossen. Das hat mich gewaltig geärgert, da ja die Aufopferung meines Schlafes sich noch nicht einmal gelohnt hatte.«[35]

Trotz des Krieges war das Angebot an Konzerten und Theateraufführungen in Frankfurt reichhaltig, und Else Fernau kam voll auf ihre Kosten. Regelmäßig erstattete sie Hans Roessler von ihren Erlebnissen fachkundig und kritisch Bericht. »Gestern«, schrieb sie zum Beispiel Ende April 1942, »war ich im Konzert, Klavierabend von Erik Then-Bergh, einem noch ziemlich jungen Pianisten, jedoch ungeheuer begabt. Du machst Dir keine Begriffe, was dieser Mensch für eine Kraft besitzt. Dies kam besonders bei den Variationen und Fugen über ein Thema von Reger zum Ausdruck.«[36]

Aber weder Reger noch Then-Bergh gefielen ihr: »Reger kann ich sowieso nicht ausstehen«, schrieb sie. »Bis jetzt fand ich außer einer Sonate, alles greulich von seinen Kompositionen. Mehr Krach als Musik! Und ich glaube, wenn Then-Bergh etwas weniger Kraft angewendet hätte, so wären einige Stellen nicht so übel gewesen. Aber ihm gefiel sein Vortrag, und er tat sich gehörig aus, sei es nun, daß es der Saal ihm antat oder auch die gute Akustik. Er gab auf jeden Fall noch fünf weitere Zugaben. Ich freue mich nun schon auf die beiden nächsten Meisterkonzertabende von Elly Ney und Wilhelm Kempf.«[37] Nachdem sie dies geschrieben hatte, machte sie sich auf den Weg zu einer Ballettveranstaltung mit dem Tänzer Harald Kreutzberg, den sie als ihren »besonderen Liebling« bezeichnete.[38] Und so ging es weiter. Fast jeden Abend war sie unterwegs: »Am Freitag«, schrieb sie zehn Tage später, sei sie »Im Land des Lächelns« gewesen, »am Samstag im Film ›Schicksal‹, am Sonntag im Konzert.«[39] Und: »Montag hätte ich wieder Theater gehabt, dies wurde jedoch auf nächsten Montag verlegt und heute nachmittag haben wir mit Fräulein Disselnkötter die ›Räuber‹ gelesen.«[40] Dann gab es wieder Phasen von Kinobesuchen: »Am Mittwoch ›Ihr erstes Rendevouz‹, am Donnerstag ›Das große Spiel‹ und gestern ›Schwarze Rosen‹.«[41] Allerdings hatte sie dafür, wie sie zugab, keine Erlaubnis: »Nur gut«, schrieb sie an Hans, »daß Mutti + Gotchen nichts davon erfahren.« Selbst Abendvorstellungen besuchte sie schon: »Stell Dir vor, ich habe es sogar gewagt, abends mit Ilse ins Kino zu gehen, obwohl ich noch unter 18 bin. Bist Du nicht sprachlos über den Mut?«

Vor allem was Orchesterwerke und Opern anbelangte, hatte Else Fernau ein klares Urteil und hielt sich mit Kritik nicht zurück, vor allem wenn es um neue Kompositionen ging. »Sonntag«, schrieb sie Hans Roessler im Frühjahr 1943, »war ich in der ›Geschichte des treuen Kasperl und dem schönen Annerl‹ eine moderne Oper. Na, es war zum Davonlaufen. Fast die ganze Oper voller Dissonanzen fast keine Melodie, die Bühnenbilder mehr wie naturalistisch, das einzige was mir gefiel war der Inhalt und der war ja von Brentano. Das ganze sollte eine tragische Oper sein wirkte jedoch eher tragikomisch. Durch so etwas lernt man das Alte, Beständige umso mehr schätzen. Die Kritik war ja, wie zu erwarten, lächerlich gut.«[42] Und wenige Tage später: »Das Freitagskonzert war sehr schön. Zuerst kam natürlich wieder so ein neumodischer Kram von Höller. Ich kann dafür wirklich kein Verständnis aufbringen. Manchmal meint man, auf einem Bauernhof zu sein, auf dem sich alle Tiere ein Ständchen geben, manchmal fühlt man sich in eine Mondlandschaft versetzt, einschmeichelnde Töne erklingen, kaum erfreut man sich an den Klängen, hebt ein Krach an zum Davonlaufen. Und das soll dann schön sein!!«[43] Aber nicht alle modernen Komponisten lehnte sie ab. Über das Konzert schrieb sie weiter: »Das zweite [Stück an diesem Abend] waren Variationen über ein

Thema von Beethoven für Orchester und Klavier von Schmidt (der gute Mann ist 1939 gestorben, also auch noch ein verhältnismäßig Neuer). Aber dieser, ich muß es schon mit den Worten von Gotchen sagen, hat noch etwas von der alten Tradition mit hinübergerettet. Mir hat es sehr gut gefallen.«[44]

SCHULSTRESS

Mit diesen vielen Unternehmungen war Elses Mutter überhaupt nicht einverstanden. Wie Else Hans gestand, schimpfte ihre Mutter, dass sie keine Zeit mehr habe, alles in Hetze geschehe und selbst wenn sie in der Wohnung etwas hole, alles nur »im Trab« erfolge.[45] Vor allem sollte sie natürlich an die Schule denken.

Aber auch von selbst stellten sich bei Else Gewissensbisse ein, und sie hatte das Gefühl, nicht genug zu tun – vor allem im Hinblick auf das Abitur. »Ich lerne ja ziemlich viel«, gestand sie Hans, »tu es auch gern, aber diese ewige Angst, in der ich lebe, du wirst es doch mit 3 machen, du mußt es mit drei machen, eine Blamage sonst sonders gleichen, schon meinem Onkel zuliebe.«[46] Sie wusste, was sie an ihrem Onkel hatte, der sie – seinen »Knopf«[47], seinen »liebsten, allerbesten Spatz«,[48] seinen »Liebling«[49] – auf Händen trug und an seinem großzügigen Lebensstil teilhaben ließ. Selbst in Kriegszeiten ging sie wiederholt mit ihm in den besten Restaurants von Frankfurt und Bad Homburg essen,[50] und auch die Möglichkeit, Theateraufführungen und Konzerte zu besuchen oder ins Kino zu gehen, verdankte sie seiner finanziellen Großzügigkeit. Also sah sie es als Verpflichtung an, gute Noten nach Hause zu bringen. Sie bemühte sich daher im letzten Schuljahr besonders darum, ihre Leistungen zu steigern, so gut es bei all den Ablenkungen ging.

In der Schule hatte sich unter den Nationalsozialisten einiges geändert: Die Lehrpläne waren an die nationalsozialistische Ideologie angepasst worden, denn schon Kinder und Jugendliche sollten im Sinne des Regimes erzogen werden. In die Lehrpläne wurde die Rassenideologie aufgenommen, in den Fächern Deutsch und Geschichte wurden die großen Taten der »arischen Rasse« gelehrt, was weder Elses Lehrerin noch sie selbst besonders ernst nahmen.[51] Außerdem wurde die Stundenzahl in Leibeserziehung erhöht,[52] denn durch sportliche Ertüchtigung sollte ein gesunder Körper herangebildet werden. Mädchen sollten überdies nicht auf eine akademische Laufbahn, sondern vor allem auf ihre Rolle als Hausfrau und Mutter vorbereitet werden. In der Oberstufe gab es für sie neben einem sprachlichen einen hauswirtschaftlichen Zweig.[53] Um den Schulabgang zu beschleunigen, wurde 1938 die Schulzeit für Gymnasiasten generell von 13 auf 12 Jahre verkürzt.

Darüber hinaus wurden an den Schulen die nationalsozialistischen Fest-tage wie der Geburtstag Adolf Hitlers am 20. April begangen. Es gab Flaggenappelle und Versammlungen von Lehrern und Schülerinnen, um Reden des »Führers« anzuhören. Doch unter dem Schuldirektor der Schillerschule, dem Historiker und Philologen Dr. Alfred Maurer, erschie-nen die ideologischen Zwänge gemildert. In den Augen von Else Fernaus Klassenlehrerin Elisabeth Disselnkötter war Dr. Maurer ein verständnis-voller Mann: »Er trug zwar bald das Parteiabzeichen, blieb aber in seinem Wesen und Denken Demokrat, und ihm war es zu danken, daß eine stram-me NS-Ideologie an unserer Schule keine Chance hatte. Es gab eigentlich nur zwei Nazis im Kollegium: eine Turnlehrerin und Herrn Gerber, der später zum Leiter der Victoria-Schule berufen wurde. Nach der Pensio-nierung von Herrn Maurer 1938 wurde Herr Cron Direktor. Er war selbst-verständlich PG, aber indifferent und umgänglich. Natürlich konnte man im Lehrerzimmer nicht laut regierungsfeindliche Gespräche führen, aber jeder wußte, wem gegenüber man sich frei äußern konnte.«[54]

Vor allem seit 1939 war an einen geregelten Schulunterricht nicht mehr zu denken. Nicht nur, dass viele junge Lehrer zum Kriegsdienst einberufen wurden und nun fehlten. In Frankfurt gab es im September 1939 die Anordnung, einige Schulen, darunter auch die Schillerschule, zu schließen und für die Belegung durch Truppen und die Kriegsverwaltung freizugeben. Und im Winter musste wegen des Mangels an Heizkohle der Unterricht immer wieder in andere Schulen, z. B. in die Schwanthaler- und die Kaiser-Wilhelm-Schule, verlegt werden oder es wurden Kurzun-terricht und Zwangsferien angeordnet. Hinzu kam die ständige Angst vor Fliegerangriffen, nachdem im Juni 1940 die ersten Bomben auf die Stadt niedergegangen waren.[55] All dies machte für Else Fernau und ihre Klas-senkameradinnen die Vorbereitung auf das Abitur nicht einfacher.

ERNTEHILFE

Im Sommer 1942 entfielen für die höheren Jahrgangsstufen der Schiller-schule dann auch noch die Sommerferien, denn die Schülerinnen wurden zum Erntehilfsdienst einberufen. Else Fernau befürchtete: »Unser ganzes Abitur geht flöten mit aller Weisheit, die wir uns mühselig eingetrichtert hatten.«[56] Denn eigentlich hatte sie gehofft, ihren fehlenden Lerneifer vom Frühling »in den Sommerferien entwickeln zu können«. Nun sollte es an-ders kommen: Da sie bis dahin nur einmal 1939 kurz zu einem Ernteeinsatz in Rainrod[57] von zu Hause weggewesen war und dann nur noch einmal ein paar Tage mit ihrer Klasse im Landheim der Schillerschule in Merzhausen im Hintertaunus,[58] sah sie den dreieinhalb Monaten Erntehilfe mit einiger Beunruhigung entgegen.[59] Umso erleichterter war sie daher, als sie Mitte

Juni 1942 bei einer netten Familie in Niedergründau in der Nähe von Geln-
hausen unterkam. Hans Roessler teilte sie dies umgehend mit: »Nun bin
ich in der Landhilfe. Habe es jedoch sehr gut getroffen bei einer Familie
Rückriegel. Entsetzlich netten Leuten; natürlich, 3 ½ Monate sind ja reichlich viel für das zweite Mal von zu Hause weg (nicht die Vergnügungsrei-
sen mitzurechnen). Das Haus ist erst jetzt gebaut worden, wie ein Groß-
stadthaus deshalb eingerichtet, mit Bad und allen Luxuseinrichtungen. Da
es jedoch Krieg ist, sind die Zimmer noch nicht eingerichtet, und ich muß
also mein Zimmer mit dem Dienstmädel teilen, die aber furchtbar nett
ist und mit der ich mich schon angefreundet habe. Meine Arbeit besteht
bis jetzt noch aus Hausarbeit, meistens Spülen, was furchtbar langweilig
ist, denn ich muß es ja auch zu Hause machen, doch nächste Woche geht
es ja auf's Feld.«[60] Als sie nicht mehr im Haus tätig sein musste, bereitete
ihr die Arbeit von Tag zu Tag mehr Freude. Bei Feldarbeiten entwickelte
sie einen geradezu »verfluchten Ehrgeiz, nicht ganz hinter den ›Ländlern‹
zurückzustehen«,[61] vor allem, wenn »fast das halbe Dorf« an den Wiesen
und Feldern vorbeiging, auf denen sie arbeitete. Und mit Begeisterung berichtete sie Hans Roessler von ihren Erfolgen: »Die letzten Tage haben wir
schwer gearbeitet. 6 Morgen Roggen abgemacht, alles mit der Sense. Wir
waren meistens den ganzen Tag draußen bei sengender Hitze. Ich lernte
abnehmen, Seiler drehen, zubinden und aufstellen und schickte mich bald
so gut an, daß unser Knecht mich sehr lobte und anderen Leuten sogar von
meinen Fähigkeiten erzählte. Minna [das Dienstmädchen auf dem Hof]
war etwas beleidigt, daß sie nun nicht mehr die Meisterschaft inne hatte,
aber es half nichts.«[62] Im August war es dann schon so weit, dass Else Fernau den Pferdewagen kutschieren durfte.[63]

Trotz der täglichen anstrengenden Feldarbeit von morgens bis abends
– auch sonntags wurde bis zum frühen Nachmittag gearbeitet – nahm
Else Fernau erheblich zu. Im Gegensatz zu Frankfurt, wo Lebensmit-
tel bereits rationiert wurden, herrschte an ihnen in Niedergründau kein
Mangel. Und Else Fernau schränkte sich beim Essen wenig ein. »Ich sage
mir«, teilte sie Hans Roessler mit, »bei der schmalen Kost in Frankfurt
geht ja doch alles wieder herunter, und deshalb esse ich solange bis es halt
nicht mehr geht.«[64] Das Ergebnis: Sie nahm 10 Pfund zu und kein Rock
passte mehr.[65] Als sie Ende August nach Schmitten fuhr, wo Else Fresenius und Therese Fernau im Sommer und Herbst gewöhnlich Wohnung
nahmen, hielten sich die beiden Damen mit Kritik nicht zurück. »Im
Übrigen«, teilte sie Hans Roessler mit, »errege ich allgemeines Ärgernis
wegen meiner Figur. Es wird mir vorgeworfen von beiden Teilen, daß ich
vorne sowie hinten zu dick sei, daß ich ein Vollmondgesicht hätte, eine
Haltung, schlimmer wie eine Schießbudenfigur und etwas Ungelenkes,
Ungeschlachtetes, Tollpatschiges, Schwerfälliges na, kurzum, Mädchen

vom Land oder Bauerntrine. Ich mag mich noch so in Positur werfen, die-se lieblichen Wörter schallen mir entgegen.«[66] »Nur gut«, meinte sie dazu, »daß ich jeden Abend und jeden Morgen Gymnastik durch Bergsteigen unternehme«. Denn sie pendelte regelmäßig zwischen Schmitten und Frankfurt und musste dafür längere Wege zu Fuß zurücklegen.

So skeptisch Else Fernau dem Erntehilfsdienst entgegen gesehen hat-te, so wichtig war die Erfahrung für sie im Rückblick. Der Abstand von zu Hause hatte sie verändert. Sie bewertete nun ihre häusliche Umgebung ganz anders. In Niedergründau hatte sie trotz der zahlreichen Verpflich-tungen ein Gefühl der Freiheit empfunden und sich selbstständig gefühlt. Ihr Frankfurter Zuhause erschien ihr plötzlich als eng. Ihrem Freund ge-stand sie: »Niedergründau war ja für mich die Freiheit, ich handelte dort, so wie ich es vor mir verantworten konnte und war mein freier Herr. Ob-wohl ich von zu Hause fort war, fühlte ich mich doch glücklich und habe mich bestimmt trotz aller Freiheit in jeder Lage korrekt benommen. Hier habe ich mich nun dem eisernen Druck von dreien wieder zu fügen und habe mit lächelndem Gesicht zu dem Ja zu sagen, was ich am liebsten ver-wünschen möchte. Gegen Schimpfworte bin ich so ziemlich unempfind-lich, jedoch die eisigen Bemerkungen und Vermerke mir immer anzuhören, die oft überhaupt nicht begründet sind, übertrieben, jedes selbstständige Handeln unterbinden, gehen mir manchmal etwas auf die Nerven. Wenn jeder Schritt, den man tut, im Voraus berechnet, überdacht, bewacht wird, so fühlt man sich doch wie in einem Käfig. Irgend einmal muß man doch auch etwas Selbstbestimmungsrecht über sich bekommen, nur in weni-gen Angelegenheiten, ich bin ja gar nicht so anspruchsvoll. Gerade jetzt nach der Landhilfe klafft ein solcher Abgrund auf, daß das Eingewöhnen wieder in den alten Trott oder das Abgewöhnen doppelt schwer fällt. So lang Alles beim Alten bleibt, fällt es gar nicht weiter auf, man ist es halt so gewöhnt, und wenn man auch gern einmal möchte, man wagt halt nicht, so etwas fast ans ›Unverschämte Grenzende‹ zu verlangen. Vielleicht bin ich auch falscher Ansicht, vielleicht zu freiheitlich gesinnt.«[67]

AUF DEM WEG ZUM ABITUR

Doch bei allen freiheitlichen Gedanken war Else Fernau klar, dass an Selbst-bestimmung erst einmal nicht zu denken war, vor allem, weil sie erst noch die Hürde des Abiturs nehmen musste. Der Schulabschluss bereitete ihr einiges Kopfzerbrechen, zumal ihr »die Gestrengen«, also ihre Mutter, Dr. Fresenius und seine Frau, immer wieder »Angst« machten[68] und sie in ih-rer Leistungsbilanz noch so manches Defizit ausmachte. Das Turnabitur hatte sie bereits im Juni 1942 abgelegt,[69] dafür stand im Oktober nun das Schwimmabitur an, bei dem sie am Ende buchstäblich »bös hineinfiel«.[70]

Sie konnte zwar gut schwimmen, doch mit dem Springen wollte es einfach nicht klappen. Nach eigenem Bekunden »platschte« sie »bei jedem Versuch wie ein Frosch ins Wasser«. Und die Bemühungen, sich mittels ärztlichen Attests vom Springen befreien zu lassen, schlugen fehl.[71]

Die restlichen Wochen und Monate an der Schillerschule brachte Else Fernau mit Lernen und taktischen Überlegungen für das Abitur zu. So war sie sich zum Beispiel nicht sicher, ob sie Geschichte oder Kunstgeschichte als Wahlfach nehmen sollte. Hans Roessler setzte sie ihre strategischen Erwägungen auseinander: »Weiß ich im Abi was nicht in Geschichte bei dem größten Gebiete, rutsche ich von meiner zwei bei den großen Ansprüchen von Fräulein Disselnkötter herunter. In Kunstgeschichte besteht die Möglichkeit mich hinauf zu arbeiten. Ich will und muß es mit drei machen und meine nun, alles wissen zu müssen, und dies ist ja schließlich unmöglich. Rede mir ein, daß das Glück mir nicht beiseite steht, und ich doch das Abi nur mit vier mache, obwohl dies ja nicht so schlimm wäre, wenn man es nur überhaupt macht.«[72] Im Frühjahr 1943, kurz vor den mündlichen Prüfungen Mitte März, sah die Lage dann schon anders aus. Die Abiturarbeiten hatte sie nach eigenem Bekunden allesamt »sehr anständig geschrieben im Verhältnis zur Klasse«.[73] Genauer: »Deutsch 2, Latein 2, Französisch 3, Mathematik 3, Englisch leider 4.«[74] Damit war klar, dass sie das Abitur auf keinen Fall mit der Note »2« bestehen würde, aber immerhin war die befürchtete »4« jetzt in weite Ferne gerückt. Am Ende bestand sie das Abitur mit der Durchschnittsnote 2,6.[75]

Nach all den Jahren, die sie an der Schillerschule zugebracht hatte, war Else Fernau doch etwas wehmütig, als sie Ende März 1943 mit ihren Klassenkameradinnen ihr bestandenes Abitur feierte.[76] Es war nicht nur der Abschied von etwas Vertrautem, es war auch der Beginn einer ungewissen Zeit, der sie melancholisch stimmte. Was die berufliche Zukunft anbelangte, hätte sich Else Fernau aufgrund ihrer Vorlieben für Kunst und Literatur vorstellen können, Kunsthistorikerin oder Bibliothekarin zu werden. Der Beruf der Lehrerin, der ihr bei einer Berufsberatung im September 1942 nahe gelegt worden war, kam für sie dagegen nicht in Frage.[77] Am Ende traf sie eine pragmatische Berufswahl. Sie entschied sich, eine Ausbildung zur Apothekerin zu machen. Damit tat sie zum einem ihrem »Onkel Doktor« einen Gefallen, der sie sich schon lange als seine Nachfolgerin in der Hirsch-Apotheke wünschte; und zum anderen konnte sie hoffen, durch ihre Arbeit in der Apotheke vom Reichsarbeitsdienst befreit zu werden. Ihr Onkel hatte bereits einen entsprechenden Antrag gestellt.[78] Daher unterschrieb sie am 19. Februar 1943 ihren Lehrvertrag in der Hirsch-Apotheke in Frankfurt am Main.[79] Aber all diese schönen Planungen sollten nichts nützen. Es sollte anders kommen, als erwartet.

1 Rede Dr. Richard Martin anlässlich des 60. Firmenjubiläums im Kurhaus Bad Homburg, 21.11.1972. 2 Fresenius, Else: Konfirmationsrede, in: Archiv EKFS, Konfirmationsbuch, fol. 2v. 3 Ebd. 4 Ebd., fol. 2r/v. 5 Ebd., fol. 2v. 6 Archiv EKFS, Schulzeugnisse Else Fernau, passim. 7 Fresenius, Else: Konfirmationsrede, in: Archiv EKFS, Else Fernau: Konfirmationsbuch, fol. 4r. 8 Zeitzeugengespräch Helga Delp, 03.03.2010; Zeitzeugengespräch Charlotte Rieger, 27.01.2010. 9 Archiv EKFS, Schulzeugnisse Else Fernau, Überweisungszeugnis Else Fernau, vom 02.04.1935. 10 Zum Fest Archiv EKFS, Nachlass Else Kröner, Hans Kröner: Überblick über die bisherigen Lebensjahre (ohne Datum), angeheftet an Lebenslauf Else Kröners, 19.12.1980. 11 Archiv EKFS, Schulzeugnisse Else Fernau: Zeugnis Else Fernau, Schillerschule, Ostern 1936. 12 Archiv EKFS, Schulzeugnisse Else Fernau: Zeugnis Else Fernau, Schillerschule, Herbst 1936. 13 Archiv EKFS, Schulzeugnisse Else Fernau: Zeugnis Else Fernau, Schillerschule, Weihnachten 1936. 14 Z. B. Archiv EKFS, Schulzeugnisse Else Fernau: Zeugnis Else Fernau, Schillerschule Weihnachten 1938. 15 Zeitzeugengespräch Helga Delp, 03.03.2010; Zeitzeugengespräch Charlotte Rieger, 27.01.2010. 16 Zeitzeugengespräch Marianne Schmidt, 28.01.2009; Zeitzeugengespräch Gerda Gaul, 08.10.2009; lt. Schmidt, Frl. Anna. 17 Fresenius, Else: Konfirmationsrede, in: Archiv EKFS, Else Fernau, Konfirmationsbuch, fol. 5v. 18 Zeitzeugengespräch Charlotte Rieger, 27.01.2010. 19 Zeitzeugengespräch Marianne Schmidt, 28.01.2009. 20 Zeitzeugengespräch Gerda und Gerhard Gaul, 08.10.2009. 21 Fresenius, Else: Konfirmationsrede, fol. 4v. 22 Ebd., fol. 6r. 23 Ebd., fol. 6v/7r. 24 Archiv EKFS, Nachlass Else Kröner, Korrespondenz: Else Fernau an Hans Roessler, 26.05.1942 R8. 25 Vgl. die Erinnerungen von Else Fernaus Klassenkameradin Gisela Schell, in: Fünfzig Jahre Schillerschule Frankfurt a. M. 1908–1958, S. 25 f. 26 Archiv EKFS, Nachlass Else Kröner, Schulunterlagen Else Fernau. 27 Hans Roessler wurde am 7. Oktober 1923 in Frankfurt am Main geboren. 28 Hector Roessler (1880–1941). 29 Archiv EKFS, Nachlass Else Kröner, Korrespondenz: Brief Else Fernau an Hans Roessler, 11.11.1942. 30 Archiv EKFS, Nachlass Else Kröner, Korrespondenz: Brief Else Fernau an Hans Roessler, 08.11.1942. 31 Ebd. 32 Erinnerung daran: Archiv EKFS, Nachlass Else Kröner, Korrespondenz: Brief Else Fernau an Hans Roessler, 23.05.43. 33 Presse- und Informationsamt der Stadt Frankfurt am Main (Hrsg.): Frankfurt 1933–1945. Unterm Hakenkreuz, Frankfurt/M. 1999. 34 Bendix, Werner: Die Hauptstadt des Wirtschaftswunders. Frankfurt am Main 1945–1956, Frankfurt/M. 2002, S. 26 f. 35 Archiv EKFS, Nachlass Else Kröner, Korrespondenz: Else Fernau an Hans Roessler, 12.04.42. 36 Archiv EKFS, Nachlass Else Kröner, Korrespondenz: Else Fernau an Hans Roessler, 24.04.42; Vermutlich Reger, Max: Variationen und Fuge über ein Thema von Bach. 37 Archiv EKFS, Nachlass Else Kröner, Korrespondenz: Else Fernau an Hans Roessler, 24.04.42. 38 Ebd. 39 Archiv EKFS, Nachlass Else Kröner, Korrespondenz: Else Fernau an Hans Roessler, 05.05.42. 40 Ebd. 41 Archiv EKFS, Nachlass Else Kröner, Korrespondenz: Else Fernau an Hans Roessler, 26.09.42; dort auch das Folgende. 42 Archiv EKFS, Nachlass Else Kröner, Korrespondenz: Else Fernau an Hans Roessler, 17.03.43.

43 Archiv EKFS, Nachlass Else Kröner, Korrespondenz: Else Fernau an Hans Roessler, 04.04.43. 44 Ebd. 45 Archiv EKFS, Nachlass Else Kröner, Korrespondenz: Else Fernau an Hans Roessler, 24.04.42. 46 Archiv EKFS, Nachlass Else Kröner, Korrespondenz: Else Fernau an Hans Roessler. 07.01.42. 47 Archiv EKFS, Nachlass Else Kröner, Korrespondenz: Dr. Eduard Fresenius an Else Fernau, 22.06.43. 48 Archiv EKFS, Nachlass Else Kröner, Korrespondenz: Dr. Eduard Fresenius an Else Fernau, 03.03.44. 49 Archiv EKFS, Nachlass Else Kröner, Korrespondenz: Dr. Eduard Fresenius an Else Fernau, 06.03.44. 50 Vgl. z. B. Archiv EKFS, Nachlass Else Kröner, Korrespondenz: Else Fernau an Hans Roessler, 31.03.42, 07.04.42, 26.05.42, 26.03.43. 51 Vgl. die Erinnerungen von Else Fernaus Klassenkameradin Gisela Schell, in: Fünfzig Jahre Schillerschule Frankfurt a. M. 1908–1958, S. 25 f. 52 Schäfer, Kurt: Schulen und Schulpolitik in Frankfurt am Main 1900–1945 (Studien zur Frankfurter Geschichte 35), Frankfurt/M. 1994, S. 384. 53 Ebd., S. 273 f., 382 f. 54 Ebd., S. 482. 55 Presse- und Informationsamt der Stadt Frankfurt am Main (Hrsg.): Frankfurt 1933–1945. Unterm Hakenkreuz, Frankfurt/M. 1999; Schäfer, Kurt: Schulen und Schulpolitik, S. 399 f.; Schell, Gisela, in: Fünfzig Jahre Schillerschule Frankfurt a. M. 1908–1958, S. 6 f. 56 Archiv EKFS, Nachlass Else Kröner, Korrespondenz: Else Fernau an Hans Roessler, 24.04.42. 57 Einziger Beleg: Archiv EKFS, Nachlass Else Kröner, Korrespondenz: Else Fernau an Hans Roessler, undatiert [aber: Ostern 1943]. 58 Dazu die Erinnerungen der Klassenkameradin von Else Fernau Gisela Schell. In: Fünfzig Jahre Schillerschule Frankfurt a. M. 1908–1958, S. 25 f. 59 Archiv EKFS, Nachlass Else Kröner, Korrespondenz: Else Fernau an Hans Roessler, ohne Datum [Juni 1942]. 60 Archiv EKFS, Nachlass Else Kröner, Korrespondenz: Else Fernau an Hans Roessler, ohne Datum [Juni 1942]. 61 Archiv EKFS, Nachlass Else Kröner, Korrespondenz: Else Fernau an Hans Roessler, ohne Datum [Juli/August 1942]. 62 Archiv EKFS, Nachlass Else Kröner, Korrespondenz: Else Fernau an Hans Roessler, ohne Datum [Juli 1942]. 63 Archiv EKFS, Nachlass Else Kröner, Korrespondenz: Else Fernau an Hans Roessler, ohne Datum [August 1942]. 64 Archiv EKFS, Nachlass Else Kröner, Korrespondenz: Else Fernau an Hans Roessler, ohne Datum [Juli 1942]. 65 Ebd. 66 Archiv EKFS, Nachlass Else Kröner, Korrespondenz: Else Fernau an Hans Roessler, 31.08.1942. 67 Archiv EKFS, Nachlass Else Kröner, Korrespondenz: Else Fernau an Hans Roessler, 31.08.1942. 68 Archiv EKFS, Nachlass Else Kröner, Korrespondenz: Else Fernau an Hans Roessler, 19.02.1943. 69 Archiv EKFS, Nachlass Else Kröner, Korrespondenz: Else Fernau an Hans Roessler, 06.06.1942. 70 So Archiv EKFS, Nachlass Else Kröner, Korrespondenz: Else Fernau an Hans Roessler, 15.10.1942; dort auch das Folgende. 71 Ebd. 72 Archiv EKFS, Nachlass Else Kröner, Korrespondenz: Else Fernau an Hans Roessler, 24.10.42. 73 Archiv EKFS, Nachlass Else Kröner, Korrespondenz: Else Fernau an Hans Roessler, 18.03.43. 74 Ebd. 75 Archiv EKFS, Schulzeugnisse Else Fernau, Zeugnis der Reife, 19.03.1943, die Noten im Einzelnen: Leibeserziehung (Leichtathletik, Turnen, Schwimmen, Spielen, Gymnastik und Mädeltanz): sehr gut; Deutsch: befriedigend; Geschichte: gut; Erd-

kunde: gut; Kunsterziehung: befriedigend; Handarbeit: gut; Musik: gut; Biologie: gut; Chemie: gut; Physik: ausreichend; Mathematik: ausreichend; Englisch: ausreichend; Französisch: befriedigend; Latein: befriedigend. **76** Archiv EKFS, Nachlass Else Kröner, Korrespondenz: Else Fernau an Hans Roessler, 26.03.1943. **77** Dazu Archiv EKFS, Nachlass Else Kröner, Korrespondenz: Else Fernau an Hans Roessler, ohne Datum [September 1942] u. 28.09.1942. **78** Archiv EKFS, Nachlass Else Kröner, Korrespondenz: Else Fernau an Hans Roessler, 18.04.1942. **79** Archiv EKFS, Nachlass Else Kröner, Korrespondenz: Else Fernau an Hans Roessler, 19.02.1943.

IV.
HIRSCH-APOTHEKE UND
UNTERNEHMEN FRESENIUS
BIS 1944

RÄUMLICHE TRENNUNG VON »APO« UND »CEPI«

SO SCHWIERIG DIE finanzielle Lage von Dr. Fresenius Anfang der 1930er Jahre auch war, es gelang ihm doch, die Hirsch-Apotheke und die »Dr. Eduard Fresenius Chemisch-pharmazeutische Industrie KG« weiterzuführen. Den Gedanken, Apotheke oder Unternehmen zu verkaufen, verwarf er schon bald, denn er war überzeugt, beide Unternehmungen zum Erfolg führen zu können. Aus mehreren Gründen entschloss sich Dr. Fresenius allerdings dazu, die beiden Betriebe räumlich voneinander zu trennen. Zum einen reichte der Platz im Haus Holzgraben 16, in dem das Unternehmen untergebracht war, nicht mehr aus,[1] und zum anderen bot sich die Separierung aus finanztechnischen Gründen an: Er konnte so die Komplikationen vermeiden, die dadurch entstanden waren, dass er und seine Mitarbeiter die Buchführung der beiden Unternehmungen nicht genau auseinandergehalten hatten. Und noch ein dritter Grund sprach für eine Verlagerung des Unternehmens. 1933/1934 waren im Rahmen der Neuorganisation verschiedener Berufsgruppen im Gesundheitswesen gesetzliche Regelungen zu erwarten, die die berufsständische Trennung von pharmazeutischen Betrieben und Apotheken verfügten. Auf diese Weise sollte ein Problem gelöst werden, das die Apothekerschaft bereits seit langem beschäftigte und das Dr. Fresenius nicht zuletzt aus der Arbeit an seiner Dissertation bestens vertraut war. Mit der Entwicklung der pharmazeutischen Industrie seit dem Ende des 19. Jahrhunderts war es innerhalb der Apothekerschaft zu Spannungen gekommen, weil zu dem traditionellen Apotheker, der Arzneimittel nach ärztlicher Anweisung in seinem Labor fertigte, der Fabrikapotheker gekommen war, der mit einem Stab von Angestellten haltbare Arzneimittel auf Vorrat und in Massenproduktion herstellte. Die traditionellen Apotheker hatten sich gegen diese neue Konkurrenz, gegen Preisdruck, Versandhandel und teure Werbekampagnen der pharmazeutischen Industrie-Apotheker gewandt. Denn ihnen gegenüber hatten sie als Einzel- und Kleinunternehmer unweigerlich das Nachsehen. Schon seit der Jahrhundertwende hatten sie gefordert, wieder zu einer Einheit des Standes zurückzukehren und Arzneimittel nur persönlich von approbierten Apothekern herstellen und abgeben zu lassen. Weil sie jedoch nicht einheitlich organisiert waren, konnten sie ihre Interessen lange Zeit nicht durchsetzen. Erst im Zuge der Gleichschaltungs-Politik der Nationalsozialisten entstand eine einheitliche Berufsorganisation der Apotheker, die sich entsprechend Gehör verschaffen konnte. Ein erster Schritt zu einer Organisation war die »Fachschaft Apotheker« innerhalb des »Nationalsozialistischen Deutschen Ärztebundes«, aus der heraus im April 1933 die Gründung der »Standesgemeinschaft Deutscher Apotheker« erfolgte. Sie setzte sich weiter für ein Apothekenmonopol und eine neue berufsständische Ordnung ein und wandte sich gegen die billige »Konfektionsindustrie«, gegen die Beschäftigung von ungelernten Arbeitskräften und gegen vererbliche oder verkäufliche Betriebsrechte. Zudem sollte in absehbarer Zeit eine Reichsapothekerkammer als übergeordnete Berufsorganisation geschaffen werden.[2]

Dr. Fresenius sah sich daher auch unter diesem Gesichtspunkt nach einer neuen, von der Apotheke getrennten Betriebsstätte für sein chemisch-pharmazeutisches Unternehmen um. Dabei kam es ihm zu Gute, dass er durch seinen pharmazeutischen Großhandel mit den Taunusbädern in Kontakt stand, die sich zu dieser Zeit großen Problemen gegenüber sahen. Sie hatten nach dem Ersten Weltkrieg erhebliche Einbußen im Kurwesen und Gastgewerbe verzeichnen müssen.

Bad Homburg zum Beispiel verdankte sein Renommee als Kur- und Badeort dem Erfolg des Buchs »Homburg und seine Heilquellen«, einer Veröffentlichung des Arztes Dr. Eduard Christian Trapp aus dem Jahr 1837.[3] In dem Buch hatte Trapp die gute Luft, die schöne Landschaft und die wohltuenden Quellen der Stadt gepriesen.[4] Der daraufhin mit der Analyse der Bad Homburger Quellen beauftragte Chemiker Justus von Liebig hatte in den Wässern zahlreiche gesundheitsförderliche Bestandteile festgestellt, woraufhin in der Stadt zunächst Brunnenanlagen und Badehäuser, dann Hotels und eine Spielbank errichtet worden waren. Bei der europäischen Aristokratie war Bad Homburg bald zu einem überaus beliebten Kur- und Erholungsort geworden. Außerdem kamen viele Russen in die Stadt, unter ihnen der Schriftsteller Fjodor Dostojewski, der nicht zuletzt durch seinen Roman »Der Spieler« wesentlich zur Bekanntheit Bad Homburgs in seiner Heimat beitrug. Die Romanhandlung war wesentlich aus persönlichen Erfahrungen in Spielbanken in deutschen Kurbädern gespeist – unter anderem in Bad Homburg. 1867 schrieb er in einem Brief an seine Frau: »Man muss sagen, die Gegend hier ist bezaubernd! Der Park ist großartig, das Kurhaus auch, die Musik sehr schön … Hier könnte man leben, wenn nur das verdammte Roulette nicht wäre…«[5] Bad Homburg zog Ende des 19. Jahrhunderts preußische Prinzen und Prinzessinnen ebenso an wie französische und russische Adlige. Der damalige Prince of Wales und spätere englische König Edward VII. verbrachte hier regelmäßig einige Wochen im Jahr, und Kaiser Wilhelm II. machte Bad Homburg zu seiner Sommerresidenz.[6]

Dieses mondäne Treiben und das Kurwesen waren nach dem Ersten Weltkrieg und mit dem Ende des Kaiserreichs nahezu zum Erliegen gekommen. Einen Ausweg aus der Krise sah die Stadtverwaltung in der Förderung von Handel, Gewerbe und Industrie, die zuvor gegenüber dem Kurbetrieb vernachlässigt worden waren. Insbesondere in der Ansiedlung von chemisch-pharmazeutischen Industriebetrieben erkannten die Stadtoberen eine Möglichkeit, den guten Namen Bad Homburgs im Gesundheitsbereich über die Produktion von Heilmitteln erhalten zu können. Einen Anfang hatte die Stadt 1920 zusammen mit der »Chemisch-Pharmazeutische Werke Bad Homburg AG« gemacht, die unter anderem Halsbonbons, Abführtabletten sowie den Einmach- und Speiseessig Citrovin herstellten. Ihr bekanntestes Produkt war Kamillosan, dessen Hauptinhaltsstoff, die Kamillenblüte, auch für Salben, Puder, Tees, Mundspülwässer sowie für Inhalationen und Dampfbäder verwertet wurde. Eine Tochterfirma der Aktiengesellschaft hatte zudem den Versand von Bad Homburger Quellwasser übernommen.

Oberbürgermeister Walter Lübke und die Geschäftsführung des pharmazeutischen Unternehmens versuchten einiges, um das positive Image Bad Homburgs auf diese Weise weiter im Bewusstsein auch der einstmals großen russischen Klientel zu halten. So schrieb Lübke zum Beispiel 1922 an den deutschen Botschafter in Russland: »Euer Exzellenz wissen ohne Zweifel, daß Bad Homburg mehr als jedes andere deutsche Bad unter der Veränderung der Verhältnisse gelitten hat, und daß unsere Schwierigkeiten, unsere alte Stellung wieder zu erreichen, sehr groß sind. Ein bedeutender Absatz der Homburger Präparate im Auslande würde uns bei unseren Bemühungen außerordentliche Dienste leisten.«[7] Nachdem die »Chemisch-pharmazeutischen Werke Bad Homburg« aufgrund von Platzmangel 1927 nach Frankfurt verlegt worden waren,[8] wurde das Interesse der Stadtoberen an einer Neuansiedlung einschlägiger imagefördernder pharmazeutischer Kleinbetriebe noch größer.

Dies kam Dr. Eduard Fresenius sehr entgegen. Er entschloss sich, seinen chemisch-pharmazeutischen Betrieb in Bad Homburg im heutigen Gluckensteinweg 5 unterzubringen – in den ehemaligen Produktionsstätten der Schokoladenfabrik Holex, in denen ursprünglich verschiedene Zuckerwaren, Bonbons, Fruchtsäfte aus eigenem Obstanbau und Schokolade hergestellt worden waren. Das 1876 von Franz Stroh, einem Hof-Konditor und Pastetenbäcker, als Zuckerwarenfabrik gegründete Unternehmen hatte 1929 Konkurs angemeldet.[9]

1934 übernahm Dr. Fresenius einen Teil der Betriebsstätten der Holex. In einem anderen Teil des Fabrikgeländes war die Erich Jaeger KG untergebracht, eine elektrotechnische Fabrik, die sich auf Fahrzeugzubehör spezialisiert hatte und schon 1933 in den Gluckensteinweg 5a gezogen war.

Vor allem die Spezial-Präparate gegen Erkältungskrankheiten, die Dr. Fresenius herstellte, entsprachen den Produkten, die die Stadtoberen von Bad Homburg mit ihrer Stadt als Ort der Gesundheitspflege in Verbindung bringen konnten – Medikamente wie zum Beispiel Bormelin, Trophelin, Novorenin-Öl und Terpinol-Pastillen. Die beliebte Nasensalbe Bormelin bestand aus Borsäure, Vaseline und Menthol, wobei die wässrige Lösung der Borsäure (»Borwasser«) als Desinfektionsmittel wirkte.[10] Außerdem wurde Bormelin mit Adrenalin oder Chinin versetzt, weil das Stresshormon Adrenalin die Bronchien erweitert und die Atmung erleichtert und Chinin schmerzstillend und fiebersenkend wirkt.[11] Hauptbestandteil der im Gluckensteinweg hergestellten Terpinol-Pastillen war ein Destillat des Alkohols Terpineol, das in ätherischen Ölen vorkommt und nach Flieder riecht. Teilweise wurde dem Präparat das Opiat Codein beigemischt, das als Schmerzmittel und Hustenstiller wirkt.[12] Diese Rezeptur hatte bereits 1907 Dr. Johann Philipp Fresenius, der Vater von Dr. Eduard Fresenius, von der Firma Henn & Kittler in Straßburg erworben, die bis dahin alle Rechte daran innehatte.[13] Von dem Unternehmen erstanden die Doktoren Fresenius auch eine Komprimiermaschine, mit der die Pastillen mit und ohne Namensaufdruck gepresst werden konnten. Mit der Gerätschaft konnten sie auch die Indonal-Tabletten produzieren, denen eine Kombination aus Diethylbarbitursäure und Cannabis sativa zugrunde lag und die als Schlafmittel dienten.[14]

Neben der Produktion dieser Mittel gegen Erkältungskrankheiten und den Lösungen, die er schon seit über zwei Jahrzehnten herstellte, war das Unternehmen von Dr. Eduard Fresenius für naturheilkundliche und homöopathische Mittel bekannt. Dafür unterhielt Fresenius neben den Produktionsstätten am Gluckensteinweg einen umfangreichen Kräutergarten. Im Sommer war es für die Mitarbeiter dann auch die erste Aufgabe am Morgen, die frisch aufgeblühten Wollblumen [Königskerze] im Garten zu pflücken, die dann getrocknet für verschiedene Teemischungen verwendet wurden.[15] Zu den von Dr. Fresenius produzierten und vertriebenen Präparaten aus dem Kräutergarten gehörte der Vier-Winde-Tee, der Fenchel, Kümmel, Anis, Pfefferminze und Kamille enthielt, die Verdauung fördern und gegen Sodbrennen und Völlegefühl helfen sollte.[16] Bekannt war außerdem das Le Roi Kräutermittel. Diese Kräutermischung, als Teeaufguss getrunken, galt als Universalheilmittel für allerlei Beschwerden, besonders jedoch als Blutreinigungs- und Abführmittel.[17]

[oben] Blick in die Hirsch-Apotheke im Jahre 1910.

[Mitte] Die Hirsch-Apotheke verfügte über einen eigenen
Kurierdienst mit Autos und Fahrrädern, der die Kunden
direkt belieferte.

[unten] Werbemarke für die Hirsch-Apotheke um 1910.
Die Abbildung zeigt das Bakteriologische Laboratorium,
das der Apotheke angeschlossen war.

[linke Seite, oben] *Blick in die Geschäftsräume von Fresenius am Gluckensteinweg 5 in Bad Homburg in den 1930er Jahren.*

[linke Seite, unten] *Die Hasengasse im Jahr 1931. Rechts der Eingang zum Holzgraben, wo Dr. Fresenius seine Fabrikation hatte.*

[oben] *Dr. Fresenius' Apothekenlaboratorium am Holzgraben 16 auf der rückwärtigen Seite von Zeil und Hirsch-Apotheke, 1934.*

[unten] *1934 verlegte Dr. Fresenius sein chemisch-pharmazeutisches Unternehmen nach Bad Homburg. Hier die Luisenstraße in Höhe des alten Kurhauses, das später im Krieg zerstört wurde.*

[linke Seite, oben] *Die Belegschaft der »Dr. Eduard Fresenius Chemisch-pharmazeutische Industrie KG« im Hof der Firma am Gluckensteinweg 5.*

[linke Seite, unten] *Begleitet wurde Dr. Fresenius (vorne hockend) meist von seinem Hund. Morgens auf dem Weg zur Arbeit konnte man ihn schon von Weitem hören, wenn er pfiff und nach seinem Hund rief.*

[oben] *Aufzuchten von Kräutern und Heilpflanzen, die für die Herstellung der Fresenius-Präparate benötigt wurden, gab es im Garten des Geländes Gluckensteinweg 5 und beim Jagdhaus in Schmitten.*

[oben] *Auf der Jubiläumsfeier von Fresenius 1937 traten einige Mitarbeiter der Apotheke und des Pharmaunternehmens auf. Hier ein Gruppenbild zum Abschluss der Feier.*

[unten] *1937 legte Dr. Fresenius den Grundstock zu einem neuen Geschäftszweig – dem Ausschank von speziellen Frucht- und Gemüsesäften in Diätpavillons. Hier der Ausschank im Bad Homburger Kurhaus.*

Für die Grundstoffe seiner naturheilkundlichen Produkte unterhielt Dr. Fresenius auch ein großes Areal, das in der Nähe von Schmitten im Hochtaunus, gut 30 Kilometer nordwestlich von Frankfurt gelegen ist. Auf dem weitläufigen Grundstück hatte er 1912 ein Jagd- und Ferienhaus errichten lassen – ein ursprünglich zerlegt-transportables Haus, System »Döcker«, das die seinerzeit bedeutende Holzbau-Firma Christoph & Unmack A.G. in Niesky in der Oberlausitz hergestellt hatte.[18] Für Dr. Fresenius als Rittmeister der Reserve war die Wahl dieses Haustyps nicht ungewöhnlich, denn das Holzgebäude ging auf den dänischen Rittmeister Johann Gerhard Clemens Döcker zurück, der damit 1885 einen Wettbewerb zur Entwicklung eines transportablen »Bauwerks zur Behandlung von Verwundeten und Infektionskrankheiten für Kriegs- und Friedenszwecke« gewonnen hatte. Döcker hatte ein modulares Wandtafelsystem erdacht, das durch seine Einfachheit überzeugte: Es war transportabel, in nur vier bis fünf Stunden zu errichten, nach dem Aufbau sofort beziehbar und im Vergleich zu den Konkurrenzmodellen preiswert. Das Holzhaus hatte daher bei den Armeen in ganz Europa Verbreitung gefunden, und Kaiser Wilhelm II. hatte eines von ihnen auf seiner Orientreise 1898 mitgeführt.[19] Ein weiterer Vorteil des Döcker-Hauses bestand darin, dass der Bauherr seine individuellen Wünsche bezüglich Ausstattung und Raumeinteilung einbringen konnte, was Dr. Fresenius auch gerne tat. Wie bei späteren Anbauten im Bad Homburger Gluckensteinweg arbeitete er für das Haus in Schmitten eigene Pläne aus.

Das Gebäude diente Dr. Fresenius sowohl als Gerätehaus für seine Kräuterzucht – bei dem Haus befand sich ein großer Apothekergarten, in dem er Pflanzen für seine Tees zog – als auch als bukolischer Rückzugsort. Auf dem weitläufigen Grundstück hielt er unter anderem Rehe, Hirsche, Schafe, Hühner, Tauben und Fasane. Als Rittmeister der Reserve besaß er selbstverständlich außerdem ein Pferd, auf dem er gerne ausritt. Einige seiner Tiere in Schmitten bekamen eine »Vorzugsbehandlung«. So wurden beispielsweise die beiden Zwerghühner Kaspi und Linchen nicht wie andere Hühner ausschließlich mit Körnern und Grünfutter versorgt, sondern mit eigens für sie in der Schmittener Bäckerei gekauftem Kuchen. Das einzige Tier, das Dr. Eduard Fresenius ständig mit sich führte, war sein Hund, mit dem er morgens in seine Betriebe in Frankfurt und Bad Homburg kam.[20]

DIE »CEPI«

Da Dr. Fresenius weiterhin gleichzeitig die Hirsch-Apotheke und das chemisch-pharmazeutische Unternehmen führte, pendelte er ständig zwischen

Frankfurt und Bad Homburg. Die Mittagspause legte er dann häufig in einem Restaurant ein, das sich im Bad Homburger Bahnhof befand.[21]

Die »Dr. Eduard Fresenius Chemisch-pharmazeutische Industrie«, die Dr. Fresenius gewöhnlich kurz als »Cepi« bezeichnete, blieb in den Zwischenkriegsjahren ein familiärer Betrieb. Die durchschnittlich 18 Mitarbeiter wurden je nach Auftragslage in allen Bereichen eingesetzt.[22] Und Dr. Fresenius war sich nicht zu schade, nach Kräften mitzuhelfen, wo es gerade nötig war. So kam es in den Herbst- und Wintermonaten häufig vor, dass Dr. Fresenius seine Mitarbeiter aus den Büros holte, damit sie mit ihm zusammen Bormelin-Salben abpackten. Sie saßen dann bei der Arbeit zusammen, falteten Pappschachteln und gaben die Bormelin-Tuben hinein.[23]

Mit der Verlagerung nach Bad Homburg hatte Dr. Fresenius das Unternehmen aus Gründen der Kapitalbeschaffung und aus Haftungsfragen zu einer GmbH umgewandelt.[24] 1937 machte er die Entscheidung wieder rückgängig: Er wollte in dem nach ihm benannten Unternehmen weiterhin das Sagen haben.

In das Jahr 1937 fielen gleich drei Firmenjubiläen, die Dr. Fresenius mit seinen Mitarbeitern feierlich beging: Die Hirsch-Apotheke, 1462 gegründet, bestand seit nunmehr 475 Jahren, und sowohl der Pharmagroßhandel als auch das chemisch-pharmazeutische Unternehmen hatten sich 25 Jahre am Markt bewährt. Aus Anlass der drei Jubiläen lud Dr. Fresenius im November des Jahres zu einer Festveranstaltung in den großen neobarocken Spielsaal des Bad Homburger Kurhauses.[25] Auf dem Programm standen nach einer feierlichen Ansprache von Dr. Fresenius zur Geschichte der Apotheke und der beiden jüngeren Unternehmen eine Ehrung altverdienter Mitarbeiter, von denen mehrere schon über 30 Jahre in der Apotheke tätig gewesen waren. Zu einem Festdiner gab es dann ein »buntes Unterhaltungsprogramm«. Einige Werksangehörige gaben über den »Sender Hirschgraben« in Form humorvoller Nachrichten Interna aus den Betrieben zum Besten, und andere behandelten in einem selbstgeschaffenen kleinen Bühnenstück die Einführung des chinesischen Tees in England. Außerdem stand unter anderem eine Tanzaufführung auf dem Programm. Dafür hatten Else Fernau und ihre Freundin Inge Westenhoff, eine Mitarbeiterin bei Dr. Fresenius in Bad Homburg, mehrere Wochen bei einer ehemaligen Tänzerin Unterricht genommen und ein »Menuett nach Boccherini« einstudiert.[26] Sie brachten es an dem Abend in Rokoko-Kostümen zur Aufführung. Danach spielte die Kurhauskapelle für alle zum Tanz auf.

Im Jubiläumsjahr legte Dr. Fresenius den Grundstock zu einem neuen Geschäftszweig, der damals allgemein ein Novum darstellte: Der Ausschank von speziellen Frucht- und Gemüsesäften.[27] Er richtete dazu im Kurbezirk von Bad Homburg einen »Diätpavillon« ein, in dem Inge Westenhoff, die eine Ausbildung zur Diätassistentin absolviert hatte, im Frühjahr und im Herbst nach ärztlicher Anweisung an die Kurgäste frisch gepresste Säfte ausschenkte. Dr. Fresenius scheute keine Kosten, den Pavillon für die Besucher auch äußerlich so attraktiv wie nur möglich zu machen. Wie es in einem Zeitungsartikel über den Pavillon hieß, bot er »einen erfreulichen Anblick«:[28] »An seinen Fenstern entfalten Geranien ihre leuchtenden Blüten und auch im Innern stehen Blattpflanzen in Fülle. Zwischen ihnen sitzt man an hübschen, behaglichen Tischen, und Teppiche geben dem Raum Wärme und Behaglichkeit.«

Die Idee, die Dr. Fresenius zu der neuen Unternehmung veranlasste, war denkbar einfach:[29] Bad Homburg war als Kurort für Magen- und Darmkranke bekannt, für die Obst und Gemüse in der Regel nur in begrenztem Maße erlaubt sind. Mit genau dosierbaren frisch gepressten Säften wollte er diesen Menschen die Möglichkeit bieten, die für sie lebensnotwendigen Vitamine aufzunehmen. Damit hatte er eine Marktlücke entdeckt, denn die Saftherstellung war für die Kurpensionen gewöhnlich zu aufwändig. Die Verabreichung der Säfte an die Kurgäste erfolgte in enger Absprache mit deren Ärzten. Die nährenden Getränke wurden gewöhnlich zum »zweiten Frühstück« oder an Stelle des Nachmittagskaffees gereicht.[30] Weil sie auf den persönlichen Geschmack der Patienten eingehen wollte, den Säften aber keinen Zucker und auch keine chemischen Geschmackskorrigenzien beimischen durfte, gab Inge Westenhoff den Frucht- und Gemüsesäften andere Säfte bei. Wie sie in dem Fachorgan für Diätassistentinnen erläuterte, ließen sich »durch das Zusetzen von Orangen- oder Zitronensaft, oder Frucht- mit Gemüsesäften ›gemixt‹« die verschiedenen Geschmacksrichtungen befriedigen, »ohne die Bekömmlichkeit zu hindern«.[31] Neben diesen Säften waren auch Getränke für Diabetiker im Angebot. In der Herbstsaison wurde darüber hinaus eine Traubenkur offeriert. Wie es dazu in einem Zeitungsartikel erklärend hieß, diente der frisch gepresste Traubensaft »einer Schonungskur bei Leber-, Gallen-, Nieren-, Blasen-, Herz- und Gefäßerkrankungen«.[32] Als weitere Neuerung bot Fresenius im »Dr. Fresenius Diätpavillon« eine Reihe von Milch-Mixgetränken an, bei denen Fruchtsäfte gegebenenfalls, wenn es den Kunden erlaubt war, unter Zusatz von ein wenig Honig mit frischer, kalter Milch verquirlt wurden – eine als »Fruchtsaftmilch« bezeichnete frühe Form des Milchshakes.[33] Ein Grundproblem bei den Diätpavillons, die von 1937 bis 1939 zunächst in der Nähe der Bad Homburger Mineralquellen und ab 1938 auch im Kurhaus betrieben wurden, war bei aller Attraktivität die mangelnde Rentabilität. Inge Westenhoff gab in ihrem Fachartikel über den Diätpavillon unumwunden zu: »Bei einer Einrichtung, wie sie in Homburg geschaffen worden ist – großzügig, elegant und in jeder Weise dem Kurort angepaßt –, kann man wohl kaum von lukrativ sprechen.«[34] Denn – abgesehen von der kostspieligen Einrichtung – die Säfte konnten mangels geeigneter Konservierungsmethoden nur direkt vor Ort und in kleinen Mengen hergestellt werden.[35]

An unternehmerischer Phantasie fehlte es Dr. Eduard Fresenius nicht, doch die Finanzen seiner Unternehmen bekam er wie bei seiner neuen Geschäftssparte »Diätpavillon«, die er im Übrigen mit Kriegsbeginn im Herbst 1939 einstellen musste, nicht in den Griff. Nach wie vor gab es in der Hirsch-Apotheke, in dem ihr angegliederten Pharmagroßhandel und dem Bad Homburger chemisch-pharmazeutischen Unternehmen finanzielle Engpässe. Und ständig musste sich Dr. Fresenius gegenüber seinen Kreditgebern rechtfertigen, die von ihm Erklärungen zur Entwicklung der Geschäfte verlangten. So sah sich Dr. Fresenius beispielsweise seinem größten Kapitalgeber in der Hirsch-Apotheke, seinem alten Geschäftsfreund Max Donner, gegenüber verpflichtet, auseinanderzusetzen, warum das Geschäftsjahr 1937 leider wieder nicht die Erträge brachte, die er sich versprochen hatte. Er machte Max Donner bei dieser Gelegenheit klar, in welcher Verfassung er dabei selbst war. Immer wieder drohten ihn seine Geschäftstätigkeiten zu erdrücken, vor allem wegen der Auskunftsforderungen seiner Geldgeber. Zwar schrieb er an Donner, dass es ihm bei alledem nicht um seine Person, sondern um die Sache gehe, aber dann waren doch auch wieder Apotheke und seine Person untrennbar miteinander verbunden: »Ich hätte nun den grossen Wunsch«, schreibt er Max Donner, »und die grosse Bitte an Dich [das Geld in der Apotheke zu belassen], und zwar nicht wegen meiner Person, sondern wegen der Sache! Und ich denke hierbei in erster Linie an die Apotheke, welcher zu widmen ich ja meine ganze Kraft und mein ganzes Denken einzusetzen gewillt bin und dir versprochen habe. Ich fühle die Kraft in mir dies auch zu leisten, sofern nicht gleichzeitig wieder neue Verhandlungen zu führen sind, welche mich körperlich und geistig absorbieren und meine Kräfte und meine Leistungen schmälern müssen. Ich erinnere Dich an Deinen Ausspruch im Dezember 36, wonach Du den Wunsch geäussert hast, ich solle … einmal auf Urlaub fahren, um mich einigermassen zu erholen. Dieser Wunsch ist natürlich bis auf weiteres unmöglich auszuführen, weil meine Person und intensive Tätigkeit in der Apo bis auf weiteres unerlässlich ist. Ich habe Dir ja versprochen dafür zu sorgen, dass das Geschäftsjahr 37 der Apo für Dich ein von dir unerwartetes erfolgreiches sein soll. An diesem Versprechen halte ich fest und habe meine Dispositionen entsprechend getroffen. Ich kann dies natürlich nur durchführen, wenn ich endlich einmal innerlich in Ruhe komme und nicht mit laufenden neuen Sorgen belastet bin. Ich hoffe dies auch gesundheitlich durchführen zu können. … Andererseits musst Du bedenken, dass der Einsatz meiner Person in der Apo, – also gleichbedeutend mit der Erhaltung meiner Gesundheit und Leistungsfähigkeit für Dich, zumindest für die ersten Jahre des Apo-Vertrages, ein Positivum bedeutet. Du hast also ein lebhaftes Interesse daran, Dir dieses Positivum zu erhalten. … Allein schon von diesem Gesichtspunkt aus möchte ich Dir den freundschaftlichen Wunsch zum Ausdruck bringen, die endgültige Auseinandersetzung über die Cepi bis zum Januar 38 zu verschieben. Also den Betrieb in der Cepi ruhig einmal in diesem Jahr weiterlaufenlassen wie bisher, und quäle Dich nicht mit Kalkulationsfragen ab, welche nach meiner festen Ueberzeugung sich nach Ablauf eines normalen Geschäftsjahres wesentlich ändern werden. Belasse mir das geliehene Kapital von 50.000,- zu den bisherigen Zinsen zunächst bis zum 31. Dezember ds. Js.«[36] Zugleich erfüllten ihn rückläufige Umsätze in Bad Homburg »mit grosser Sorge«, wobei er hoffte, bis zum Ende des Jahres »diese Scharte bezüglich der Umsätze wieder auszugleichen«. Aber auch hier bestand das Problem, dass nach seiner Sicht der Dinge alles von ihm abhängig war und allein er das Unternehmen zum Erfolg führen konnte, allerdings nur, wenn er nicht anderweitig, zum Beispiel von der Apotheke, in Anspruch genommen war. Dr. Fresenius bewegte sich in einem Teufelskreis – und das nicht nur Max Donner gegenüber. Ständig war er auf der Suche nach neuen Geldgebern,[37] versuchte Finanzmittel zwischen seinen verschiedenen Unternehmungen umzuschichten und vor allem die alleinige Kontrolle über seine Betriebe zu behalten, denn aufgrund ihrer Kapitalbeteiligungen beanspruchten Investoren wie sein Freund Max Donner Mitsprache in der Geschäftsführung der Unternehmen, was Dr. Fresenius auf alle Fälle vermeiden wollte.[38] Bei der Hirsch-Apotheke konnte er die Einflussnahme Max Donners auf die Geschäfte nicht mehr vermeiden. Aus diesem Grund war er strikt darauf bedacht, Donner von der »Cepi« fern zu halten, was ihm letztlich auch gelang.

Mit Kriegsbeginn wurden die Zeiten für die Apotheke, den Großhandel und das Bad Homburger Unternehmen noch schwieriger. Anfangs erschwerte der Mangel an Rohstoffen und Betriebsmitteln die Produktion in Bad Homburg. Dazu kam die Furcht vor gegnerischen Bombenangriffen. Die ersten Bomber überflogen Frankfurt und die umliegenden Städte im Juni 1940. Im Visier der Alliierten standen nicht nur Industrieanlagen, sondern auch Wohngebiete, denn ohne Arbeiter konnte die Industrie nicht weiter funktionieren. Außerdem sollte in der Bevölkerung Angst und Schrecken verbreitet und so der Rückhalt, den das nationalsozialistische Regime in ihr hatte, gebrochen werden. Frankfurt wurde zum Luftschutzort 1. Ordnung erklärt. Wiederholter Fliegeralarm und der Bau weiterer Bunker versetzten die Bevölkerung in den folgenden Monaten in eine anhaltende Furcht vor neuerlichen Angriffen.[39]

Trotz der in jeder Hinsicht angespannten Lage war Dr. Eduard Fresenius darum bemüht, seine Angestellten davon nichts spüren zu lassen. Regelmäßig lud er zu Betriebskaffees und alljährlich zu Nikolausfeiern, wo er keine Mühen scheute, auch mit den geringsten Mitteln der Kernbelegschaft noch kleine Geschenke zu machen. So trat 1940 ein Mitarbeiter als »Nikolaus« auf, verteilte Präsente und bedachte reihum jeden Beschäftigten mit einem kleinen Vers – so auch Else Fernau, die damals schon gelegentlich im Betrieb aushalf:

> »Kleines Knöpfchen, bist Du hier?
> Dieses Päckchen, das ist Dir.
> Als noch der Sommer war im Land
> da hast Du heftig beim Versand
> der Ampullen mitgetan –
> hier ist ja immer Not am Mann!
> Du warst schon lange nicht mehr hier,
> da fand man Sachen noch von Dir.
> Als Jüngste ist es Deine Pflicht
> zu sagen nun ein kurz Gedicht!
> Am liebsten wär's mir in Latein –
> das soll ja Deine Stärke sein.«[40]

Im weiteren Verlauf des Krieges erholte sich das Unternehmen wieder, denn die Hauptaufgabe des Betriebs bestand bald darin, die Wehrmacht mit wichtigen Präparaten zu beliefern. In den Lazaretten wurde Olsan-Wundcreme für die Verwundeten benötigt, an der Ostfront brauchten die Soldaten Freka-Frostsalbe. Außerdem liefen ständig Bestellungen von Terpinol-Pastillen, Zahnpasta und Lewasin, einer Hautcreme, ein.[41] Das Oberkommando der Wehrmacht betonte schließlich, dass die Produktion von Fresenius für den Krieg von besonderer Wichtigkeit war: »Bezugnehmend auf die telefonische Unterredung und auf das Rundschreiben der Industrie- und Handelskammer Nr. 7/41 g«, heißt es da, »bestätigt das Oberkommando der Wehrmacht, Abw I, dass die Firma Dr. E. Fresenius weitgehendst mit vordringlichen Wehrmachtsaufträgen beschäftigt ist, die im Interesse der Landesverteidigung unter keinen Umständen eine Verzögerung erleiden dürfen. In Anbetracht der Vordringlichkeit der Aufträge des Oberkommandos der Wehrmacht, Abw I, ist es erforderlich, um Verzögerungen in der Belieferung zu vermeiden, Ihre Firma in die Wirtschaftsgruppe SS einreihen zu lassen.«[42] Aufgrund der nun verstärkt eingehenden Aufträge nahm auch die Mitarbeiterzahl erheblich zu. Wie Dr. Fresenius später gegenüber den Alliierten zu Protokoll gab, waren in seinem Bad Homburger Betrieb zeitweilig 250 Personen beschäftigt, davon 15 männlich und 235 weiblich.[43] Da im Unternehmen nachweislich keine Zwangsarbeiter beschäftigt waren,[44] dürfte es sich bei der Belegschaft vor allem um Hausfrauen gehandelt haben, wie sie in dem Unternehmen traditionell für einfache Hilfsdienste – von der Kräuterzucht bis zum Verpacken der Medikamente – herangezogen wurden.

Während der Absatz der Fresenius-Präparate erhebliche Zuwachsraten verzeichnete, lagen andere Betriebszweige danieder. An Forschung und Entwicklung, für die sich Eduard Fresenius immer besonders interessiert hatte, war schon lange nicht mehr zu denken. Viele Mediziner und Pharmazeuten, mit denen er zusammengearbeitet hatte, verloren durch die Rassengesetze der Nationalsozialisten ihre Lehrstühle und Arbeitsplätze an Universitäten und Kliniken und wurden, wenn sie nicht fliehen konnten, deportiert und ermordet. So wurde der berühmte Frankfurter Dermatologe Prof. Karl Herxheimer, mit dem zusammen Fresenius mehrere Salben zur Behandlung von Ausschlägen, Flechten und Ekzemen auf Teerbasis entwickelt hatte, trotz seines hohen Alters – er war bereits 80 Jahre alt – 1942 verhaftet, in das Konzentrationslager Theresienstadt gebracht und dort ermordet.[45] Auch zu den emigrierten Wissenschaftlern konnte kein Kontakt gehalten werden, und die Geschäftskontakte mit ausländischen Kunden oder Zulieferfirmen wurden unterbunden.

DIE HIRSCH-APOTHEKE

Dr. Eduard Fresenius setzte daher seine Hoffnungen auf die Hirsch-Apotheke. Er hatte, wie er seinem Geschäftsfreund Max Donner deutlich machte, was Umsatz und Gewinnsteigerung des Geschäfts betraf, ehrgeizige Ziele.[46] Allerdings hat er sie nicht erreichen können. Grund dafür war unter anderem, dass er in der Apotheke einen Stellvertreter als Betriebsführer eingesetzt hatte, der sich nicht nur als gänzlich unfähig erwies und dadurch das Renommee der Hirsch-Apotheke erheblich schädigte, sondern der auch Geld veruntreute. Wie Dr. Fresenius seinem Rechtsanwalt und Notar in einem Bericht über die Apotheke mitteilte,[47] waren ihm die Vorgänge, die ihm 1937 einen Gewinneinbruch von über 50 Prozent eingebracht hatten,[48] zunächst nicht aufgefallen. Und auch seine Mitarbeiter in der Apotheke hatten lange nichts bemerkt. »Es können einem solchen Manne«, schrieb Dr. Fresenius dazu erklärend, »die zuverlässigsten Buchhalter und Vertrauensleute zur Seite gestellt werden, so wird trotzdem keine Möglichkeit bestehen, auf diesen Betriebsführer einen massgeblichen Einfluss, und eine erschöpfende Kontrolle auszuüben, weil eben dieser Betriebsführer in seiner Funktion – gesetzlich – geschützt ist, und eine Unzahl von Freiheiten zuerkannt werden muss, in welche der Besitzer einer Apotheke einfach nicht hineinreden darf und kann.« Wenigstens konnte Dr. Fresenius noch rechtzeitig eingreifen und den Betriebsführer entlassen, wobei ihm eines deutlich vor Augen stand: Wenn der zum 1. August fristlos entlassene Mitarbeiter »noch einige Monate länger gewaltet hätte, wäre der Schaden für die Hirsch-Apotheke kaum wieder gutzumachen gewesen.«[49] Der Verlust ließ sich jedoch bald wieder ausgleichen. Auch wenn Fresenius seine hochgesteckten Ziele letztlich nicht erreichte, legten die Umsätze in den Geschäftsjahren von 1938 bis 1943 von 303.149,- RM auf 420.000,- RM, und der Gewinn von 22.739,- RM auf 43.416,- RM zu.[50] Den größten Teil der Gewinne musste Dr. Fresenius allerdings für die Rückzahlung von Krediten und das Bedienen von Hypotheken verwenden, so dass ihm für seinen persönlichen Unterhalt wenig übrig blieb. Dennoch war er sich klar darüber, dass die Hirsch-Apotheke mit ihrer hervorragenden Lage inmitten der Hauptgeschäftsstraße Frankfurts eine »Goldgrube« war und für ihn auf längere Sicht eine Stütze sein konnte, wenn es bei der »Cepi« zu größeren Ausfällen kommen sollte.

Schließlich sollte es aber die »Cepi« sein, mit der er die »Apo« stützte, denn die Hirsch-Apotheke fiel für einige Zeit aus. Den ersten Schlag versetzten Dr. Fresenius die großflächigen Angriffe, die die Alliierten am 4. Oktober 1943 auf das gesamte Frankfurter Stadtgebiet unternahmen, und die in der Stadt große Zerstörungen anrichteten. Auch die Hirsch-Apotheke wurde dabei beschädigt.[51] Damals konnte der Geschäftsbetrieb allerdings schon nach wenigen Tagen wieder aufgenommen werden. Ein halbes Jahr später aber wurden bei einem verheerenden Bomberangriff der Alliierten in der Nacht vom 22. auf den 23. März 1944 die Gebäude Zeil III und Hirschgraben 16 und damit die Hirsch-Apotheke vollständig zerstört.[52] Wie es danach weitergehen sollte, war für Dr. Fresenius ungewiss.

1 Schmitz, Rolf/Friedrich, Christoph/Müller-Jahncke, Wolf-Dieter: Die Geschichte der Pharmazie. Bd. 2: Von der frühen Neuzeit bis zur Gegenwart, Eschborn 2005, S. 1004. **2** Vgl. Schröder, Gerald: NS-Pharmazie. Gleichschaltung des deutschen Apothekenwesens im Dritten Reich. Ursachen, Voraussetzungen, Theorien und Entwicklungen, Stuttgart 1988. **3** Trapp, Eduard Christian: Homburg und seine Heilquellen, Darmstadt 1837; aber auch: Pauli, Friedrich Wilhelm. Homburg vor der Höhe und seine Heilquellen, Frankfurt 1842. **4** Crüwell, Konstanze: Von Fürsten, Quellen und Roulette. Kleine Promenade durch die Bad Homburger Geschichte, Frankfurt/M. 1996, S. 93. **5** Ebd., S. 108. **6** Ebd., S. 146. **7** Walsh, Gerta: Schornsteine in der Kurstadt. Anfänge der Bad Homburger Industrie, Frankfurt/M. 1993, S. 92. **8** Ebd., S. 89–93. **9** Ebd., S. 63 ff. Die Marke Holex wurde in der »Philipp Born Schokoladenfabrik« weitergeführt, in der bis heute Holex-Diätschokolade produziert wird. **10** Werbeanzeige, Fresenius-Firmenarchiv. **11** Zeitzeugengespräch Friedrich Podzemny, 27.01.2009; alte Verpackungen im Werk Friedberg, Zeitzeugengespräch Franz Schafferhans, 28.01.2009; Huhle-Kreutzer, Gabriele: Die Entwicklung arzneilicher Produktionsstätten aus Apothekenlaboratorien, Stuttgart 1989, S. 322. Bormelin war noch 1989 im Handel erhältlich. **12** Alte Verpackungen im Werk Friedberg; Zeitzeugengespräch Franz Schafferhans, 28.01.2009. **13** Fresenius-Firmenarchiv: Vertrag zwischen Dr. Fresenius und Heinrich Schroodt und Herrn Peltgen, Inhaber von Henn & Kittler, mit notarieller Beglaubigung der Unterschriften, Straßburg, 20.06.1907. **14** Huhle-Kreutzer, Gabriele: Die Entwicklung arzneilicher Produktionsstätten aus Apothekenlaboratorien, S. 322. **15** Roschke, Gerda [ehem. Mitarbeiterin]: »Die gute alte Zeit«. In: Fresenius Report Nr. 4, 1986, S. 12. **16** Alte Verpackung Vier-Winde-Tee im Werk Friedberg; Zeitzeugengespräch Franz Schafferhans, 28.01.2009. **17** Werbeanzeige Le Roi Kräutermittel [ca./nach 1934], Fresenius-Firmenarchiv. **18** Ein Vierteljahrhundert im Dienste der Gesundheitspflege und Volkswohlfahrt in Krieg und Frieden. Festschrift zum fünfundzwanzigjährigen Bestehen der zerlegbaren transportablen Döcker-Bauten. München 1907. Dort auch das Folgende. **19** Ebd.; Die Döcker-Bauten auf der Internationalen Hygiene-Ausstellung Dresden 1911; Doßmann, Axel/Wenzel, Jan/Wenzel, Kai: Operative Architektur – Zur Geschichte transportabler Holzbaracken. In: Zuschnitt 36 (2009), S. 18 f., http://www.proholz.at/zuschnitt/36/transportabel.htm, (abgerufen am 14.01.2010). **20** Fresenius-Firmenarchiv, Ordner 41: Rede Dr. Richard Martin anlässlich des 60. Firmenjubiläums im Kurhaus Bad Homburg, 21.11.1972. **21** Archiv EKFS, Nachlass Else Kröner, Korrespondenz: Brief Inge [Kranen] an Else Kröner, 15. Juni 1986; Name des Wirts: Happ. **22** Devisenstelle S Frankfurt a. M., 29.03.1939, S. 2, in: Hessisches Hauptstaatsarchiv Wiesbaden, Abt. 519/3, Nr. 15.541. **23** Roschke, Gerda [ehem. Mitarbeiterin]: »Die gute alte Zeit«. In: Fresenius Report Nr. 4, 1986, S. 12. **24** Devisenstelle S Frankfurt a. M., 31.01.1939, in: Hessisches Hauptstaatsarchiv Wiesbaden, Abt. 519/3, Nr. 15.541. **25** Zu der Veranstaltung der Zeitungsbericht: N.N.: Drei Geschäftsjubiläen der Firma Dr. Fresenius. 475 Jahre Hirsch-Apotheke, 25 Jahre pharmazeutische Fabrik und 25 Jahre Großhandel, in: Aus unserer Heimat. Dort auch das Folgende. **26** Archiv EKFS, Nachlass Else Kröner, Korrespondenz: Brief Inge [Kranen, geb. Westenhoff] an Else Kröner, 15. Juni 1986. **27** Westenhoff, Inge: Ein »Diätpavillon« im Kurort. In: Zeitschrift der Reichsfachschaft Technische Assistentinnen, 5 (1938), Heft 5. **28** N.N.: Besuch im Diät-Pavillon auf der Kurhaus-Terrasse. Der Artikel wurde von Inge Westenhoff ohne Quellenangabe in ein Fotoalbum zum Fresenius-Diätpavillon eingeklebt. Er erschien 1938 in einer Frankfurter oder Bad Homburger Zeitung, die nicht identifiziert werden konnte. **29** Westenhoff, Inge: Ein »Diätpavillon« im Kurort. In: Zeitschrift der Reichsfachschaft Technische Assistentinnen 5 (1938), Heft 5, S. 2. **30** Vgl. ebd., S. 2. **31** Ebd. **32** N.N.: Wieder Traubenkur in Bad Homburg. Außerordentliche Zunahme des Besuches im Diätpavillon. Der Artikel wurde von Inge Westenhoff ohne Quellenangabe in ein Fotoalbum zum Fresenius-Diätpavillon eingeklebt. Er erschien 1938 in einer Frankfurter oder Bad Homburger Zeitung, die nicht identifiziert werden konnte. **33** Ebd., S. 2. Eine typische Rezeptur: »Fruchtsaftmilch: 11 ccm rohe kalte Milch, 50 ccm Kirsch-, Erdbeer-, Johannisbeer- oder Heidelbeersaft, 5 g Honig (wenn erlaubt). Fruchtsaft und Honig werden glatt gerührt und unter ständigem Quirlen in die rohe Milch langsam hineingegossen.« **34** Ebd., S. 2. **35** Ebd. **36** Archiv EKFS, Fresenius- »Cepi«: Dr. Eduard Fresenius an Max Donner, ohne Datum [aber: 1939]. **37** Archiv EKFS, Fresenius, Korrespondenz Dr. Eduard Fresenius: Dr. Ph. Fresenius, 1. Juli 1935, maschinenschriftliche Transkription und Originalbrief (handschriftlich). **38** Archiv EKFS, Fresenius- »Cepi«, Konvolut »Cepi«, S. 2: »Zur Sache selbst habe ich im Laufe der letzten 2 Jahre [=1935-1937] die Ueberzeugung bekommen, dass Herr D[onner] aus mehreren Gründen nicht der geeignete Partner für meinen Spezialbetrieb in Bad Homburg ist.« **39** Schmid, Armin: Frankfurt im Feuersturm. Die Geschichte der Stadt im Zweiten Weltkrieg, Frankfurt/M. 1965, S. 28. **40** Gedicht anlässlich einer Nikolausfeier, 06.12.1940, Fresenius-Firmenarchiv. **41** Korrespondenz Eduard Fresenius mit der NSDAP, Hitlerjugend, Amt für Wohlfahrtspflege, NSKK Motorsturm, 1942–1943, Fresenius-Firmenarchiv. **42** Archiv EKFS, Nachlass Else Kröner, Fresenius-»Cepi«: Oberkommando der Wehrmacht an Eduard Fresenius, Berlin, 25.09.1941. **43** Archiv EKFS, Nachlass Else Kröner, Fresenius-»Cepi«:Industrial Investigation Report, ohne Datum (ca. 1945/46), Wirtschaftsarchiv Darmstadt (Abt. 3, 2249). **44** Die Recherchen in allen einschlägigen Archiven und die Fachliteratur brachten keine Ergebnisse über den Einsatz von Zwangsarbeitern bei Fresenius in Bad Homburg zu Tage. Die Archive und Aktenbestände im Einzelnen: Hessisches Staatsarchiv Darmstadt; Hessisches Wirtschaftsarchiv Darmstadt; Hessisches Hautpstaatsarchiv Wiesbaden (Spruchkammerakten Usingen und Obertaunus (Bad Homburg)); Kreisarchiv nach Bad Homburg (Akten des Arbeitsamtes; Aktensammlung/-Dossier über das Thema Zwangsarbeit in Bad Homburg; Akten Arbeitsgau 25 – Hessen Süd; Liste der Zwangsarbeiter und Lager der Deutschen Arbeiterfront (DAF), Gauverwaltung Hessen-Nassau, Hauptstelle Arbeitseinsatz, Stelle Lagerbetreuung; Meldekarteien der Gesta-

po über 580 Zwangsarbeiter; Nachlass (zum Thema Zwangsarbeit) der vorigen Kreisarchivarin Frau Bäumerth (v. a. Zeitungsartikel); Stadtarchiv Bad Homburg (Akten des Einwohnermeldeamtes aus der Zeit des »Dritten Reiches«); Städtische Akten nach 1945: A 04-1049 (Laufzeit 1948; Erfassung von Ausländern in Bad Homburg Band 1, ab 1940) und A 04-1058 (1939–1948: Listen und Berichte über die statistische Erfassung von Ausländern Band I). Konsultierte Literatur: Grosche, Heinz: Geschichte der Stadt Bad Homburg vor der Höhe, Band IV, Frankfurt am Main 1964; Hakenkreuz über Bad Homburg. Eindrücke und Erlebnisse Bad Homburger Sozialdemokraten, herausgegeben von der Arbeitsgemeinschaft der Jungsozialisten in der SPD, Ortsverein Bad Homburg v. d. Höhe, Flörsheim 1982; Hedwig, Andreas (Hrsg.): Zwangsarbeit während der NS-Zeit. Nachweisbeschaffung, historische Forschung und Auseinandersetzung mit der Vergangenheit in Hessen, Marburg 2005; Herbert, Ulrich: Fremdarbeiter. Politik und Praxis des »Ausländer-Einsatzes« in der Kriegswirtschaft des Dritten Reiches, 2. Auflage, Bonn 1999; IG Farben: Von Anilin bis Zwangsarbeit. Zur Geschichte von BASF, Bayer, Hoechst und anderen deutschen Chemie-Konzernen, herausgegeben von der Coordination gegen Bayer-Verfahren e.V./CGB, Bundesfachtagung der Chemie-Fachschaften/AK IG Farben, Stuttgart 1995. **45** Zu Herxheimer, Karl vgl. Art. Herxheimer, Karl. In: Plewig, Gerd/ Löser, Christoph (Hrsg.): Pantheon der Dermatologie, Heidelberg 2008, S. 447–451. **46** Archiv EKFS, Nachlass Else Kröner, Hirsch-Apotheke: Dr. Eduard Fresenius: Stimmungsbericht Apotheke [1938], S. 1. **47** Ebd. **48** Archiv EKFS, Nachlass Else Kröner, Hirsch-Apotheke: Umsätze der Hirsch-Apotheke in Ffm. [Zusammenstellung 1947]. **49** Ebd. **50** Archiv EKFS, Nachlass Else Kröner, Hirsch-Apotheke: Umsätze der Hirsch-Apotheke in Ffm. [Zusammenstellung 1947]. **51** Archiv EKFS, Nachlass Else Kröner, Hirsch-Apotheke: Bericht der Treuverkehr Süddeutschland, Filiale der Treuverkehr Deutsche Treuhand Aktiengesellschaft Wirtschaftsprüfungsgesellschaft, über die Prüfung der Bilanzen der Rumpfgeschäftsjahre vom 1. Januar bis 10. Februar 1946 und vom 11. Februar bis 31. Dezember 1946 der Hirsch-Apotheke Frankfurt am Main, Frankfurt am Main, 26. Juli 1947, S. 3. **52** Archiv EKFS, Nachlass Else Kröner, Hirsch-Apotheke: Bestandsaufnahme der Dr. Ph. Fresenius Hirsch-Apotheke zum 20.06.1948; Gutachten zu Erbangelegenheit Dr. Eduard Fresenius; Einheitswertbescheid und Grundsteuermeßbescheid (Wertfortschreibung auf den 21. Juni 1948), S. 1.

REICHSARBEITSDIENST UND AUSBILDUNG IN DER APOTHEKE

ZERPLATZTE HOFFNUNGEN

ELSE FERNAUS HOFFNUNG, durch die Arbeit in der Hirsch-Apotheke und die Ausbildung zur Apothekerin dem Arbeitsdienst entgehen zu können, erfüllten sich nicht. Zwar konnten junge Männer und Frauen, die kriegswichtige Fächer wie Naturwissenschaften und Pharmazie studierten oder eine Ausbildung in einem medizinisch-sanitären Beruf absolvierten, vom Reichsarbeitsdienst befreit werden. Doch im Fall von Else Fernau wurde dem entsprechenden Antrag nicht stattgegeben. Wie alle Abiturientinnen und Abiturienten im »Dritten Reich« war sie zum Einsatz beim Reichsarbeitsdienst (RAD) verpflichtet. Der RAD war aus einem ursprünglich freiwilligen Arbeitseinsatz hervorgegangen, mit dem seit 1931 in der Wirtschaftskrise der hohen Arbeitslosigkeit entgegengewirkt werden sollte. Für die Organisation des Arbeitsdienstes war seit der Machtübernahme durch die Nationalsozialisten 1933 Konstantin Hierl zuständig. Als Reichskommissar und Staatssekretär war Hierl zunächst dem Reichsarbeitsministerium, dann dem Innenministerium zugeordnet. Im August 1943 wurde Hierl mit seiner Organisation unabhängig: Der RAD wurde zu einer Obersten Reichsbehörde mit Sitz in Berlin.[1]

Am 26. Juni 1935 wurde der RAD mit dem »Gesetz der Allgemeinen Arbeitsdienstpflicht für die männliche und weibliche Jugend« für alle Jugendlichen verbindlich. Das Gesetz sah einen Dienst von einem halben Jahr vor, in dem die Jugend des Reichs einen »Ehrendienst am deutschen Volk« ableisten,[2] also für die Allgemeinheit arbeiten und zugleich – unausgesprochen – im Sinne des Regimes indoktriniert werden sollte. Reichsarbeitsführer Hierl sah den RAD als eine »soziale Schule der Nation« an, die der Willens- und Charakterbildung diente und die »Mannen« und »Maiden« zu gemeinnütziger Tätigkeit und sportlicher Ertüchtigung verpflichtete. Die Geschlechterrollen waren dabei klar definiert. Die jungen Männer wurden als »Soldaten der Arbeit« vornehmlich zum Straßenbau, zur Kultivierung von Moor- und Heidelandschaften, in

Acker- und Gartenbau und als Helfer bei Bränden und Hochwasser eingesetzt.[3] Den Frauen war die Ausbildung »zur großen Aufgabe als Hausfrau und Mutter, gemeinsam mit einer Stählung des Körpers und der Seele«[4] zugedacht. Für die weibliche Jugend zwischen 17 und 25 Jahren trat die Dienstpflicht erst 1939 kurz nach Beginn des Krieges in Kraft. Für sie standen Land- und Gartenarbeiten, Kochen und Waschen im Vordergrund. Die Einsatzgebiete der Dienstpflichtigen waren beim männlichen Arbeitsdienst regional in Arbeitsgaue und Bezirke und beim weiblichen Arbeitsdienst nur in Bezirke gegliedert. Else Fernau gehörte dem Bezirk 11 (Hessen) mit der Bezirksleitung in Wiesbaden an.[5]

Else Fernau war von dem Gedanken, ein halbes Jahr beim Arbeitsdienst und ein weiteres halbes Jahr beim anschließenden Kriegshilfsdienst (KHD) zubringen zu müssen, alles andere als angetan. Zwar hatte ihr eine Klassenkameradin, die früher zum Arbeitsdienst eingezogen worden war, begeistert vom RAD erzählt, doch konnte sie diesen Enthusiasmus nicht nachvollziehen: »Ich verstehe ja viel, kann auch nachfühlen, daß man sich für etwas begeistern kann, aber so versessen auf den Arbeitsdienst sein, das geht über meinen Horizont!«[6] Noch im Januar 1943 war Else Fernau davon freudig überrascht gewesen, für die Parteigenossenschaft der NSDAP vorgeschlagen worden zu sein.[7] Doch das war nun endgültig vorbei. Und schon damals hatte Hans Roessler nicht an ihren Enthusiasmus geglaubt: »Daß Du P.G. wirst«, hatte er ihr geschrieben, »ist ja ein Witz, paßt wie die Faust aufs Auge! Wenn sie lauter so Begeisterte hätten wie Dich, könnten sie ihren Laden vollends zumachen.«[8]

Die Skepsis, die Else Fernau gegenüber dem RAD äußerte, hing mit der Ungewissheit zusammen, wohin sie beordert werden würde. Sie wusste, dass der RAD anders organisiert war als die ihr bekannten Erntehilfseinsätze. Bei der Landhilfe wurden die Schülerinnen und Schüler einzelnen Familien zugewiesen, und Else Fernau hatte dabei viel Glück gehabt. Beim RAD wurden die »Arbeitsmaiden« wie auch die »Arbeitsmannen« dagegen nicht privat untergebracht, sondern mussten in einem Lager leben. Und die RAD-Lager hatten keinen guten Ruf: Den »Maiden« und »Mannen« – streng nach Geschlecht in separaten Lagern untergebracht – wurde nur ein Minimum an Privatsphäre zugestanden. Sie übernachteten in einem großen Schlafsaal, in dem sie ihre persönlichen Dinge in einem Spind unterbringen konnten. Die Körperpflege erfolgte gemeinsam in einem großen Waschraum. Im Übrigen waren die Lagerbaracken nur notdürftig ausgestattet und verfügten in der Regel nur über sehr einfache sanitäre Anlagen.

In den Lagern herrschte eine straffe Organisation nach einer klaren Hierarchie. Die kleinste Einheit war die Kameradschaft. Die »Arbeitsmaiden«, angeführt von einer Kameradschaftsältesten, bildeten dabei für das

gesamte Diensthalbjahr eine feste Arbeitsgruppe. Die Kameradschaftsälteste hatte für Ruhe und Ordnung in ihrer jeweiligen Gruppe und im
Schlafsaal zu sorgen. Für diese Mehrverantwortung standen ihr ein etwas
höheres Taschengeld sowie ein freies Wochenende im Monat zu.[9] Neben
unterschiedlichen Arbeiten auf dem Feld oder im Haus erhielten die Mädchen gemeinsamen Unterricht in Geschichte und Staatspolitik und waren
angehalten, sich sportlich zu betätigen. Außerdem gab es Feierabende mit
Gesang und kleinen Theatervorführungen.

Ende März 1943 erfuhr Else Fernau, in welchem »Nest« sie die nächsten Monate verbringen würde. Sie kam nach Altenschlirf im Kreis Lauter-
bach in Hessen,[10] einem Dorf, von dem sie nie zuvor etwas gehört hatte.
Nur dass der »düstere Ort … furchtbar dreckig« sein sollte, hatte sich
zu ihr durchgesprochen.[11] In Altenschlirf begann sie ihren Dienst am 8.
April 1943, zweieinhalb Wochen vor Ostern. Und »Dienst« hieß zunächst
einmal, den Anforderungen im Lager gerecht zu werden. »Heute ist nun
Ostern«, schrieb sie nach einigen Tagen an ihren Freund Hans Roessler,
»und ich habe Dienst. Ich glaube, ich brauche Dir nicht viel darüber zu
sagen, was das heißt. In der Reihe stehen, Lager saubermachen, Tische
decken und so viel Schönes anderes mehr. Kaum, daß man eine Minute
für sich hat, und wenn, muß man seine eigenen Sachen waschen, Schu-
he putzen, Spind ausräumen, denn der erste Spindappell steigt in Kürze.
Gestern weinte fast die halbe Stube.«[12] »Na«, meinte sie dazu lakonisch,
»da behalte ich meinen guten Humor, tröste die anderen so gut ich kann
und freue mich meines Daseins.« Nur an Sonn- und Feiertagen hatten
die »Arbeitsmaiden« etwas Freizeit und konnten bis neun Uhr schlafen,
»dann langsam aufstehen, Café trinken mit Butterbrötchen, dann Feier-
stunde unter dem Motto ›Deutschland‹, danach Briefeschreiben, Mittag-
essen mit Kartoffeln, Gelberüben und Erbschen, Fleisch, Quarkauflauf,
dann erneutes Briefeschreiben, Café trinken mit Kuchen« und am Abend
»Schulung«.[13] »Heute war es recht gemütlich«, bemerkte sie dazu an einem Sonntag Mitte April, »aber morgen macht sich die Erziehungsanstalt
bestimmt wieder bemerkbar.« Ein wesentlicher Teil in der »Erziehung«
der Arbeitsmänner und Arbeitsmaiden bestand darin, sie von Eigeninte-
ressen frei zu machen, wie auch Else Fernau schon nach einem Monat
feststellte: »Langsam gewöhnt man sich, sich vollständig unterzuordnen
und völlig in der Gemeinschaft aufzugehen. Morgens ist es schrecklich.
Husch, husch aus dem Bett, Turnzeug an, antreten, waschen und irgend-
ein Dienst. Das alles in einer ½ Stunde, da heißt es sich mächtig eilen.«[14]
Immer wieder wurden auch Einsätze geprobt. »Heute hatten wir Fliegeralarm«, berichtete Else Fernau ihrem Freund zum Beispiel Ende Juni,
»natürlich nur zur Probe. Es war ein Gewurschtel. Sämtliche Sachen aus
dem Spind mußten mitgenommen werden. Ich mußte zu allem Unglück

auch noch die Thermosflasche aus der Küche mitnehmen und keuchte unter meiner Last dem Luftschutzkeller zu. Dann hatte ich, da ich zum Sanitätstrupp gehöre, eine ›Schwerverwundete‹ auf der Bahre aus dem gefährdeten Gebiet zu holen. Nachher hatte ich natürlich die angenehme Beschäftigung, alles wieder einzuräumen.«[15] Dann gab es aber auch wieder geruhsame Spielabende mit Gesellschaftsspielen oder Kulturveranstaltungen mit Buchbesprechungen, bei denen jedoch nach Else Fernaus Bericht, die halbe Belegschaft schlief.[16] Sie dagegen folgte den Buchbesprechungen mit großem Interesse, denn sie hatte beim RAD »mal wieder die Lesewut gepackt«. »Ich habe«, schrieb sie an Hans Roessler, »nun von Kleist den ›Zerbrochenen Krug‹ und die ›Marquise v. O‹ sowie ›Mutter ohne Tod‹ von Johst verschlungen, was mich für vieles, was ich hier entbehren muß entschädigt.«[17] Weil sie ständig über Zeitungsartikeln saß, bei denen sie beim Lesen häufig mit dem Zeigefinger über das Blatt fuhr, hatte sie schnell einen Spitznamen: »Digitalis« für »Fingerhut«.[18]

Auf anderen Gebieten zeigte Else Fernau weniger Einsatz und Geschicklichkeit. »Heute morgen hatte ich Frühdienst«, schrieb sie an Hans Roessler, »zwei Öfen hatte ich anzumachen, von denen der eine mir schwerlich, der andere garnicht anging. Fräulein Uthes Stube [das Zimmer der Lagerführerin] hatte ich anschließend sauberzumachen, mußte alles herausräumen, was ich jedoch nur zur Hälfte tat und dann stellte ich die wenigen Möbel, die ich herausräumte, so unglücklich in den schmalen Gang, daß kein Mensch durchkonnte und die Führerinnen sich recht unsanft äußerten. Außerdem hatte ich beim Feueranmachen soviel Asche am Boden verschüttet, daß es mit Recht wie bei Zigeunern aussah. Ich glaube, eine gute Hausfrau werde ich mein ganzes Leben nicht.«[19]

Was das Kochen betraf, gab sie sich immerhin Mühe, auch wenn das von der Lagerführerin wenig gewürdigt wurde. Als sie sich Kochrezepte aufschrieb, lachte ihr diese, wie sie schrieb, »kühn ins Angesicht« und meinte, dass bei ihr »Hopfen und Malz verloren« seien. Else Fernau empfand dies als reichlich unverschämt.[20] Ihr Resümee: »Selbst der Weg zur Besserung wird mit Steinen bekleidet.«[21] Aber sie gab nicht auf, auch wenn sie ihre Grenzen klar erkannte. Anfang August schrieb sie selbstironisch: »Meine Küchenkenntnisse steigern sich ins enorme. Meistens pelle oder schäle ich oder spüle. Ab und zu mache ich unter Anleitung unseres Küchenchefs eine Tunke. Im Großen und Ganzen haben wir ja hauptsächlich Rohkost und soviel verstehe ich ja noch, daß ich mit Hilfe meines Verstandes etwas zusammen ›manschen‹ kann. Das tue ich ja auch zur Genüge, jedoch nur für meinen eigenen Magen.«[22] Einige Wochen später war sie dann in der Waschküche aktiv, was ihr schon mehr Freude bereitete: »Nun bin ich Waschküchenchef«, schrieb sie stolz an Hans Roessler, »und bin mir vollkommen der Verantwortung bewußt. Die alte

Waschfrau von Chamisso ist nichts dagegen. Es macht mir jedoch viel Spaß mit bloßen Füßen, Gummischürze vor, im Wasser zu schalten und zu walten.«[23]

Es waren jedoch weniger die Arbeiten im Lager, als der Einsatz auf dem Land, der so genannte »Außendienst«, der ihr viel abverlangte: »Ich kann kaum weiterschreiben, so weh tun mir meine Hände«, schrieb sie an Hans Roessler im September. »Mittwoch habe ich sieben Wagen Mist geladen, heute den gebreitet. Du kannst Dir denken, daß ich immer in einer Duftwolke einherschreite, schrecklich. Wenn nur die Blasen nicht wären, meine Hände sind die eines Landsknechtes.«[24] Dazu kam, dass die Frau des Bauern, bei dem sie arbeitete, ein »Drachen« war, der nur dann »die Krallen« etwas einsteckte, wenn ihr Mann im Haus war.[25] Sonst war Else Fernau ihr »Opfer«: »Meine Frau traktiert mich noch redlich. Samstag brüllte sie mich nur so an, daß ich bald umfiel. Beim Ackern hätte man mit dem Vieh zu schreien, ich hätte kein Leben in mir, bei meinem Anblick könnte sie eine ›Sauwut‹ packen usw. Kaum schrie ich, hieß es: ›Else, man muß etwas liebevoller mit dem Vieh umgehen‹ usw.«[26] Mit der Zeit war Else Fernau »alles egal«.[27] Was die Menschen in Altenschlirf betraf, war ihr schon lange klar: »Die Leute sind ganz nett, aber die Kluft, die zwischen mir und ihnen klafft, läßt sich wohl äußerlich überbrücken, in nähere Beziehung kann man jedoch nicht kommen: Vielleicht, sogar sicher, verlange ich zuviel. Ich bin nun einmal liebebedürftig, und wenn ich schon keine Liebe zu erwarten habe, so möchte ich mich doch wohl fühlen.«[28]

An »Wohlfühlen« war aber nicht zu denken, weder außerhalb des Lagers noch in ihm. Und innerlich ging Else Fernau zum Treiben im Lager zunehmend auf Distanz. Ende Mai schrieb sie an Hans Roessler: »Gestern hatten wir Haltungsbericht, der recht interessant war. Besonders die Judenfrage und das Thema Bolschewismus erreichten mein äußerstes Interesse. Der Vortrag von [Lagerführerin] Fräulein Uthe war recht gut, jedoch an vielen Stellen reichlich eingebleut und anfechtbar. Gut am R.A.D. ist jedoch, daß man mit der Zeit mitgeht durch die tägliche Nachrichtenbesprechung. Was mir jedoch sehr fehlt ist die Radiomusik. Ab und zu dürfen wir uns ein gutes Konzert anhören, aber man hat ja auch einmal Verlangen nach etwas Leichtem.«[29] Else Fernaus Abstandnehmen und die Weigerung, alles einfach mitzumachen, führten auf die Dauer unweigerlich zu Konflikten. Hans Roessler gegenüber machte sie sich diesbezüglich Luft: »Zur Zeit ist mir der ganze R.A.D. wieder einmal verhaßt, wie wohl noch nie. Aber obwohl ich von vielen hier angefeindet wurde, teils von den Führerinnen teils von den Maiden, weil ich mir nun nicht alles gefallen lassen kann und auch garnicht will, im Übrigen die Wahrheit sage, was beiden manchmal recht unlieb ist.«[30] Aber sie fand ihren Weg, damit umzugehen: »Während ich früher darüber todunglücklich war, läßt mich

nun alles völlig kalt. Überhaupt habe ich mir hier einen Sarkasmus angewöhnt, der für ein Mädchen wahrlich nicht angebracht ist. So vieles mußt
du dir hier sagen lassen, sodaß du schließlich abstumpfst und deinen Weg,
den du dir vorgenommen, ruhig weitergehst. Wenn sie uns auch gerne
von innen heraus ändern wollen, das was mir nicht einleuchtet, ist nicht
in mich hereinzubringen.«[31] Angesichts der zunehmenden Spannungen
konnte es Else Fernau kaum noch erwarten, dass ihre Zeit beim RAD
ein Ende hatte: »Ach Du glaubst garnicht, wie froh ich bin, wenn ich nun
aus dem Ganzen heraus bin«, schrieb sie an Hans Roessler, »denn die
Gehässigkeiten seitens der Maiden nehmen ständig zu. Soviel Schmie-
rerei, freundliches Getue, wenn man dabei am liebsten dem andern ins
Gesicht springen möchte, habe ich wirklich noch nicht erlebt. Ich flunkere
bestimmt auch einmal, aber hier wird die Wahrheit wirklich mit Füßen
getreten, und da soll dir nicht die Galle überlaufen. Diese Gehässigkeiten
nehmen ständig zu und ich denke mit Sehnsucht an Zeiten zurück, wo
ich mit Menschen zusammen war, die mir wohlgesinnt waren.«[32]

Doch es sollte noch einige Zeit dauern, bis sie vom RAD abberufen
wurde. Ständig wurde der Termin ihrer Entlassung verschoben und sie war
»grenzenlos unglücklich«.[33] »Aber sechs Wochen gehen herum«, sagte sie
sich Mitte September, »und ich tröste mich damit, daß andere manchmal
auch etwas tun müssen, was ihnen nicht gefällt. Nach Nietzsche sind ja
Widerstände dazu da, daß man sie überwindet. Umso mehr weiß ich dann
wieder das Zivilleben mit all seinem Schönen zu schätzen.«[34]

KRIEGSHILFSDIENST

Nach dem Halbjahr beim RAD standen für Else Fernau weitere sechs Monate beim Kriegshilfsdienst (KHD) an. Der KHD war 1941 zum RAD hinzugekommen, um den kriegsbedingten Personalmangel in vielen Bereichen
des öffentlichen Dienstes und in der Industrie auszugleichen: in Behörden,
Krankenhäusern und sozialen Einrichtungen, im Nachrichtendienst, in
Fabriken und Verkehrsbetrieben. Wo sie hinbeordert werden würde, war
für Else Fernau ganz ungewiss. Mit Angst erfüllte sie die Tatsache, dass
die »Maiden« aus einigen benachbarten Lagern für die Kriegsdauer zu einer Luftnachrichtentruppe verpflichtet worden waren. Aber da zwei Lager
von ihrer RAD-Gruppe schon abgeordnet waren, war ihrer Meinung nach
die Wahrscheinlichkeit, dass ihr Lager dasselbe Schicksal treffen würde,
gering.[35] Aber auch die Aussicht, womöglich in einer Munitionsfabrik in
Kassel arbeiten zu müssen, die ein Ziel für Angriffe der Alliierten darstellte, beunruhigte sie. Viele Arbeitsmaiden aus ihrer Gegend waren dorthin
abgeordnet worden.[36] Andere wiederum mussten in den Junkerswerken in
Fritzlar oder bei der Luftwaffe Dienst tun.[37] »Ich mit noch neun anderen

Else Fernau (rechts im Bild) in den frühen 1940er
Jahren zusammen mit ihrer um ein Jahr älteren Cousine
Gerda Reucker. In ihrer Kindheit und Jugend haben
sich die beiden Mädchen oft gegenseitig in Frankfurt und
in Lollar besucht.

[oben] Therese Fernau und »Knöpfchen« Else in Schmitten Ende der 1930er Jahre.

[unten] Therese Fernau in einer Fotostudioaufnahme.

[rechte Seite, oben] »Arbeitsmaiden« der Verkehrsbetriebe in Darmstadt bei der Kontrolle der Dienstkleidung. Else Fernau war nach ihrer Zeit beim Reichsarbeitsdienst beim Kriegshilfsdienst als Straßenbahnschaffnerin in Darmstadt eingesetzt.

[rechte Seite, unten] Straßenbahn in Darmstadt um 1940.

[oben] *Nach den Großangriffen vom März 1944 standen*
die Frankfurter wie hier auf der Zeil, Ecke Hasengasse,
vor den Trümmern ihrer Wohn- und Geschäftshäuser.

[rechte Seite] *Bad Homburg wurde während des Krieges*
von vier Luftangriffen heimgesucht. Der letzte Luftangriff
auf Bad Homburg am 8. März 1945 war der schwerste.
Das Kurhaus und das Kurtheater brannten völlig aus.

[oben] *Else Fernaus Freund Hans Roessler im*
Januar 1942.

[unten] *Else Fernau Anfang der 1940er Jahre.*

Mädels weiß noch nicht das Wie und Wo«, teilte sie Hans Roessler Mitte Oktober mit. »Wahrscheinlich werden wir am 31.10. entlassen. Ich glaube jedoch, daß ich selbst mit diesen Mädels nicht zusammenkomme sondern einer neuen Belegschaft zugeteilt werde. Mir ist es nun egal, ich möchte nur gern einmal wissen, was mit mir geschieht, denn die Unwissenheit ist schrecklich.«[38] Eine gewisse Hoffnung setzte sie noch auf einen Antrag, den Dr. Fresenius gestellt hatte. Er hatte beim KHD nachgesucht, ob drei oder vier »Maiden« in seiner Bad Homburger Fabrik Kriegshilfsdienst ableisten könnten.[39] Doch dem Antrag wurde nicht stattgegeben. Im Oktober hatte Else Fernau dann Gewissheit, dass sie am 27. des Monats aus dem RAD entlassen würde.[40] Und bald wusste sie zudem, wohin: Sie sollte bei der Straßenbahn in Darmstadt aushelfen.[41]

Der »Führererlass über den Kriegshilfsdienst« aus dem Jahre 1941 sah ursprünglich keinen Einsatz der »Maiden« bei öffentlichen Verkehrsbetrieben vor. Doch Reichsverkehrsminister Julius Dorpmüller hatte persönlich mit Hierl Kontakt aufgenommen, um von ihm Arbeitskräfte zugewiesen zu bekommen. Zunächst war beabsichtigt, die »Maiden« im Büro und am Schalter einzusetzen. Da jedoch besonders bei den städtischen Straßenbahnbetrieben kriegsbedingt großer Personalmangel herrschte, regten die deutschen Gemeinden einen Einsatz der Dienstpflichtigen auch bei den Nahverkehrsbetrieben an. Im November 1941 erteilte Hierl schließlich die Genehmigung, die Frauen auch als Straßenbahnschaffnerinnen einzusetzen. Zunächst war den »Maiden« die Möglichkeit gegeben worden, unter den verschiedenen Einsatzbereichen, die der KHD-Erlass für sie vorgesehen hatte, frei auszuwählen. Ab April 1942 wurde diese Wahlmöglichkeit aufgehoben, allerdings mit einer Ausnahme: dem Schaffnerdienst. Hier waren ausschließlich diejenigen tätig, die sich freiwillig dafür gemeldet hatten, denn die Arbeit als Schaffnerin stellte hohe physische und psychische Anforderungen an die jungen Frauen. Sie hatten nicht nur ihren Dienst in Schichten abzuleisten, sondern auch täglich ein enormes Passagieraufkommen abzufertigen.[42]

Für Else Fernau war die Mitteilung über ihre neue Dienststelle mit einem für sie unliebsamen Bescheid verbunden: Sie sollte im KHD »Kameradschaftsälteste« werden.[43] Wie sie Hans Roessler entgeistert mitteilte, war ihr das zuwider, aber sie konnte die Entscheidung von höherer Stelle nicht ablehnen: »Das einzige, was mich an der ganzen Sache besonders interessiert, ist, daß ich vom Lager vollständig eingekleidet werde. Trotzdem hätte ich diesen Posten nie angenommen, wenn man mir nicht erklärt hätte: eine persönliche Freiheit gäbe es heutzutage nicht mehr und ich hätte mich einem Befehl strikt unterzuordnen.«[44] Sie wusste, dass sie es mit den ihr untergebenen Arbeitsmaiden nicht einfach haben würde, aber sah dies dann auch wieder als eine wichtige Herausforderung an ihre

Durchsetzungsfähigkeit an.[45] Beruhigt stellte sie in Darmstadt fest, dass auch eine andere Kameradschaftsälteste (KÄ), mit der sie ein Zimmer teilte, auf den Posten abgeordnet worden war: »Das Mädel mit dem ich das Zimmer teile ist recht nett, der Typus etwas einer B.d.M.-Führerin ähnlich. Im Übrigen wurde jedoch auch sie zur K.Ä. gezwungen, sodaß sie nicht 100% ist, was jedoch auf ihre politische Einstellung, so glaube ich wenigstens, zutrifft. Sonst interessiert sie sich für Kunst und Literatur, sodaß unsre Interessen ziemlich gleichlaufen.«[46] Nach einer dreiwöchigen Ausbildung nahm Else Fernau ihre Arbeit als Straßenbahnschaffnerin auf, was ihr nicht immer leicht fiel. Wie sie ihrer Familie nach Hause berichtete, hatte sie sich mit den Fahrgästen buchstäblich rumzuschlagen.[47] Und Hans Roessler gegenüber bekannte sie: »Eins habe ich bis jetzt gemerkt, ich bin bestimmt nicht auf den Mund gefallen, aber wenn ich den K.H.D. verlasse, habe ich mir einen Ton angewöhnt, der einem Gassenjungen der Altstadt alle Ehre macht. Denn das Publikum ist sehr rücksichtslos und frech, und durchsetzen muß man sich ja. … Das schlimmste Publikum von allen sind jedoch die Landser, die mir das Leben mit ihren Bemerkungen und Sonstigem wirklich schwer machen, da sie mich manchmal aus der Fassung bringen, aber das gibt sich sicher mit der Zeit.«[48] Und tatsächlich lernte sie sehr schnell auch mit dieser schwierigen Klientel umzugehen.

Um ihre Vorbildfunktion als Kameradschaftsälteste war es allerdings schlecht bestellt, wie sie Hans Roessler gegenüber offen zugab: »Wir dürfen jetzt abends nie länger wie 6 Uhr ausgehen, was natürlich die K.Ä. Else Fernau am Dienstag als Vortier ihrer Maiden nicht beachtete und ins Variete ging. Ziemlich gegen Ende der Vorstellung schrillte der Schreckensruf ›Alarm‹ und ich saß eine halbe Stunde von der Unterkunft entfernt. Da es schoß, mußte ich in den Keller und in Folge meines schlechten Gewissens litt ich Höllenqualen. Jedoch, es hat kein Mensch gemerkt, daß ich weg war. Ich schlich in die Unterkunft, zog schnell Mantel und Kleid aus, Hose und Stiefel sowie Mantel an und stolzierte, als wenn nichts gewesen wäre, in den Eßsaal.«[49] Und sie wurde immer kühner: »Ich führe ein ideales Dasein«, schrieb sie, »schwänze Dienst, wo ich nur kann, da in der Ausbildung vieles nicht so tragisch genommen wird. So war ich am Donnerstag in ›Wenn der junge Wein blüht‹, Samstag im ›Xerxes‹ von Haydn und heute am Abend im ›Barbier von Sevilla‹.«[50] Da sie einmal verstanden hatte, wie sie sich drücken und ihrem Verlangen nach kultureller Anregung nachgehen konnte, gab es kein Halten mehr. Wenn sie sich nicht »dem guten Buch« widmete,[51] war sie ständig unterwegs, ging ins Theater und in die Oper und erstattete Hans Roessler wieder ausführlich kritisch Bericht: »Gestern Abend war ich in ›Das Nachtlager von Granada‹. Die Hauptrollen waren sehr gut besetzt, die Nebenrollen wie auch im Opernhaus kläglich. Die Aufführung als solche hat mir jedoch sehr gut gefallen, das Orchester steht auch unserem [Frankfurter] Opernorchester nicht nach. Vielleicht komme ich heute noch dazu, mir ›Zar und Zimmermann‹ anzuhören.«[52] Und zu Verdis »Troubadour« schrieb sie: »Heute war ich im ›Troubadour‹, den ich vor nicht ganz einem Jahr in Frankfurt schon einmal gesehen habe, allerdings in besserer Bühnengestaltung. Die Kräfte jedoch waren recht gut und die Musik läßt einen so manches vergessen. Allerlei wunderliche Gedanken sind mir jedoch gekommen. Wie schade, daß der Frau heute ihre eigentliche Lebensaufgabe völlig abgeht. Diese Frauen gingen doch völlig im Mann auf und suchten den Tod falls diesem etwas im Weg stand. Hat sich die Liebe der Menschen eigentlich so gewandelt? Oder ist alles heute nur oberflächlich, wie so vieles? Ganz kann ich es nicht begründen, neue Zeiten bringen neue Menschen und doch empfinde ich ein schmerzliches Bedauern, daß dem heute nicht mehr so ist, obwohl ich mich weder vergiften noch sonst auf mittelalterliche Weise ins Jenseits befördern würde.«[53]

Wie Else Fernau angesichts ihres Kommentars zur Verdi-Oper selbst bemerkte, wurde sie generell immer nachdenklicher. »Ich bin recht seltsam hier geworden«, resümierte sie gegen Ende ihres KHD-Einsatzes, »längst nicht mehr so aufgeschlossen und ausgelassen wie die Frühere, sondern, ja ich möchte sagen, ein richtiger Einsiedler. Ich bin froh, wenn ich allein bin, hänge mehr denn je meinen Gedanken nach und brauche mich auch nicht über die geringste Kleinigkeit aufzuregen, die ich doch sonst gerne mitteilte, ja nicht erwarten konnte, bis ich jemand fand, dem ich sie mitteilen konnte. Was mich hier überhaupt noch interessiert sind meine Bücher, ab und zu ein Theaterstück oder auch einmal ein Konzert und mein Dienst, der muß mich ja interessieren.«[54] Zu dieser inneren Einkehr hatte sie, wie sie feststellte, die ständige Auseinandersetzung mit den Fahrgästen in der Straßenbahn gebracht. In gewissem Sinne schmeichelte es ihr, wenn sie »fast jeden Tag von Neuem« merkte, dass sie »nicht unbegehrt« ist, nicht nur von den »unmöglichsten Leuten … angequatscht« wurde, sondern auch von »ganz passablen Leuten«.[55] Aber auf Dauer war ihr das zu viel. Und als ihr schließlich im März 1943 ein Bulgare, der in Darmstadt studierte, einen Heiratsantrag machte, sie »auf Schritt und Tritt« verfolgte, und sie ihn nicht los wurde, konnte sie es kaum mehr erwarten, Darmstadt zu verlassen.[56]

ARBEIT IN DER APOTHEKE

Else Fernau freute sich darauf, nach dem Kriegshilfsdienst endlich in der Hirsch-Apotheke oder der chemisch-pharmazeutischen Fabrik von Dr. Fresenius zu arbeiten. »Obwohl es mir recht gut geht augenblicklich, sehne ich mich schon wieder nach dem neuen Lebensabschnitt«, hatte sie bereits im Dezember 1943 geschrieben.[57] Und wie dieser neue Lebensabschnitt aussehen sollte, war ihr klar. Mit dem Brustton der Überzeugung und des großen Vorsatzes erklärte sie Hans Roessler im März 1944: »Ich will arbeiten mit dem ganzen Einsatz, dessen ich fähig bin und will endlich sehen, wie weit ich meinen Mann stehe. Ich stelle mir Alles schwer, jedoch groß vor und das Gefühl für die Größe der Arbeit soll mein unbedeutendes Leben schöner und reicher gestalten. So freue ich mich sehr auf die kommende Zeit, die für mich nicht leicht zu meistern sein wird, jedoch die Gefahren und Schwierigkeiten sind ja da, daß man sie meistert.«[58]

Schon während des Reichsarbeitsdienstes hatte sie in der wenigen freien Zeit, die ihr zur Verfügung stand, begonnen, mit Blick auf ihre künftige Anstellung ihre Chemiekenntnisse aufzufrischen – allerdings, wie sie Hans Roessler gegenüber zugab, nicht immer mit großem Erfolg: »Vorhin hatte ich eine längere Aussprache mit Lore [einer RAD-Kameradin] mit dem Endresultat, daß meine bodenlosen Chemiekenntnisse nur allzu kraß an den Tag traten. Lore stocherte und stocherte und sichtete keinen Grund. Wenn ich mich nicht in den nächsten zwei Jahren ganz gehörig dahinter setze, ist überhaupt an Apothekerei garnicht zu denken, Doktortitel mit Blaustrumpf ganz ausgeschlossen. Da wirst Du Dich natürlich diebisch freuen wie ich Dich kenne. Nein, allen Spaß beiseite, wirklich ich muß mir unbedingt meine Chemiebücher herbestellen.«[59] Und umgehend bat sie ihre Mutter, ihr die Bücher zuzusenden.

Als sie dann beim KHD war, nahm sie die Bad Homburger Fabrik näher in Augenschein. »Am Dienstag war ich in der Fabrik«, schrieb sie Hans Roessler im November 1943. »Eine Laborantin hat mich herumgeführt, mir alles erklärt und gezeigt, sodaß ich Feuer und Flamme war für meinen künftigen Beruf. Ich habe mir denn auch das Handbuch für Pharmacie mitgenommen, in dem ich eifrig zu studieren gedenke.«[60] Ihr Ziel war es allerdings, ihre Ausbildung zunächst in der Hirsch-Apotheke in Frankfurt zu beginnen. Doch diese Planung sollte vom Krieg durchkreuzt werden. Durch Bombenangriffe der Alliierten verlor Else Fernau im Frühjahr 1944 binnen weniger Wochen sowohl ihr Zuhause in der Forsthausstraße, als auch die Apotheke, in der sie ihre Ausbildung beginnen wollte: Bei dem Angriff vom 29. Januar des Jahres wurde das Haus Forsthausstraße 87 »vollkommen ausgebombt«, sodass nur noch ein kleiner Teil der Möbelstücke gerettet werden konnte.[61] Und die Apotheke wurde in der Nacht vom 22. auf den 23. März zerstört.[62] »Ich glaube Du bist mir recht böse, daß ich solange nichts von mir hören ließ«, schrieb Else Fernau daraufhin Ende März an Hans Roessler, »jedoch durch die dauernden Angriffe auf Frankfurt ist jede Verbindung wie abgeschnitten. Du würdest unser schönes Frankfurt nicht wiedererkennen. Die Innenstadt ist vollständig zerstört, an ein Aufbauen nicht mehr zu denken. Unsere Hirschapotheke ist dem Angriff auch zum Opfer gefallen, ein Steinhaufen ist der kümmerliche Rest, ich hatte Mühe überhaupt zu erkennen, was das einstmals war. Der Traum ist nun endgültig aus, ich werde wohl in die Fabrik gehen und dort mich an der Herstellung von Geheimlösungen betätigen.«[63] In Bad Homburg, wo Dr. Eduard Fresenius im Gluckensteinweg eine Wohnung genommen hatte, richtete sich auch Else Fernau ein kleines Zimmer ein, während ihre Mutter und Else Fresenius im Jagdhaus in Schmitten untergekommen waren.[64] Else Fernau sollte nach den Vorstellungen ihres Onkels in der Fabrik bleiben und nur zur Apothekerschule nach Frankfurt fahren.[65] Aber da die Hirsch-Apotheke von Bad Homburg aus wieder aufgebaut wurde, war sie dann doch zunächst mehr mit der Apotheke als mit der chemisch-pharmazeutischen Fabrik beschäftigt. In ihren Augen hatte das durchaus Vorteile, wie sie Hans Roessler Anfang April zu Ostern mitteilte: »Augenblicklich bin ich in Bad Homburg. … Viel zu mir selber komme ich nicht, da mein Onkel ziemlich viel Beschlag auf mich legt. Nach den Feiertagen fahre ich für ein paar Tage nach Schmitten und beginne dann hier in Homburg, wo für die erste Zeit die ganze Hirsch-Apotheke stationiert ist. Ich freue mich sehr auf meinen Eintritt, da die Hirsch-Apotheke ja vollständig von vorne anfangen muß und ich alles von Grund auf mitbekomme. In ein paar Wochen wird dann ein Holzhäuschen auf der Zeil errichtet und die Hirsch-Apotheke von Bad Homburg auf einem Lastauto nach Frankfurt wieder verpflanzt.«[66]

Was ihre Ausbildung anbelangte, musste sie gemäß der am 1. April 1935 in Kraft getretenen Prüfungsordnung für Apotheker zunächst ein zweijähriges Praktikum in einer Apotheke absolvieren, um dann nach einer pharmazeutischen Vorprüfung ein Universitätsstudium aufnehmen zu können.

Else Fernau begann ihr Apotheken-Praktikum am 1. April 1944 in der Hirsch-Apotheke, die damals von dem Apotheker Werner Römer geleitet wurde.[67] Solange die Apotheke in Bad Homburg reorganisiert wurde, wechselte sie allerdings immer wieder in die »Fabrik«,[68] was ihr anfangs nicht leicht fiel: »Ich lerne nun tüchtig, was ich nur erhaschen kann. Augenblicklich bin ich im Labor, mache Lösungen, fülle Ampullen, wiege ab, was meine Geduld auf eine recht harte Probe stellt und fange langsam an, etwas in das Gebiet der Chemie einzudringen. In den nächsten Tagen habe ich meinen ersten Vortrag zu halten: ›Die Apotheke und ihre Räumlichkeiten und ihre Handwerkszeuge.‹«[69]

Die Ausstattung für die Räumlichkeiten der Hirsch-Apotheke musste zu der Zeit noch besorgt werden, und Else Fernau freute sich besonders, als ihr »Onkel Doktor« es ihr erlaubte, mit einem Apotheken-Mitarbeiter nach Straßburg zu fahren, um eine neue Apothekeneinrichtung zu besorgen.[70] Und dann begann auch gleich die Arbeit in der Apotheke: »Ich lerne, so gut ich das kann, sehr zum Leidwesen von Onkel Doktor, der allzu vieles Beschweren unnötig findet, da er so fabelhaft durch die Prüfung rutschte. Bis jetzt haben wir nur einsortiert, Spezialitäten (Fertigseren) ausgezeichnet, sodaß ich jetzt jedes Mittel, wenn es mir unter die Hand kommt, darauf hin prüfe, ob es mir im Leben schon einmal vorgekommen ist.«[71] Alles in allem machte ihr die Ausbildung, die auch Stenographie- und Schreibmaschinenkurse beinhaltete, viel Spaß,[72] auch wenn sie sehr anstrengend war.[73] Sportliche Aktivitäten wie Golf, Tennis und Reiten, die sie sich für Frühjahr und Sommer 1944 vorgenommen hatte, mussten da zurückstehen.[74] Aber ihrem »eigentlichen Berufsziel« war sie schon etwas näher gekommen.[75]

HANS ROESSLER

Mit Hans Roessler war Else Fernau glücklich. Nach den Anfangsschwierigkeiten ihrer Beziehung, für die sie sich teils scherzhaft, teils ernst, gegenseitig verantwortlich machten, hatten sie im Frühjahr 1942 zueinander gefunden. Wie sie bald erkannten, waren viele Missverständnisse zu Beginn auf ihre unterschiedliche Erziehung zurückzuführen und darauf, dass Hans Roessler schon gut anderthalb Jahre älter und inzwischen Soldat war. »Ich weiß ja«, schrieb er Else, »daß Du Dich Deinen Eltern unterordnen mußt, auch wenn sie vielleicht altmodische Ansichten haben.«[76] Aber er war überzeugt: »Das wird sich ändern, je älter Du wirst. Für mich gibt es eben schon heute, allein durch die Tatsache, daß ich Soldat bin, keine derartigen Hindernisse mehr. Und die hat es auch in meiner Erziehung schon sehr früh nicht mehr gegeben, deshalb übersehe ich sie eben auch so leicht bei Dir. Es mag beides seine Vor- und Nachteile haben – und in wenigen Jahren, vielleicht Monaten, wird es solche Probleme auch für Dich nicht mehr geben.«

Eine Herausforderung für ihre Liebe war es, dass sie von einander getrennt waren. Zu viele Erwartungen knüpften sie dann mitunter an ihre wenigen Begegnungen, wenn er Urlaub hatte und sie sich in Frankfurt treffen konnten. Dann kam es leicht zu Missverständnissen: Sie erschien ihm plötzlich unerklärlich zurückhaltend, wie ein »kalter Frosch«[77]; oder er machte auf sie den Eindruck eines in sich gekehrten, nach außen abweisenden »Igels«[78]. Wichtig war es dann, dass sie sich über ihre Gefühle austauschten, sie in ihren Briefen zum Ausdruck brachten. Das war auch Hans Roessler klar geworden, der, kaum dass er zur Wehrmacht eingezogen worden war, sein »Elschen« nicht nur aus der Kaserne anrief, sondern ihr lange Briefe schrieb. »Wenn wir erst zusammen sind«, setzte er ihr dazu auseinander, »dann wird es wohl keine Fragen und Probleme geben, dann werden wir bestimmt ohne viele Worte glücklich sein. Aber gerade wenn man lange nicht zusammen ist, dann braucht man wohl ab und zu ein Wort, um all das schon Gesagte und Gefühlte wieder aufleben zu lassen und zu bestätigen.«[79]

Über alles wollten sie miteinander reden, und sie taten es ausgiebig. Zwei bis dreimal wöchentlich schrieb Else Fernau an ihren »lieben Hans«, und in den Ferien »dünkte« es ihr, dass sie schon »eine Ewigkeit« geschwiegen habe, wenn sie ihn an einem Tag nicht mit einem Brief bedacht hatte.[80] Und Hans Roessler stand ihr schon bald in nichts mehr nach.[81] Wie Else ihm von ihren Sorgen und Nöten in der Schule, bei der Erntehilfe, und später beim RAD und beim KHD berichtete, erzählte er ihr von seinem Leben als Soldat, in dem er sich nicht recht wohl fühlte. »Die Stubenkameraden sind ganz nett«, schrieb er beispielsweise an Else, »ich habe mich schon etwas hier hereingelebt. Es sind fast sämtliche Gefreite oder Obergefreite und waren schon im Osten, sind verwundet oder krank geworden. Da fühle ich mich natürlich nicht so furchtbar wohl, aber was kann ich dafür, wenn ich noch nicht draußen war? … Es ist hier alles äußerlich und innerlich so furchtbar niedrig, gemein und alltäglich. Über die äußere Unsauberkeit brauche ich Dir ja nichts weiter zu sagen, aber ich muß schon sagen, daß ich mich auch sehr an den Umgang mit Leuten gewöhnt habe, bei denen keine unanständigen Witze oder Dinge erzählt werden. Aber hier ist das wieder gang und gäbe. Man muß ja mitlachen, aber ich finde, es gehört nicht unbedingt zur Seligkeit. Ich weiß nicht, ob Du nachfühlen kannst, wie das dann manchmal ein Gefühl der Leere und des Ekels gibt. Na, es wird mal wieder anders werden…«[82] Aber nicht nur der rohe Umgangston beim Kommiss störte ihn. Er stieß sich auch an der Grundhaltung der Militärs, für die man als Soldat »einfach eine Nummer« war, von denen man »nicht wie ein Mensch« behandelt wurde, sondern wie ein Ding, »wie eine Maschine«, die zu funktionieren hatte.[83] Dann wieder erschien es ihm, dass man beim Militär »einfach ein Tier« wurde, weil man aufgrund dauernder Appelle und Übungen keine Zeit mehr zum Nachdenken hatte und keinen Augenblick für sich selbst.[84] Als behüteter Sohn eines großbürgerlichen Elternhauses war er, wie er Else Fernau schrieb, nur glücklich, wenn er Zeit zum Lesen hatte, seine »geheime Leidenschaft« für Bücher ausleben konnte, zu denen er sich Gedanken machte, von denen er ihr dann schrieb. Mit Else Fernau teilte er die Leidenschaft fürs Theater, für Kino und Oper, und berichtete ihr so, wie sie ihm, von seinen Kulturerlebnissen. Selbst in Polen, wohin er Anfang 1943 abkommandiert wurde, und auf dem Weg mit seiner Truppenabteilung nach Osten fand er immer wieder die Möglichkeit, ins Kino oder in die Oper zu gehen.[85] Umso zermürbender war es dann, wenn er sich mit seiner Abteilung in Wartestellung befand und zum Nichtstun verurteilt war.[86]

Die einzigen Lichtblicke in seinem Soldatenleben waren für ihn die Tage des Heimaturlaubs, in denen er sich, wenn es nur möglich war, mit Else Fernau traf – in Frankfurt, in Niedergründau, wo sie zum Ernteeinsatz war, in Schmitten und einmal auch bei seiner Schwester in Nürnberg.

Aus diesen glücklichen Urlaubstagen schöpfte er Kraft für seinen Einsatz an der Ostfront. Dann konnte er seinem Tun auch einmal etwas Positives abgewinnen. »Jetzt bin ich aber richtiger Soldat, d.h. ich bin oft da, wo es knallt. Das ist mir eine Beruhigung fast, daß ich jetzt auch mal im Einsatz bin und nicht immer hinten«, schrieb er Else Fernau im Juli 1943.[87] Und angesichts der sowjetischen Angriffe meinte er: »Hier weiß man wenigstens, wofür man da ist!«[88] Aber da war er noch nicht lange an der Front. Der Frontabschnitt, in dem er eingesetzt war, befand sich in der Ukraine. Die deutschen Truppen waren dort im Sommer 1943 bereits auf dem Rückzug. Zwei Jahre zuvor war die deutsche Russland-Offensive erstmals ins Stocken geraten.[89] Im Dezember 1941 war der Vormarsch aufgrund der Witterungsverhältnisse im russischen Winter endgültig zum Stehen gekommen, zumal Stalin für eine Gegenoffensive frische Truppen aus Sibirien heranführte. Hitler, der inzwischen persönlich das Oberkommando des Heeres übernommen hatte, hatte 1942 den Befehl zu einem Sommervorstoß gegeben, mit dem die nun auf ganzer Front angreifenden Truppen der Wehrmacht überfordert waren. Im Winter 1942/1943 war es zur ersten großen Niederlage der Wehrmacht gekommen, als die sechste Armee von der Roten Armee in Stalingrad eingeschlossen wurde und am 2. Februar 1943 den Kampf aufgeben musste. Über 90.000 deutsche Soldaten gerieten damals in sowjetische Kriegsgefangenschaft.[90] Danach gelang es der Heeresgruppe Süd nicht mehr, den Frontverlauf in der östlichen Ukraine zu halten. Die deutschen Truppen konnten gegen die Rote Armee nur noch Rückzugskämpfe führen.

Bald begriff auch Hans Roessler die Aussichtslosigkeit der Lage. Die immer heftigeren und beinahe pausenlosen Angriffe der Roten Armee zermürbten ihn innerlich, und ihn überkam Verzweiflung, die dadurch nur noch stärker wurde, dass er sie sich nach außen hin nicht anmerken lassen durfte. Die einzige Person, der gegenüber er sich darüber aussprechen konnte, war Else Fernau. So schrieb er ihr am 16. August 1944 aus seiner Stellung: »Mein geliebtes Elschen! Nun ist wieder ein wenig Zeit zum Schreiben. Briefpapier wird gestellt! Wir haben überhaupt alles, was man sich denken kann und was man sonst gern hätte: Butter, Fleisch, Schokolade, Kekse, Eierlikör, Wein, Schnaps, Bienenhonig und Zigaretten. Man hat nur garkeine Freude an den Sachen, das ist zu schade. Und schlingt nur alles runter, damit es weg ist. Ja, wir sind nun eine Woche im Einsatz – ich meine, es ist ein Jahr. Elschen, soviel Angst bis zur Verzweiflung, wie in diesen Tagen habe ich noch nie ausgestanden. Ich glaube, ich bin ein

Feigling – oder den anderen müßte es genauso gehen. Und dabei muß ich als Unteroffizier doch immer so tun, als berühre mich das alles garnicht. Ich bin oft nahe am Heulen – und da gibt kein Gedanke Trost, das ist das Schlimme. Ich bin nicht für den Krieg geschaffen, meine Nerven reibe ich hier völlig auf. Nun ist das Gottseidank nicht dauernd so, man hat Stunden, wo man etwas ruhiger und zufriedener ist – es wechselt immer. Du müsstest mich sehen, dreckig von oben bis unten, ein ellenlanger Bart – kein Mensch. Ich kann nicht glauben, daß es noch einmal anders werden wird – so wie in Schmitten oder in Nürnberg! Aber Kopf hoch – nichtsdestotrotz. Hab Dank für deine liebe Post, 3 Briefe habe ich erhalten. Für heute sei sehr herzlich gegrüßt und geküßt von Deinem Hans (Ich schlafe dauernd ein beim Schreiben!).«[91]

Es war der letzte Brief, den Else Fernau von Hans Roessler erhielt. Wie sie am 7. September 1944 von Hans' Mutter Lisa Roessler erfuhr, wurde Hans seit dem 17. August in Russland vermisst.[92] Die Stellung seiner Abteilung musste aufgegeben werden, und als die Kompanie sich sammelte, fehlte Hans Roessler. Ob er noch in sowjetische Kriegsgefangenschaft geriet oder im Feld fiel, konnte nie geklärt werden. Else Fernau hat ihn nicht wieder gesehen.

1 Bundesarchiv Abteilung R-R 77, Arbeit, Reichsarbeitsdienst; Reichsarbeitsdienstgesetz vom 26. Juni 1935 (http://www.verfassungen.de/de/de33-45/reichsarbeitsdienst35.htm). 2 Reichsarbeitsdienstgesetz vom 26. Juni 1935. 3 Mallebrein, Wolfram: Der Reichsarbeitsdienst. Dokumentation der Geschichte und Entwicklung, Coburg o. J., S. 9. 4 Scholtz-Klink, Gertrud zitiert nach: Wagner, Leonie: Nationalsozialistische Frauenansichten. Vorstellungen von Weiblichkeit und Politik führender Frauen im Nationalsozialismus, Frankfurt/Main 1996, S. 117. 5 Watzke-Otte, Susanne: »Ich war ein einsatzbereites Glied in der Gemeinschaft...« Vorgehensweise und Wirkungsmechanismen nationalsozialistischer Erziehung am Beispiel des weiblichen Arbeitsdienstes, Frankfurt/Main 1999, S. 309 ff. 6 Archiv EKFS, Nachlass Else Kröner, Korrespondenz: Else Fernau an Hans Roessler, 26.03.1943. 7 Archiv EKFS, Nachlass Else Kröner, Korrespondenz: Else Fernau an Hans Rössler, 10.01.43. 8 Archiv EKFS, Nachlass Else Kröner, Korrespondenz: Hans Roessler an Else Fernau, 12.01.1943. 9 Schönberg, Ingeborg: Schipp-schipp-hurra! Ein Tagebuch aus dem Arbeitsdienst, Dreieich 2004, S. 7 f. 10 Archiv EKFS, Nachlass Else Kröner, Korrespondenz: Else Fernau an Hans Roessler, 22.03.1943. 11 Ebd. 12 Archiv EKFS, Nachlass Else Kröner, Korrespondenz: Else Fernau an Hans Roessler, Ostern 1943. 13 Archiv EKFS, Nachlass Else Kröner, Korrespondenz: Else Fernau an Hans Roessler, 12.04.1943. Dort auch das folgende Zitat. 14 Archiv EKFS, Nachlass Else Kröner, Korrespondenz: Else Fernau an Hans Roessler, 07.05.1943. 15 Archiv EKFS, Nachlass Else Kröner, Korrespondenz: Else Fernau an Hans Roessler, 20.05.1943. 16 Archiv EKFS, Nachlass Else Kröner, Korrespondenz: Else Fernau an Hans Roessler, 24.04.1943. 17 Archiv EKFS, Nachlass Else Kröner, Korrespondenz: Else Fernau an Hans Roessler, 24.06.1943. 18 Ebd. 19 Archiv EKFS, Nachlass Else Kröner, Korrespondenz: Else Fernau an Hans Roessler, 27.05.43. 20 Archiv EKFS, Nachlass Else Kröner, Korrespondenz: Else Fernau an Hans Roessler, 02.07.43. 21 Ebd. 22 Archiv EKFS, Nachlass Else Kröner, Korrespondenz: Else Fernau an Hans Roessler, 01.08.43. 23 Archiv EKFS, Nachlass Else Kröner, Korrespondenz: Else Fernau an Hans Roessler, 24.08.43. 24 Archiv EKFS, Nachlass Else Kröner, Korrespondenz: Else Fernau an Hans Roessler, ohne Datum [Sept. 1943]. 25 Ebd. 26 Archiv EKFS, Nachlass Else Kröner, Korrespondenz: Else Fernau an Hans Roessler, 21.09.43. 27 Ebd. 28 Archiv EKFS, Nachlass Else Kröner, Korrespondenz: Else Fernau an Hans Roessler, Ostern 1943. 29 Archiv EKFS, Nachlass Else Kröner, Korrespondenz: Else Fernau an Hans Roessler, 27.05.43. 30 Archiv EKFS, Nachlass Else Kröner, Korrespondenz: Else Fernau an Hans Roessler, 13.08.43. 31 Ebd. 32 Archiv EKFS, Nachlass Else Kröner, Korrespondenz: Else Fernau an Hans Roessler, 27.08.43. 33 Archiv EKFS, Nachlass Else Kröner, Korrespondenz: Else Fernau an Hans Roessler, 08.09.1943. 34 Ebd.; dazu auch: Archiv EKFS, Nachlass Else Kröner, Korrespondenz: Else Fernau an Hans Roessler, 16.09.1943. 35 Archiv EKFS, Nachlass Else Kröner, Korrespondenz: Else Fernau an Hans Roessler, 12.09.1943. 36 Archiv EKFS, Nachlass Else Kröner, Korrespondenz: Else Fernau an Hans Roessler, 01.09.1943. 37 Archiv EKFS, Nachlass Else Kröner, Korrespondenz: Else Fernau an Hans Roessler, 13.10.1943. 38 Ebd. 39 Archiv EKFS, Nachlass Else Kröner, Korrespondenz: Else Fernau an Hans Roessler, 12.09.1943. 40 Archiv EKFS, Nachlass Else Kröner, Korrespondenz: Else Fernau an Hans Roessler, 17.10.1943. 41 Archiv EKFS, Nachlass Else Kröner, Korrespondenz: Else Fernau an Hans Roessler, Altenschlirf undatiert [Oktober 1943]. 42 Morgan, Dagmar G.: Weiblicher Arbeitsdienst in Deutschland. Darmstadt 1978, S. 355-357. 43 Archiv EKFS, Nachlass Else Kröner, Korrespondenz: Else Fernau an Hans Roessler, Altenschlirf, ohne Datum [Oktober 1943]: Else Fernau schrieb versehentlich »Kameradschaftsführerin«; den Dienstgrad gab es jedoch nicht. Aus der späteren Korrespondenz geht hervor, dass sie Kameradschaftsälteste war. 44 Archiv EKFS, Nachlass Else Kröner, Korrespondenz: Else Fernau an Hans Roessler, Altenschlirf, ohne Datum [Oktober 43]. 45 Archiv EKFS, Nachlass Else Kröner, Korrespondenz: Else Fernau an Hans Roessler, Altenschlirf, ohne Datum [Oktober 1943]. 46 Archiv EKFS, Nachlass Else Kröner, Korrespondenz: Else Fernau an Hans Roessler, Altenschlirf, ohne Datum [Oktober 1943]. 47 Archiv EKFS, Nachlass Else Kröner, Korrespondenz: Else Fernau an Therese Fernau und Familie Fresenius, 19.11.1943. 48 Archiv EKFS, Nachlass Else Kröner, Korrespondenz: Else Fernau an Hans Roessler, 03.11.1943. 49 Archiv EKFS, Nachlass Else Kröner, Korrespondenz: Else Fernau an Hans Roessler, 14.11.1943. 50 Ebd. Sie meinte »Xerxes« von Händel. 51 Archiv EKFS, Nachlass Else Kröner, Korrespondenz: Else Fernau an Hans Roessler, 14.11.1943. 52 Archiv EKFS, Nachlass Else Kröner, Korrespondenz: Else Fernau an Hans Roessler, 11.11.1943. 53 Archiv EKFS, Nachlass Else Kröner, Korrespondenz: Else Fernau an Hans Roessler, 16.03.1944. 54 Archiv EKFS, Nachlass Else Kröner, Korrespondenz: Else Fernau an Therese Fernau und Ehepaar Fresenius, 26.02.1944; dazu auch: Else Fernau an Hans Roessler, 03.02.1943. 55 Archiv EKFS, Nachlass Else Kröner, Korrespondenz: Else Fernau an Hans Roessler, 14.11.1943. 56 Archiv EKFS, Nachlass Else Kröner, Korrespondenz: Else Fernau an Therese Fernau und Ehepaar Fresenius, 21.03.1943 und Else Fernau an Hans Roessler, 22.03.1943. 57 Archiv EKFS, Nachlass Else Kröner, Korrespondenz: Else Fernau an Hans Roessler, 03.12.1943. 58 Archiv EKFS, Nachlass Else Kröner, Korrespondenz: Else Fernau an Hans Roessler, 03.03.1944. 59 Archiv EKFS, Nachlass Else Kröner, Korrespondenz: Else Fernau an Hans Roessler, 05.09.1943. 60 Archiv EKFS, Nachlass Else Kröner, Korrespondenz: Else Fernau an Hans Roessler, 11.11.43. 61 Archiv EKFS, Nachlass Else Kröner, Bestand Dr. Eduard Fresenius: Eduard Fresenius an Stadt Frankfurt am Main, 01.02.1944; zum Zusammenhang vgl. Schmid, Armin: Frankfurt im Feuersturm. Die Geschichte der Stadt im Zweiten Weltkrieg, Frankfurt/M. 1965, S. 83. 62 Archiv EKFS, Nachlass Else Kröner, Bestand Dr. Eduard Fresenius: Einheitswertbescheid und Grundsteuermeßbescheid (Wertfortschreibung auf den 21. Juni 1948), S. 1. 63 Archiv EKFS, Nachlass Else Kröner, Korrespondenz: Else Fernau an Hans Roessler, 27.03.44. 64 Archiv EKFS, Nachlass Else Kröner, Korrespondenz: Else Fernau an Hans Roessler, 29.02.44. 65 Ebd. 66 Archiv EKFS, Nachlass Else Kröner, Kor-

respondenz: Else Fernau an Hans Roessler, 07.04.44.
67 Archiv EKFS, Nachlass Else Kröner, Hirsch-Apotheke: Praktikumszeugnisse. Im Praktikumszeugnis vom 08.08.46 »leitet«, im Zeugnis vom 01.04.46 »verwaltet« Werner Römer die Hirsch-Apotheke. **68** Archiv EKFS, Nachlass Else Kröner, Korrespondenz: Else Fernau an Hans Roessler, 25.04.44.
69 Archiv EKFS, Nachlass Else Kröner, Korrespondenz: Else Fernau an Hans Roessler, 29.04.44. **70** Archiv EKFS, Nachlass Else Kröner, Korrespondenz: Else Fernau an Hans Roessler, 16.05.44 und Else Fernau an Hans Roessler, 08.05.44 aus Straßburg. **71** Archiv EKFS, Nachlass Else Kröner, Korrespondenz: Else Fernau an Hans Roessler, 16.05.44. **72** Archiv EKFS, Nachlass Else Kröner, Korrespondenz: Else Fernau an Hans Roessler, 04.06.44. **73** Archiv EKFS, Nachlass Else Kröner, Korrespondenz: Else Fernau an Therese Fernau und Else Fresenius, Bad Homburg, 21.07.44. **74** Zu den Vorhaben: Archiv EKFS, Nachlass Else Kröner, Korrespondenz: Else Fernau an Hans Roessler, 29.02.44. **75** Archiv EKFS, Nachlass Else Kröner, Korrespondenz: Else Fernau an Therese Fernau und Else Fresenius, Ende März 1944. **76** Archiv EKFS, Nachlass Else Kröner, Korrespondenz: Hans Roessler an Else Fernau, 09.11.1942; dort auch das Folgende. **77** Archiv EKFS, Nachlass Else Kröner, Korrespondenz: Hans Roessler an Else Fernau, 13.11.1942. **78** Archiv EKFS, Nachlass Else Kröner, Korrespondenz: Hans Roessler an Else Fernau, 09.11.1942. **79** Archiv EKFS, Nachlass Else Kröner, Korrespondenz: Hans Roessler an Else Fernau, 27.09.1942. **80** Z. B. Archiv EKFS, Nachlass Else Kröner, Korrespondenz: Else Fernau an Hans Roessler, 26.03.1943. **81** Dazu Archiv EKFS, Nachlass Else Kröner, Korrespondenz: Else Fernau an Hans Roessler, 26.10.1943: »Du bist wirklich rührend mich fast jeden Tag mit Post zu bedenken, noch dazu solch lieber Post.«. **82** Archiv EKFS, Nachlass Else Kröner, Korrespondenz: Hans Roessler an Else Fernau, 05.01.1943. **83** Archiv EKFS, Nachlass Else Kröner, Korrespondenz: Hans Roessler an Else Fernau, aus Wetzlar, 06.06.1942. **84** Archiv EKFS, Nachlass Else Kröner, Korrespondenz: Hans Roessler an Else Fernau, aus Wetzlar, 07.06.1942. **85** Zum Kinobesuch in Polen z. B. Archiv EKFS, Nachlass Else Kröner, Korrespondenz: Hans Roessler an Else Fernau, 09.02.1943; zur Oper z. B. in Kiew Hans Roessler an Else Fernau, 21.02.1943. **86** Dazu z.B. Archiv EKFS, Nachlass Else Kröner, Korrespondenz: Hans Roessler an Else Fernau, 09.02.1943. **87** Archiv EKFS, Nachlass Else Kröner, Korrespondenz: Hans Roessler an Else Fernau, 22.07.1943. **88** Ebd. **89** Zusammenfassend vgl. Thamer, Hans-Ulrich: Verführung und Gewalt, Berlin 1998, S. 660 ff. **90** Ebd., S. 674. **91** Archiv EKFS, Nachlass Else Kröner, Korrespondenz: Hans Roessler an Else Fernau, 16.08.1944. **92** Archiv EKFS, Nachlass Else Kröner, Korrespondenz: Lisa Roessler an Else Fernau, 07.09.1944.

DIE JUNGE UNTERNEHMERIN

KRIEGSSCHÄDEN

FRANKFURT LAG IN Trümmern. Viele Bewohner der Stadt hatten ihr Zuhause verloren und waren durch die Kriegsereignisse traumatisiert. Auch Therese Fernau und das Ehepaar Fresenius ließen die Gedanken an das Erlebte, an ihr zerstörtes Heim und die Hirsch-Apotheke nicht mehr zur Ruhe kommen. Therese Fernau war mit Else Fresenius im Februar 1944 nach Schmitten gefahren, um sich dort, nachdem das Haus in der Forsthausstraße ausgebrannt war, häuslich einzurichten und in der Abgeschiedenheit des Hochtaunus wieder zu sich zu kommen. Aber die Einsamkeit ließ sie in Gedanken immer wieder auf das zerstörte Frankfurt zurückkommen, in das sie sich aus Furcht vor weiteren Angriffen nicht zurücktrauten.[1] »Mein liebes Elschen!«, schrieb Else Fresenius an ihr Patenkind. »Wir sitzen hier im dicksten Schnee und seit 5 Wochen bin ich nicht ›zu Tale‹ gekommen, es ist rein zum Verzweifeln. So einen Winter wünschte ich uns nicht zum 2. Male! Natürlich kommt auch niemand herauf und so fehlt die Ablenkung, sodass wir viel von unserem schrecklichen Erleben sprechen, jeden Tag uns an Neues erinnern, das uns fehlt. Mit vielen ›hätte man…‹«.[2] Dr. Eduard Fresenius war unterdessen in Bad Homburg in den Gluckensteinweg gezogen und lebte in der ständigen Angst, dass durch die Bombenangriffe auch noch sein Unternehmen dort zerstört werden würde.[3] Die Tatsache, dass Else Fernau in Darmstadt bei der Straßenbahn Dienst tat, in einer Stadt, die in den Nachrichten über die Bombardierungen ständig vorkam, erfüllte ihn mit größter Sorge. »Gib auf die bösen Flieger acht. Verkrieche Dich rechtzeitig in einen Keller«,[4] riet er Else Fernau. Und ein paar Tage später sandte er ihr ein Päckchen mit Postkarten zu, dessen Verwendungszweck er ihr wie folgt erklärte: »Hoffentlich verlaufen die Fliegerangriffe in Darmstadt günstig. Ich bin noch immer etwas in Unruhe, wenn ich höre, dass in den entsetzlichen Drahtfunkmeldungen die Stadt Darmstadt erwähnt wird. Ich schick Dir deswegen hier als Anlage eine entsprechende Anzahl Postkarten, die Du mir jeweils nach einem stattgefundenen Angriff auf Darmstadt hierher einsendest. Ich mache Dir die Sache so bequem als möglich, damit Du nur auszufüllen brauchst: ›Hei lebet noch!‹«[5]

Else Fernau hatte Verständnis für die Gefühle ihrer Mutter, ihres »Gotchens« und ihres »Onkel Doktor«, und auch ihr tat es um das Gewesene und um das Verlorene leid.[6] Aus Darmstadt schrieb sie ihnen: »Schlimm wird natürlich sein, daß das Zuhause mir fehlt, auch wenn ich in lieben Händen bin, die alles für mich tun. Zuhause läßt sich nicht mit Worten beschreiben, es ist der Klang der dem Worte Gewicht gibt. Mutter ist der Inbegriff dieses Daheims, und die kann ja durch niemand ersetzt werden. Aber ich will froh und dankbar sein, daß ich trotzdem eine Bleibe gefunden habe, in der ich mich doch sehr wohl fühle und liebe Menschen habe, die tun was in ihren Kräften steht, mir zu helfen, mich zu beraten und mich lieb haben.«[7] Bei aller Bedeutung, die sie dem Verlorenen beimaß, tat sie sich mit dem Verlust nicht so schwer wie ihre Mutter und das Ehepaar Fresenius und konnte der Lage auch etwas Positives abgewinnen, wie sie Ende März 1944 an ihre »Lieben« schrieb: »Als junger Mensch überwindet man das Ganze doch viel leichter. Ich kann immer wieder aufbauen, mich verändern, ja für die Jugend ist bei allem Traurigen noch ein gewisser Reiz, bitte versteht mich nicht falsch, während Euer Lebenswerk und Inhalt gestört ist. Aber wir werden schon uns wieder ein neues Heim schaffen, hoffen wir es, daß es nicht mehr allzu lange währt.«[8] Als sie dies schrieb, sollte es aber noch mehr als ein Jahr dauern, bis der Krieg mit der bedingungslosen Kapitulation Deutschlands am 8. Mai 1945 endete.

NEUBEGINN

Frankfurt hatte während des Krieges an die hundert Fliegerangriffe erlebt, bei denen mehr als 5.500 Menschen umkamen. Von den 550.000 Einwohnern bei Kriegsbeginn lebten noch etwa 269.000 in der Stadt. Viele waren ausgebombt und waren auf die umliegenden Dörfer verteilt worden. Aber nicht nur bei den Bombenangriffen waren Frankfurter ums Leben gekommen. Die wenigsten von ihnen waren eines natürlichen Todes gestorben. Die meisten waren vertrieben, deportiert, in Konzentrationslagern ermordet worden, als Soldaten gefallen oder an Krankheit und Unterernährung gestorben.

Ende März 1945 marschierten die Amerikaner in Frankfurt ein, wo sie verschiedentlich noch auf Widerstand trafen; am 29. März war der Krieg in der Stadt beendet.[9] Else Fernau erlebte den Einmarsch der Amerikaner in ihre Heimatstadt nicht unmittelbar mit. Zu diesem Zeitpunkt war sie in Schmitten, im Jagdhaus von Dr. Fresenius.[10] Aber als sie wenige Tage später in die Stadt kam, waren die Veränderungen offensichtlich.

Die amerikanische Besatzungsmacht wählte Frankfurt zum Standort ihres europäischen Hauptquartiers, das zuvor im französischen Reims gelegen hatte. Das US-»Headquarter« wurde im IG-Farben-Haus eingerichtet, das die US-amerikanischen Truppen schon frühzeitig dafür bestimmt hatten. Das großzügige Verwaltungsgebäude hatten sie bei ihren Luftangriffen auf die Stadt bewusst ausgespart. Das Gebiet um das IG-Farben-Haus wurde nun weiträumig zur Sperrzone erklärt, einschließlich des benachbarten Grüneburgparks und des Palmengartens. Für Verwaltungs- und Wohnzwecke beschlagnahmten die Amerikaner weitere Hallen, Industrieanlagen, Büros, Schulen, Hotels und Wohnungen. In der Anfangsphase der Besatzung wurden Bewegungsfreiheit und Kommunikationsmöglichkeiten der Bevölkerung stark eingeschränkt. Telefon und Post waren gesperrt, bis Ende März 1946 bestand eine nächtliche Ausgangssperre von 19 Uhr bis 7 Uhr.[11]

Die Überlebenden der Fliegerangriffe standen nun großteils buchstäblich vor den Scherben ihrer Existenz. Ein Zehntel der Stadtbewohner war nach Verlust von Hab und Gut von der Fürsorge abhängig. Sammelunterkünfte und öffentliche Essensausgabe sollten ihre Not lindern helfen. Doch in der allgemeinen Notlage war das nicht leicht möglich. Strom- und Gasversorgung waren zusammengebrochen, es fehlte an Kohle, Trinkwasser und Nahrungsmitteln. Bei der Lebensmittelrationierung war nur eine Zuteilung von 1.220 Kalorien pro Tag und Person möglich, während 1.600 Kalorien eigentlich als Minimum zum Überleben veranschlagt wurden. 1947 mussten die Deutschen wegen schlechter Ernte sogar mit nur 950 Kalorien am Tag auskommen. Die Bevölkerung ernährte sich notdürftig von trockenem Brot und Ersatzkaffee. In öffentlichen Parks und noch auf dem kleinsten Grundstück wurde Gemüse angebaut, der Schwarzmarkt florierte.

Behörden, Geschäfte, Banken und Arztpraxen nahmen nach Ende der Kampfhandlungen ihren Betrieb allmählich wieder auf. Häufig war dies nur in provisorischen Notunterkünften möglich. Die Hirsch-Apotheke war bis auf Weiteres behelfsmäßig zwei Häuser von der ursprünglichen Adresse entfernt in dem Gebäude Zeil 115 als Untermieterin der Firma Stamm & Bassermann untergebracht.[12]

Die dringendste Aufgabe sah die Stadtverwaltung neben einer Wiederherstellung der Infrastruktur in der Beseitigung der Trümmer, im Wohnungsbau und in einem nächsten Schritt in der Wirtschaftsförderung. Der Wiederaufbau forderte die größten Anstrengungen, doch es ging langsam aufwärts.[13]

Vor diesem Hintergrund begann Else Fernau ihre persönliche Situation zu überdenken und das Ende der Herrschaft der Nationalsozialisten als Chance zu begreifen, ihr Leben neu zu ordnen. Von zentraler Bedeutung war für sie dabei der Begriff der Freiheit des Individuums und auf sie selbst bezogen ihre Freiheit und Unabhängigkeit von den Menschen, mit denen sie zusammenlebte. Sie wusste nicht zuletzt aus ihrem Gedankenaustausch mit Hans Roessler, dass sie früher oder später gegenüber ihrer Mutter sowie gegenüber ihren »Zieheltern« Dr. Eduard und Else Fresenius ihre Unabhängigkeit würde reklamieren müssen, um ein eigenes, selbstbestimmtes Leben führen zu können.[14] Hans Roessler gegenüber hatte sie verschiedentlich über die Bevormundung durch die »Obrigkeit«, durch das »Dreigestirn« und die »Altvorderen« geklagt.[15] Ihnen gegenüber musste sie sich nun durchsetzen, auch wenn dies unweigerlich mit Konflikten verbunden war. »Kurze Rückkehr nach Schmitten mit heftiger Auseinandersetzung mit Onkel Doktor. Verletzte Eitelkeit hindert ihn, mich zu verstehen und nur Diplomatie und Rückzug meinerseits mit halbem Eingeständnis hindert nochmals den Bruch«[16] notierte sie Ende 1945 in einem Notizbuch, in das sie auch ihre Gedanken zur »Freiheit« eintrug, mit der sie sich nun intensiv auseinandersetzte. »Freiheit«, schrieb sie dort, » – diesen Begriff habe ich wohl vielleicht immer bewusst überschätzt und jetzt bei nachträglicher Beobachtung festgestellt, dass sie für den Gebildeten nur in der Gebundenheit an Etikette und Tradition liegt.«[17] Doch diesen Gedanken von der bedingten Freiheit im Rahmen der Konvention verwarf sie bald wieder und erklärte Freiheit und Unabhängigkeit von gesellschaftlichen Übereinkünften zu ihrem höchsten Ziel.[18]

Ihre Gedanken zur persönlichen Freiheit entwickelte sie in der Auseinandersetzung mit der Frage nach der Stellung der Frau in der Gesellschaft. Sie nahm dabei besonders das Verhältnis zwischen Frau und Mann in der Ehe in den Blick. In dieser kleinsten gesellschaftlichen Einheit waren für sie die rollenbedingten Grenzen der persönlichen Freiheit am deutlichsten auszumachen. Ihre Überlegungen brachte sie in eine kleine literarische Skizze ein, in der eine Frau am Sterbebett ihres Mannes sitzt und über ihrer beider Leben nachdenkt. Diesen Entwurf zu einer Erzählung hat sie »Gerechtigkeit des Lebens? Besser: Rätsel der Menschenseele« überschrieben: »War dies wirklich ein Toter der vor ihr lag? Langsam begann ihr Gehirn zu arbeiten. Jahrelang hatte sie mit diesem Manne zusammengelebt. … Voller Vertrauen hatte sie in die Zukunft gesehen. Voller Stolz hatte sie auf ihn geblickt, gewillt, Freud und Leid mit ihm zu tragen. War sie immer gewillt gewesen ihm mehr zu geben, mehr als sich selbst. Das Gesicht der Frau verlor etwas die Starre, die bis dahin noch nicht gewichen war. – Es war anders gekommen. Wilfried, ihr Gatte, hatte Gefallen an mancherlei gefunden, dem sie kein Verständnis abzuringen verstand. Zwei Charaktere, die anstatt sich (mit)einander einzuspielen, immer mehr und mehr entfremdeten. Zuerst war die Kluft nicht spürbar, ein freundliches Wort konnte immer wieder die Brücke schlagen.

[oben] Das Kaufhaus Wronker auf der Frankfurter Zeil gehörte zu den großen und bekannten Warenhäusern in Deutschland. Seine Blütezeit ging jedoch zu Ende, als das Unternehmen nach der Machtübernahme durch die Nationalsozialisten »arisiert« wurde. Die Hirsch-Apotheke fand hier zeitweise eine Unterkunft, nachdem sie im Zweiten Weltkrieg zerstört worden war.

[Mitte und unten] Nach der Beseitigung der Trümmer wurden auf der Südseite der Zeil provisorisch und meist nur ebenerdig Verkaufsräume eingerichtet. Rechts im unteren Bild die Hirsch-Apotheke.

[linke Seite] *Die Betriebsstätte der Fresenius KG am Gluckensteinweg 5 in Bad Homburg 1955.*

[oben] *Nach dem Krieg änderte sich das Stadtbild von Frankfurt grundlegend. Rund um die Hauptwache waren während des Wiederaufbaus die Straßen für den zunehmenden Verkehr verbreitert, moderne Geschäftshäuser und ein großes Parkhaus gebaut worden.*

[oben] 1955 wurde am Gluckensteinweg 5 ein Neubau errichtet, um erweiterten Raum für die Großproduktion von Infusionslösungen zu schaffen.

[rechte Seite] Else Fernau beim Richtfest des neuen Gebäudes am Gluckensteinweg 5.

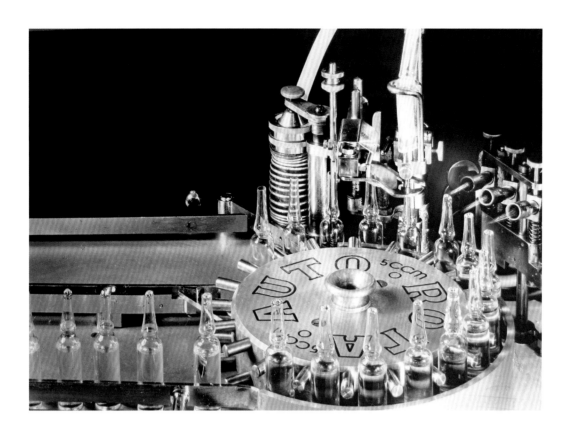

[oben] *Maschine für die Abfüllung von Glasampullen bei Fresenius in den 1950er Jahren.*

[rechte Seite] *Das Infusions-Programm von Fresenius Ende der 1950er Jahre. Es bestand unter anderem aus Traubenzucker- und Aminosäurelösungen und dem altbewährten Ampuwa.*

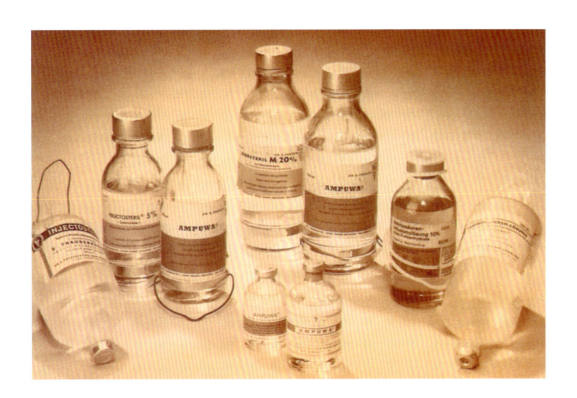

Im Namen
der Bayerischen Staatsregierung

Nachdem ~~der~~ die Kandidat~~in~~ der Pharmazie Else Elisabeth F e r n a u

geboren am   15.Mai   1925 in Frankfurt a.Main

die pharmazeutische Prüfung am   20.November   1950   vor dem

Prüfungsausschuß in   E r l a n g e n   mit dem Urteil

        " g u t "   bestanden und die Bestimmungen des § 46 der

Prüfungsordnung für Apotheker mit dem   1.Januar 1952

erfüllt hat, wird ~~ihm~~ ihr hierdurch mit der Geltung vom letztbezeichneten Tage gemäß

§ 2 der Reichsapothekerordnung die

Bestallung als Apotheker

für das Gebiet des Deutschen Reichs erteilt.

München, den   10.Mai 1952.

Bayerisches Staatsministerium des Innern

Im Auftrag

(Hopfner)

Bestallung
als Apotheker
für

Else Elisabeth Fernau.

Verwaltungsgebühr: 25.- DM.

Nr. ℣/29

Nachdem Else Fernau ihre pharmazeutische Prüfung in
Erlangen mit dem Urteil »gut« bestanden und danach
als Assistentin in der Hirsch-Apotheke gearbeitet hatte,
erhielt sie 1952 ihre Bestallung als Apothekerin.

– War es ihre Schuld, dass sie auf die Dauer dies Leben nicht mehr ertrug, dass [sie] ihre Person in den Schatten eines anderen stellte, [der] ihr ständig einen Willen aufoktroyierte ohne Berücksichtigung ihrer Person? War es Schicksal, das unaufhaltsam heran rollte? – Das Verhältnis zwischen ihr und Wilfried verschlechterte sich von Tag zu Tag. Aus Nichtverstehen wurde Interessenlosigkeit, die aufgrund des Aneinandergekettetseins in Hass und Feindschaft umschlug. So war das Leben eine Qual gewesen. Nicht für ihn, der als Mann Ausgleich im Beruf gefunden hatte, für das was ihm die Ehe vorenthielt. Für sie jedoch war es die Zerstörung ihres Selbst gewesen. Ihres Selbst, das sich nach Liebe, Mitteilsamkeit sehnte und darin seine Erfüllung wusste. ›Freiheit!‹ hatte es in ihr geschrien. ›Freiheit um jeden Preis‹, und sie hatte in der letzten Konsequenz zurückgescheut. War es das Band der ersten jungen Liebe, das immer noch Erinnerung weckte eines Wunschtraumes oder war es vielmehr das Traditionelle, das ihr den Gatten angelobt am Traualtar? So war ihr Leben dahingegangen und sie mit ihm.«[19]

Else Fernau erkannte die Freiheit des Mannes sowie die Unfreiheit und Abhängigkeit der Frau in traditionellen Beziehungen wie dieser. Und sie wusste, dass sie ein derartiges Leben nicht führen wollte. Sie wollte sich nicht in ein Rollenschema fügen, in dem sich der Mann nach Belieben entwickeln konnte, während der Frau nichts weiter blieb, als sich ihm unterzuordnen und auf die Entfaltung ihrer eigenen Persönlichkeit zu verzichten. Else Fernau war bereit, sich über die gesellschaftlichen Konventionen hinwegzusetzen. Sie wollte selbstbestimmt handeln und sich von keinem Mann sagen lassen, was sie zu tun oder zu lassen hatte. Sie sollte schon bald die Gelegenheit bekommen, ihre Durchsetzungsfähigkeit zu beweisen.

DAS ERBE DES DR. FRESENIUS

Als Else Fernau im Frühjahr 1944 ihre Arbeit in der Hirsch-Apotheke aufnahm, hatte sich Eduard Fresenius aus dem Tagesgeschäft der Arzneimittelhandlung bereits zurückgezogen. Die Hirsch-Apotheke leitete der Apotheker Werner Römer, der sich nach der Zerstörung der Geschäftsräume auf der Zeil um das provisorische Ladenlokal im Haus Zeil 115 kümmerte. Die Umsätze der Apotheke machten im Geschäftsjahr nach der Zerstörung zwar weniger als ein Drittel der Umsätze von vor 1944 aus, aber Werner Römer gab sich optimistisch.[20] Die zentrale Lage und der gute Ruf der Apotheke garantierten kontinuierliche Einnahmen. Nur der pharmazeutische Großhandel, der der Hirsch-Apotheke weiterhin angegliedert war, kam mit Kriegsende zum Erliegen, weil zum großen Teil staatliche Einrichtungen und NS-Parteiorganisationen mit Medikamenten beliefert worden waren.[21]

Dr. Fresenius konzentrierte sich ganz auf die Leitung seines chemisch-pharmazeutischen Betriebs in Bad Homburg. Bis zur Kapitulation war das Unternehmen aufgrund von Aufträgen der Wehrmacht gut ausgelastet. Da dieser Großabnehmer nach dem 8. Mai 1945 wegfiel, stellte sich für Dr. Fresenius die Frage, wie es weitergehen sollte. Zwar durfte Fresenius schon am 1. Juli 1945 die Produktion aufgrund einer vorläufigen Genehmigung der Militärregierung wieder aufnehmen,[22] doch führte nun der Mangel an Rohstoffen, Gas und Kohle dazu, dass nur mit einer Kapazität von 35 bis 40 Prozent gearbeitet werden konnte. Im Dezember war die Verknappung dann bereits so groß, dass die Produktion für vier Wochen ganz stillgelegt werden musste.[23] Die Mitarbeiterzahl, die vor 1945 bei 250 gelegen hatte, musste jetzt auf 40 reduziert werden und weitere Entlassungen waren nicht ausgeschlossen.[24] Dr. Fresenius tröstete sich mit dem Gedanken, dass das Unternehmen wenigstens nicht zerstört worden war. Die Geschäftsführung war allerdings durch den unglücklichen Verlust der Unterlagen der Geschäftsleitung stark behindert. Wie es dazu kam, schilderte Dr. Eduard Fresenius nach dem Krieg in einer eidesstattlichen Erklärung zur Vorlage bei offiziellen Stellen der amerikanischen Militärbehörde: »Anlässlich der laufenden Terrorangriffe auf Bad Homburg während des letzten Halbjahres vor der Invasion habe ich mit Einwilligung des Landratsamts eine Ausweichstelle für mein wertvollstes Hab und Gut (Maschinen, Chemikalien und wichtige Akten) in Arnoldshain i. Ts. eingerichtet. Bei der Invasion und den kriegerischen Ereignissen im hinteren Taunus wurde auch dieses Ausweichlager teilweise geplündert und teilweise zerstört. Hierbei ist auch der grösste Teil meiner ausgelagerten Akten zerstört worden oder verschwunden.«[25] Dr. Fresenius' Bilanzbuchhalter Friedrich Schmidt und die Buchhalterin Frau Roschke[26] konnten wenigstens die Nachweise der erfolgten Bestellungen und Warenlieferungen notdürftig aus der Buchhaltung erbringen, weil sie Kopien der Rechnungen angefertigt hatten.[27]

Else Fernau, die bei Dr. Fresenius im Gluckensteinweg in Bad Homburg wohnte und täglich nach Frankfurt in die Hirsch-Apotheke fuhr, kümmerte sich zusammen mit der Fresenius-Mitarbeiterin Emilie Scheele um ihren »Onkel Doktor«, der nun häufig sehr niedergeschlagen war.[28] Seine Frau war am 19. September 1944 bei ihm im Gluckensteinweg gestorben und er selbst fühlte nun die Last des Alters. Sein 70. Geburtstag am 17. November 1944, an dem viele Menschen an ihn gedacht und ihn mit Glückwünschen überhäuft hatten, hellte seine Stimmung auf, aber er wusste, dass er sich nun um die Regelung seiner Erbangelegenheiten kümmern musste.[29]

Als Dr. Eduard Fresenius am 12. November 1945 sein Testament verfasste, orientierte er sich an dem Vermächtnis seiner Frau. Else Fresenius hatte, weil ihre Ehe kinderlos geblieben war, in ihrem Testament neben ihm als Universalerben Therese Fernau speziell bedacht.[30] Weil ihr Mann »pekuniär sehr gut gestellt« sei, schrieb sie darin, sollten ihrer »treuen Therese Fernau ... für ihre Aufopferung und weil sie allein steht« ihre Effekten in Höhe von 17.000–20.000 Mark aus einem Depot der Deutschen Bank in Frankfurt am Main ausgehändigt werden und außerdem das Konto, das sie für Therese angelegt und bespart hatte. Darüber hinaus sollte Therese Fernau ihren gesamten Schmuck, Kleider, Pelze, Wäsche, Möbel und Silber erhalten. Sie äußerte zudem den Wunsch, dass sich ihr Mann, Therese und »das Kind [Else Fernau] … im Leben hilfreich beistehn« würden. 19 Anteile an der Fabrikation in Bad Homburg sollten sofort auf Therese Fernau übergehen, die mit ihr 25 Jahre lang »Freud und Leid geteilt« und ihr »das Familienleben ersetzt« hatte. Zudem hat Else Fresenius in ihrem Testament hervorgehoben, dass ihr das »soziale Emporstreben« ihres Patenkindes Else Fernau besonders am Herzen gelegen hatte. Das Erbe sollte daher zunächst Therese Fernau den Lebensabend sichern und auf weitere Sicht Else Fernau »einen Hintergrund bieten«.[31]

Dr. Fresenius traf in seinem Testament vom 12. November 1945 eine ähnliche Verfügung, nur dass er auch seine bis zuletzt enge Mitarbeiterin Emilie Scheele als Erbin einsetzte. Er bestimmte Therese Fernau und Else Fernau zu je einem Viertel und Fräulein Emilie Scheele zur Hälfte zu Erben seines gesamten Vermögens. Zudem verfügte er, dass die drei Frauen »in Eintracht gemeinsam leben und wirtschaften« sollten. Er wünschte sich, dass seine Unternehmen, die Hirsch-Apotheke und die Fabrikation in Bad Homburg, für die Zukunft erhalten würden, damit durch sie die drei Frauen, die er so schätzte, allezeit versorgt sein würden. Vor allem die finanzielle Absicherung seiner Pflegetochter Else lag ihm am Herzen. Seine gesetzlichen Erben, also die Ehefrau, Kinder und Kindeskinder seines verstorbenen Bruders Ferdinand, schloss er ausdrücklich aus einer Erbschaft aus, da ihm dieser sein »ganzes Leben hindurch nur größte Schwierigkeiten im Rahmen des unglückseligen Testaments« seines Vaters gemacht hatte.[32] Als Dr. Eduard Fresenius drei Monate später, am 10. Februar 1946, im Alter von 71 Jahren an einer Herzerkrankung starb, war sein Erbe geregelt.[33]

Um sich einen Überblick über das Erbe zu verschaffen, beauftragte die »Erbengemeinschaft Dr. Eduard Fresenius« die »Treuverkehr Süddeutschland« mit dem Erstellen eines entsprechenden Berichts.[34] Aufgrund der Erbregelungen und steuerlichen Erfordernisse nach dem Tod des Alleingesellschafters Dr. Eduard Fresenius war es zudem notwendig, das Geschäftsjahr 1946 für die Cepi in zwei Rumpfgeschäftsjahre zu unterteilen und für diese jeweils eine Bilanz zu erstellen: Vom 1. Januar bis zum Todestag von Dr. Eduard Fresenius am 10. Februar und vom 11. Februar bis zum 31. Dezember 1946.[35] Auch diese Aufgabe übernahm die »Treuverkehr Süddeutschland«.

Wie die Erbengemeinschaft dem Bericht der »Treuverkehr« entnehmen konnte, hinterließ Dr. Fresenius an Immobilien die Grundstücke Gluckensteinweg 5 in Bad Homburg – also das Betriebsgelände der »Dr. Fresenius Chemisch-pharmazeutische Industrie KG« mit einem Verwaltungsgebäude, Baracken und Behelfsbauten – und den Gluckensteinweg 18, einen 958 Quadratmeter großen Garten, auf dem es eine Heilpflanzenzucht gab. Dazu kam außerdem das große parkartige Grundstück in Schmitten mit dem Jagdhaus.[36]

Für das Unternehmen hatte Dr. Fresenius ein Darlehen in Höhe von 50.000 RM aufgenommen. Darlehensgeber waren Wolfgang Müller-Herget aus Bad Homburg und Dr. Adolf Wildberger aus Frankfurt am Main mit jeweils 25.000 RM.[37] Die Zahl der festen Angestellten belief sich 1946 auf 12.[38]

Das Unternehmen war Mitglied in der Vereinigung der Pharmazeutischen Industrie, in der Berufsgenossenschaft der Chemischen Industrie, in der Arbeitsgemeinschaft für Heilpflanzen-Anbau und in der Handelskammer.[39] Ebenfalls als juristische Person war es Lizenznehmer von verschiedenen Wissenschaftlern,[40] etwa von Prof. Hirsch für das Produkt »Glandosane«, von Dr. Pampé für ein Diätsalz, von Prof. von Noorden für die nach ihm benannte Hautnährsalbe, von Prof. Sachs für serologische Extrakte, von Dr. Meng für Olsan-Oel, von Dr. Schrader für »Nigraphan« und von Prof. Hamburger für Perkutan-Tuberkulin.

Der Gesamtwert des Nachlasses von Dr. Eduard Fresenius aus der Kommandit-Gesellschaft einschließlich der Vorerbschaft belief sich ohne Immobilien nach der Aufstellung des Treuhand-Unternehmens auf 84.067,28 RM.[41]

Die Verhältnisse in der Hirsch-Apotheke, die mitsamt den Grundstücken Zeil III und Holzgraben 16 auf die Erbengemeinschaft übertragen wurde,[42] waren komplizierter. Die Apotheke war mit mehreren Hypotheken in einer Gesamthöhe von 340.000 RM belastet; außerdem hatte Dr. Fresenius von seinem Geschäftsfreund Max Donner ein Darlehen über 170.000 RM erhalten. Hypotheken und Darlehen mussten bedient werden, sodass von dem Gewinn, den die Apotheke abwarf und von dem auch die Gehälter bestritten werden mussten, kaum etwas übrig blieb. Außerdem belief sich der Gebäudeschaden, den der Frankfurter Wirtschaftsberater Proescholdt errechnet hatte auf 315.000 RM.[43] Zusammen mit Waren- und Einrichtungsverlust war der Kriegsschaden an der Apotheke mit 523.000 RM anzusetzen.[44]

Den Aufstellungen der »Treuhand« konnten Emilie Scheele, Therese und Else Fernau also entnehmen, dass mit dem Erbe von Dr. Fresenius viel Arbeit auf sie zukam. Sie sahen, dass gehandelt werden musste, wollten aber auch nichts übereilen. Daher beließen sie zunächst sowohl im Bad

Homburger Betrieb als auch in der Hirsch-Apotheke personell alles beim Alten. Die Leitung der »Dr. Eduard Fresenius chemisch-pharmazeutischen Industrie KG« lag bei dem Kaufmann Wilhelm Mellinghoff und die Apotheke führte wie bisher der Apotheker Werner Römer. Die Erbengemeinschaft Dr. Fresenius hielt sich zunächst noch im Hintergrund.

STUDIUM

Trotz der anstehenden Arbeiten in Frankfurt und Bad Homburg kam Else Fernau mit ihrer Mutter und Fräulein Scheele überein, dass sie zunächst ihre Berufsausbildung abschloss, also die Ausbildung zur Apothekerin fortsetzte und dann das Studium der Pharmazie aufnahm. Nach dem vorgeschriebenen zweijährigen Praktikum meldete sich Else Fernau daher im Herbst 1946 zum pharmazeutischen Vorexamen an, das sie am 13. September 1946 in Wiesbaden mit der Note »sehr gut« abschloss.[45] Damit erwarb sie die Zulassungsberechtigung für das Pharmaziestudium, das sie im Wintersemester 1946/1947 aufnehmen wollte.

Unter den gegebenen Umständen bot es sich für Else Fernau an, in Frankfurt zu studieren, denn sie wollte in der Hirsch-Apotheke mithelfen, so gut es nur ging. Doch die Lage der Pharmazie an der Frankfurter Universität war schlecht. Wie an den meisten deutschen Universitäten war an der Johann Wolfgang Goethe-Universität im Zweiten Weltkrieg der Lehrbetrieb in der Pharmazie unterbrochen worden. Es fehlten Dozenten und Lehrmittel, und das Gebäude, in dem sich das pharmazeutische Institut befand, war bei den Bombenangriffen der Alliierten zerstört worden. Der Lehrbetrieb war daher erst im Februar 1946 wieder aufgenommen worden, allerdings nur notdürftig: Es waren 122 Studenten im Fach Pharmazie eingeschrieben, denen jedoch nur 70 Arbeitsplätze zur Verfügung standen. Außerdem war die Professur für Pharmazie vakant, da der letzte Amtsinhaber Mitglied der NSDAP gewesen und daher entlassen worden war. Das pharmazeutische Institut stand unter der kommissarischen Leitung des Physikers Max Sedding.[46] Angesichts dieser Umstände war eine Bewerbung um einen der Studienplätze fast aussichtslos, aber Else Fernau reichte trotzdem ihre Unterlagen ein. Eine Zulassung erhielt sie nicht und musste sich daher umorientieren. Sie beschloss, sich an der nächstgelegenen Universität in Mainz zu bewerben.

Die Johannes-Gutenberg-Universität war dort erst kurz zuvor auf Betreiben der in Mainz zuständigen französischen Besatzungsmacht gegründet worden. Zwar hatte der Mainzer Erzbischof, Kurfürst und Erzkanzler der Deutschen Nation Diether von Isenburg bereits 1477 eine Universität in der Domstadt eröffnet, doch war in Folge der Wirren und Kriegshandlungen nach der Französischen Revolution Anfang des 19. Jahrhunderts der Lehrbetrieb eingestellt worden. Nach Willen der französischen Besatzungsmacht sollte nun an die alte Universitätstradition in Mainz wieder angeknüpft werden. Die ersten Lehrveranstaltungen fanden mit Beginn des Sommersemesters 1946 statt. Die Universität war in einer nur notdürftig eingerichteten ehemaligen Flak-Kaserne untergebracht. Die Ausstattung der Hochschule war zwar unzureichend und die Lernmittel sowie wissenschaftliche Literatur konnten erst schrittweise angeschafft werden, aber die Nachfrage nach Studienplätzen war groß. Im ersten Semester, dem Sommersemester 1946, waren über 2.000 Studentinnen und Studenten immatrikuliert, im Wintersemester 1946/47 waren es dann schon mehr als doppelt so viele: rund 4.500. Um sich Studiengebühren, Unterkunft und Verpflegung leisten zu können, mussten sich viele Studierende eine Nebenbeschäftigung suchen. Für Else Fernau entfielen die Aufwendungen für eine Unterkunft. Dafür musste sie die Fahrtkosten für ihr Pendeln zwischen Bad Homburg beziehungsweise Frankfurt und Mainz aufbringen. Die Fahrtkosten verdiente sie in der Hirsch-Apotheke. Und sie arbeitete auch in Mainz, allerdings ohne Gehalt: Wie alle Studenten war sie im Semester zu 150 Arbeitsstunden verpflichtet, in denen sie und ihre Kommilitoninnen und Kommilitonen beim Aufbau der Universität, bei Garten- und Putzarbeiten, in Mensa und Bibliothek aushelfen sollten.

Die Naturwissenschaftliche Fakultät – und mit ihr das Institut für Pharmazie – wurde im Wintersemester 1946/47 eröffnet. Den Lehrstuhl für Pharmazie hatte Prof. Dr. Hans Rochelmeyer inne, der noch viel Aufbauarbeit leisten musste, denn die Laboratorien, Übungsräume sowie die pharmazeutische Abteilung der Universitätsbibliothek waren nur dürftig ausgestattet. Die Raumsituation war – wie generell an der Universität – schlecht. Die Vorlesungen fanden im gemeinsamen Auditorium aller naturwissenschaftlichen Fächer statt.[47]

Nach einer förmlichen Bewerbung wurde Else Fernau am 4. November 1946 gegen eine Gebühr von 30 Reichsmark an der Universität Mainz aufgenommen.[48] Else Fernau nahm sich sogleich viel vor und startete im ersten Fachsemester mit einem umfangreichen Programm. Neben den obligatorischen Einführungsveranstaltungen in die Pharmakologie, Chemie und Physik belegte sie gleich mehrere Vorlesungen zur Betriebswirtschaftslehre.[49] Damit war ihr erstes Semester von den Inhalten und vom zeitlichen Aufwand her sehr anspruchsvoll. Es umfasste 37 Wochenstunden. In ein Notizbuch notierte sie dazu: »Studentin – bis jetzt nach den Gedanken; erstes Semester wird von mir 1–2 mal in der Woche besucht und muss halt aufgeholt werden. Wie ich das mache, ist noch nicht genau festgelegt. Im Übrigen möchte ich oder soll ich in der Hirsch-Apotheke weiterarbeiten, um das Ganze unter einer gewissen Kontrolle zu halten.«[50] Doch bei aller Unsicherheit, wie sie mit der Doppelbelastung zurecht kommen würde, gelang es ihr am Ende, die Arbeit in der Apotheke und das Studium miteinander zu verbinden.[51] Im ersten Semester hatte sie die betriebswirtschaftlichen Veranstaltungen hinter sich gebracht und belegte im zweiten Fachsemester, dem Sommersemester 1947, nur noch pharmakologische Veranstaltungen mit insgesamt 26 Semesterwochenstunden. Wie schon im Semester zuvor besuchte sie vor allem Lehrveranstaltungen von Prof. Rochelmeyer, dem Ordinarius für Pharmazie, über »Pharmazeutische Chemie«, »Sterilisation«, und »Physiologische Chemie«, sowie seine Einführungen in die »Grundprobleme der pharmazeutischen Chemie« und in die Elektronentheorie.[52] Außerdem standen Vorlesungen zur analytischen Chemie, Experimentalphysik, Pharmakognosie, organischen Chemie und zur Farbstoffchemie auf ihrem Semesterprogramm. Darüber hinaus besuchte sie ein »mikroskopisches Praktikum für Anfänger«.[53] Neben diesem Praktikum hat Else Fernau in Mainz nur eine weitere Praxis-Veranstaltung besucht: »Pharmakognosie mit mikroskopischen Übungen«. Mehr war ihr auch nicht möglich, weil die Pharmazie an der Universität über keine größeren Arbeitsplatzkapazitäten verfügte. Da Else Fernau ihr Studium aber möglichst rasch hinter sich bringen wollte, diese Praktika benötigte und nicht warten wollte, bis sich die Lage besserte, sah sie sich nach anderen Studienmöglichkeiten um.

Viele Alternativen gab es nicht, denn nur wenige deutsche Universitätsstädte waren im Krieg von Zerstörungen weitgehend verschont geblieben und hatten entsprechend intakte pharmazeutische Institute wie zum Beispiel Göttingen, Heidelberg, Marburg, Tübingen und Erlangen. Auf Vermittlung eines Professors erhielt Else Fernau schließlich einen Studienplatz an der Friedrich-Alexander-Universität in Erlangen, was keineswegs einfach war.[54] Nachdem die amerikanische Militärregierung die Universität vorübergehend geschlossen und die gesamte Professoren- und Dozentenschaft auf ihre politische Vergangenheit hin überprüft hatte, hatte die Universität bereits im Wintersemester 1945/46 ihren Lehrbetrieb wieder aufnehmen können und einen Ansturm von Studenten erlebt. 1947 zählte sie 5.000 Immatrikulierte, ein Jahr später rund 5.600 – etwa ein Viertel davon Frauen –, wobei die Universität nur für maximal 3.000 Studierende ausgelegt war.

So viele Studenten konnten in der Stadt nicht ohne weiteres untergebracht werden. Denn obwohl es in Erlangen kaum Kriegszerstörungen gab, herrschte durch zahlreiche Flüchtlinge akute Wohnungsnot. Entsprechend schwierig gestaltete sich für Else Fernau die Suche nach einer Unterkunft. Für die Studierenden waren Notbaracken errichtet und Notunterkünfte in Gasthöfen eingerichtet worden. Vereinzelt gab es auch Privatzimmer, in denen Studentinnen und Studenten zur Untermiete wohnen konnten. Doch Else Fernau kam schließlich anderweitig unter: »Ich wohne nach langem Hin + Her in der Klinik im sog. Drachennest bei Schwester Frieda mit Frl. Bürger beisammen. Sie ist ein sehr liebes, feines Mädchen«[55], notierte sie im September 1947 in ihrem Notizbuch.

Else Fernau schrieb sich zum Wintersemester 1947/48 an der Friedrich-Alexander-Universität für das Fach Pharmazie ein.[56] Gegen eine Aufnahmegebühr von 33 RM wurde sie am 15. September 1947 an der Universität Erlangen immatrikuliert.[57] In Erlangen besuchte sie wie in Mainz zunächst Überblicksvorlesungen von der »Pharmazeutischen Chemie« und der »Geschichte der Pharmazie« über »spezielle organische Chemie«, »Galenische Pharmazie« bis hin zu »Ausgewählten Kapiteln der pharmazeutischen Chemie«.[58] Darüber hinaus belegte sie noch einmal Veranstaltungen zur Gesetzeskunde und Betriebskunde.[59] Erst in den folgenden Fachsemestern besuchte sie praktische Lehrveranstaltungen wie »Theoretische und praktische Einführung in die Bakteriologie«, »Untersuchung von Drogen und Drogenpulver«, ganztägige »analytisch-chemische Übungen für Pharmazeuten«, »Übungen im Pflanzenbestimmen« und immer wieder »pharmazeutisch-chemische Übungen«.[60] Die Ergebnisse der Analysen und der Übungen im chemischen Laboratorium der Universität Erlagen trug sie sorgfältig in die dafür vorgesehenen Hefte ein,[61] wo sie dann von den Leitern der Lehrveranstaltungen bewertet wurden. Diese praktischen Arbeiten fielen ihr anfangs schwer. »Ab und zu packen mich meine alten Minderwertigkeitskomplexe, besonders bei meinen Analysen«, schrieb sie. »Die Wissenschaft will erobert sein.«[62] Doch mit der Zeit stellte sich bei ihr Routine ein.[63]

Trotz des erheblichen Pensums, das sie sich auferlegt hatte, um das Studium möglichst rasch abzuschließen, engagierte sich Else Fernau in der Studentenvertretung. Im »Allgemeinen Studenten-Ausschuss« (AStA) war sie »Vertreterin im Stipendien-Ausschuss der Fakultät und im Grossen Senat« der Universität Erlangen und damit berechtigt, für die Studenten-Vertretung an der Universität Verhandlungen zu führen.[64] Daneben fand sie noch Zeit, sich am studentischen Leben zu beteiligen, ging mit Kommilitoninnen und Kommilitonen aus und besuchte auch wieder die eine oder andere Konzertveranstaltung oder Opernaufführung und ging ins Kino.[65]

Für diese Unternehmungen eine männliche Begleitung zu finden, fiel ihr nicht schwer. Mehrere ihrer Kommilitonen bemühten sich um sie, aber sie selbst war sich nicht darüber im Klaren, was sie eigentlich wollte. »Sehnsucht nach Liebe oder nach dem Mann überhaupt. Dann wieder strenge Berufsabsichten. Man ist sich selber ein Rätsel«, schrieb sie,[66] um dann zur Erkenntnis zu kommen: »Einsam bleiben und doch andern etwas bedeuten, das ist die Kunst des Lebens!!«[67]

Nach sechs Semestern verließ Else Fernau die Friedrich-Alexander-Universität: Am 16. Juni 1950 wurde sie nach bestandener Prüfung offiziell exmatrikuliert.[68] Die danach noch erforderliche pharmazeutische Prüfung bestand sie am 20. November 1950 mit der Note »gut«.[69] Daraufhin trat sie mit Beginn des neuen Jahres als examinierte Assistentin in die Frankfurter Hirsch-Apotheke ein.[70] Ein weiteres Jahr später hatte sie ihre Ausbildung endgültig abgeschlossen: Am 10. Mai 1952 erhielt sie die Bestallung als Apothekerin vom Bayerischen Staatsministerium des Innern, weil sie zuletzt in Bayern studiert hatte.[71]

AUFBAUARBEIT IN »APO« UND »CEPI«

Als Else Fernau im Herbst 1950 wieder nach Frankfurt kam, wartete viel Arbeit auf sie. Wie mit Emilie Scheele und ihrer Mutter abgesprochen, sollte sie sich nun sowohl um die Apotheke als auch um das Bad Homburger Unternehmen kümmern. In der Apotheke hatte sich inzwischen ein Wechsel in der Leitung ergeben. 1948 war Werner Römer ausgeschieden, auf den im Juni des Jahres der aus dem badischen Bühlertal stammende Apotheker Ernst Heimes als Pächter gefolgt war. Heimes hatte sich sogleich mit großem Elan an seine neue Aufgabe gemacht und vor allem die Buchführung und das Kassenwesen in der Apotheke neu strukturiert. Für die Bücher war seine Mitarbeiterin Frau Ciecorra zuständig. Sie kümmerte sich auch um die Registrierkasse, die 1949 angeschafft wurde. Ernst Heimes wollte die Hirsch-Apotheke so profitabel wie nur möglich machen. Daher drang er gegenüber der Erbengemeinschaft bei jeder Gelegenheit darauf, dass das Ladengeschäft wieder an den alten Standort in die Zeil III verlegt wurde. Er empfand nicht nur die Miete von monatlich 660 RM für das provisorische Ladenlokal als zu hoch, sondern sah die Geschäftsräume zudem aufgrund einer zu kleinen Schaufensterfläche als äußerst ungünstig an.[72] Seiner Meinung nach versprach selbst ein nur behelfsmäßiger Wiederaufbau der Hirsch-Apotheke auf dem Grundstück der Dr. Fresenius Erbengemeinschaft eine erhebliche Umsatzsteigerung gegenüber dem Status quo, zumal es auf der Zeil als einer ausgesprochenen Laufstraße darauf ankomme, den Kunden über die Schaufenstergestaltung anzusprechen.[73] Es war dann auch Else Fernaus wichtigste Aufgabe, sich um die Baumaßnahmen zu kümmern. Wie die »Erbengemeinschaft Dr. Fresenius« Ende März 1952 beschloss, erhielt »Frl. Else Fernau die Vollmacht«, die Erbengemeinschaft »in allen Angelegenheiten, welche die Hirsch-Apotheke in Frankfurt a/M betreffen, einschliesslich des Apotheken-Privilegs und des Grundstücks Frankfurt a/M, Zeil III, insbesonders auch Gerichten, Behörden und Berufsvertretungen gegenüber« zu vertreten.[74] Else Fernau nahm sogleich die Verhandlungen mit

Behörden und Banken auf, wobei es zunächst nur um die Errichtung eines weiteren Provisoriums auf dem Grundstück Zeil III ging, das dem Apotheker Heimes aber schon etwas mehr entgegen kam als das Ladenlokal zwei Häuser entfernt.

Wegen des weiteren Aufbaus trat Else Fernau an verschiedene Banken heran, auch wenn sie sich noch nicht sicher war, wie sie die Baumaßnahmen realisieren wollte – ob über Selbstaufbau oder Verkauf des Grundstücks und damit Aufbau von fremder Hand.[75] Sie hoffte zunächst auf einen Fremdaufbau, zumal es zwei ernsthafte Interessenten gab, von denen der eine ein Kaufhaus errichten wollte und der andere als Privatmann eine Kapitalanlage suchte.[76] Beide sprangen jedoch im letzten Moment ab. Dem einen war die Straßenfront des Grundstücks zu klein, dem anderen gefiel die Auflage nicht, dass die Apotheke 99 Jahre auf dem Grundstück belassen werden sollte. Else Fernau sah sich daher gezwungen, sich wegen einer Bürgschaft an die Stadt zu wenden, um so an das nötige Geld für den Neubau eines Geschäftshauses zu kommen. In weiteren Verhandlungen mit der Stadt gelang es ihr schließlich, über die Bürgschaft hinaus eine gute Ablösesumme für die 64 Quadratmeter zu erzielen, die sie wegen der Verbreiterung der Zeil an die Stadt Frankfurt abtreten musste.[77] Mit diesem Geld konnte sie den Kindern und Erben von Dr. Ferdinand Fresenius die Hypothek vollständig zurückzahlen, die dieser für seinen Bruder Eduard Fresenius bestellt hatte.[78] Noch im selben Jahr nahm Else Fernau im Namen der Erbengemeinschaft für den Wiederaufbau Hypotheken von insgesamt 720.000 DM auf, zu denen 1959 noch einmal 200.000 DM hinzukamen – Hypotheken, die mit über 6 % jährlich bedient werden mussten.[79] Die weitgehende Tilgung gelang bereits Anfang der 1960er Jahre.

Während Else Fernau an der Apotheke seit 1948 nur eine stille Teilhaberschaft hielt,[80] war sie in das Bad Homburger Unternehmen weit stärker involviert. Im August 1948 hatte die Erbengemeinschaft Dr. Fresenius vor dem Notar Dr. Friedrich Lindheimer einen Gesellschaftsvertrag geschlossen, in dem der Kaufmann Wilhelm Mellinghoff aus Frankfurt Kommanditist des Unternehmens wurde.[81] Emilie Scheele, Therese und Else Fernau legten darin fest, »dass das bisherige Gemeinschaftsverhältnis durch einen Gesellschaftsvertrag unter gleichzeitigem Hinzutritt des ... Herrn Wilhelm Mellinghoff, als Kommanditisten zu ersetzen bezw. neu zu regeln« war.[82] Der Kaufmann Wilhelm Mellinghoff stellte dafür eine Kommanditeinlage von 20.000 DM. Der Zweck des Unternehmens wurde wie bisher mit der Herstellung und dem Vertrieb pharmazeutischer und chemischer Erzeugnisse angegeben, sowie mit dem »Handel mit diesen Erzeugnissen; Aufzucht und Verwertung von Heilpflanzen, sowie die Aufzucht von Tieren zur Gewinnung von Stoffen für die Erkennung und Heilung von Krankheiten.«[83]

122

Das Reinvermögen des Unternehmens wurde 1948 – nach der auf den 21. Juni 1948 erstellten Eröffnungsbilanz zur Währungsreform – mit 253.000 DM angegeben, wobei Fräulein Emilie Scheele und Else Fernau persönlich haftende Gesellschafter, also Komplementäre, waren.[84] Die Geschäftsführung übernahmen Emilie Scheele und Wilhelm Mellinghoff. Else Fernau wurde damals aber schon das Recht eingeräumt, die Geschäftsführung zu übernehmen. Wie § 9 des Gesellschaftsvertrages vorsah, war »Fräulein Else Fernau … jederzeit berechtigt, sich der Führung der Geschäfte der Gesellschaft unter den gleichen Bedingungen zu widmen, wie Fräulein Scheele«, wobei Voraussetzung dafür war, dass sie »nicht gleichzeitig die Führung anderer Geschäfte« übernahm.[85] Im Sommer 1948 glaubte allerdings noch keiner der Beteiligten daran, dass Else Fernau schon bald die Geschäftsführung übernehmen würde.

Bereits nach kurzer Zeit erwies sich Wilhelm Mellinghof allerdings als äußerst unzuverlässig. Immer wieder musste er zum Beispiel eigens angewiesen werden, fällige Zinsen an Gläubiger zu zahlen und die Erbengemeinschaft über Vorgänge im Unternehmen rechtzeitig zu informieren. Außerdem zeigte sich, dass er mit der Führung des Unternehmens restlos überfordert war. Der Erbengemeinschaft fiel das allerdings erst sehr spät auf – als das Unternehmen 1952 Verluste von rund 157.000 DM machte.[86] Wilhelm Mellinghoff wurde daraufhin sofort aus der Geschäftsführung entlassen und Else Fernau trat an seine Stelle. Das unrühmliche »Intermezzo des Herrn Mellinghoff«, wie es Else Fernau später nannte, hatte damit ein Ende.[87]

Das Unternehmen erholte sich jedoch nur langsam und schrieb noch einige Zeit rote Zahlen. Für Else Fernau war es eine große Herausforderung, den Betrieb zu konsolidieren, ohne Mitarbeiter entlassen zu müssen. Sie verbrachte täglich gut zwölf Stunden im Unternehmen, um sich mit den Geschäftsabläufen vertraut zu machen und überall, wo es nötig war, auszuhelfen. Die Mitarbeiter dankten es ihr. Sie wussten jetzt: »Das Elschen ist da, es läuft.«[88] Mit der Zeit merkte Else Fernau, dass ihr über ihre fachliche Kompetenz hinaus für die Leitung eines Unternehmens noch betriebswirtschaftliche Kenntnisse fehlten. Sie belegte daher Abendkurse an der Kaufmännischen Privatschule Dr. W. Steinhöfel in der Frankfurter Kaiserstraße.[89]

Zusammen mit ihren Mitarbeitern erreichte Else Fernau allmählich eine Konsolidierung der finanziellen Lage der »Dr. Eduard Fresenius Chemisch-pharmazeutische Industrie KG«. Einen entscheidenden Anteil daran hatte der Apotheker Rudolf Hawickenbrauck, der am 1. Januar 1954 als Betriebsapotheker in das Unternehmen eintrat und die Entwicklung neuer Produkte vorantrieb. Als rechte Hand von Else Fernau arbeitete er die Konzepte für neuartige Infusionslösungen aus und übernahm zeitweise die Leitung der Entwicklungsabteilung. Über 20 Jahre brachte er seine Ideen bei Fresenius ein, bis er Mitte der 1970er Jahre die Nord-Apotheke in Bad Homburg übernahm.[90]

Der Erfolg des Unternehmens gründete aber zugleich auf den Mitarbeitern aus der Produktion wie beispielsweise Friedrich Podzemny, der seit dem 25. November 1946 im Unternehmen tätig war und sich in der Herstellung von Naturheilmitteln wie Nigraphan-Pulver hervorgetan hatte, einem Präparat für die Behandlung von Störungen im Leber-, Galle- und Darmbereich.[91]

Als dritte Mitarbeitergruppe waren die »Außendienstler« von Bedeutung, die Apotheker und Mediziner mit den Fresenius-Produkten vertraut machten, deren Anregungen für die Entwicklung neuer Produkte aufnahmen und diese Hinweise an die Entwicklungsabteilung des Unternehmens weitergaben. Einer dieser Vertreter der ersten Stunde war Friedl Mann, der nach seiner Rückkehr aus der Kriegsgefangenschaft Anfang 1947 zunächst in der Fertigung, dann als Gebietsleiter im Außendienst tätig war.[92]

Das Unternehmen war für Else Fernau buchstäblich leicht überschaubar. Alles spielte sich auf dem Firmengelände im Gluckensteinweg 5 in Bad Homburg ab: Im Hauptgebäude, in dem die Geschäftsführung untergebracht war und das zur Straße hin lag; und in einer Wehrmachtsbaracke im Hof, der so genannten »Drogenbaracke«, in der die Kräutertees hergestellt wurden. An dieser Baracke vorbei ging es eine kleine Auffahrt hinauf zu einem weiteren Flachbau mit Labor, Chemikalienkeller und Rohstofflager. In diesem Kleinbetrieb wurden die altbewährten Produkte hergestellt: Teerpräparate gegen Hautkrankheiten, das Erkältungsmittel Bormelin, Hautnährsalbe sowie Glucose- und isotonische Kochsalzlösungen.[93]

So sehr Else Fernau das Unternehmen in seiner Überschaubarkeit und seiner familiären Atmosphäre, die es schon zu Zeiten von Dr. Eduard Fresenius gehabt hatte, ins Herz geschlossen hatte – sie wusste, dass sie das Unternehmen vergrößern und die Produktpalette erweitern musste, wenn es sich auf dem Markt behaupten sollte. Sie entschloss sich daher, die alte »Drogenbaracke« abreißen zu lassen und durch einen größeren Neubau zu ersetzen.[94]

1 Archiv EKFS, Nachlass Else Kröner, Korrespondenz: Therese Fernau an Else Fernau, 02.04.1944. **2** Archiv EKFS, Nachlass Else Kröner, Korrespondenz: Else Fresenius an Else Fernau, 06.03.1944. **3** Archiv EKFS, Nachlass Else Kröner, Korrespondenz: Dr. Eduard Fresenius an Else Fernau, 03.03.1944. **4** Ebd. **5** Archiv EKFS, Nachlass Else Kröner, Korrespondenz: Dr. Eduard Fresenius an Else Fernau, 06.03.1944. **6** Archiv EKFS, Nachlass Else Kröner, Korrespondenz: Else Fernau an Hans Roessler, 29.02.1944. **7** Archiv EKFS, Nachlass Else Kröner, Korrespondenz: Else Fernau an Therese Fernau, Dr. Eduard und Else Fresenius, 26.02.1944. **8** Archiv EKFS, Nachlass Else Kröner, Korrespondenz: Else Fernau an Therese Fernau, Dr. Eduard und Else Fresenius, ohne Datum [Ende März 1944]. **9** Presse- und Informationsamt der Stadt Frankfurt am Main (Hg.): Frankfurt 1933–1945. Unterm Hakenkreuz, Frankfurt/M. 1999. **10** Archiv EKFS, Nachlass Else Kröner, Lebensläufe: Lebenslauf Else Kröner (19.12.1980), maschinenschriftlich. **11** Bendix, Werner: Die Hauptstadt des Wirtschaftswunders. Frankfurt am Main 1945–1956, Frankfurt/M. 2002, S. 79 f. **12** Archiv EKFS, Nachlass Else Kröner, Erbengemeinschaft Dr. Eduard Fresenius: Bericht der Treuerkehr Süddeutschland, Filiale der Treuverkehr Deutsche Treuhand Aktiengesellschaft Wirtschaftsprüfungsgesellschaft, über die Prüfung der Bilanzen der Rumpfgeschäftsjahre vom 1. Januar bis 10. Februar 1946 und vom 11. Februar bis 31. Dezember 1946 der Hirsch-Apotheke Frankfurt am Main, Frankfurt am Main, 26. Juli 1947, S. 3, S. 7. Dafür zahlte sie eine monatliche Miete von 750 RM. **13** Bendix, Werner: Die Hauptstadt des Wirtschaftswunders. Frankfurt am Main 1945–1956, Frankfurt/M. 2002; Schembs, Hans-Otto: Erinnerung an Frankfurt. In den Jahren 1945–1960, Würzburg 2000. **14** Archiv EKFS, Nachlass Else Kröner, Unterlagen Kindheit und Jugend: Notizbuch Else Fernau, fol. 8r. **15** Z. B. Archiv EKFS, Nachlass Else Kröner, Korrespondenz: Else Fernau an Hans Roessler, 04.11.1942. **16** Archiv EKFS, Nachlass Else Kröner, Unterlagen Kindheit und Jugend: Notizbuch Else Fernau, fol. 8r. **17** Ebd., fol. 8v. **18** Ebd., fol. 11r. **19** Ebd., fol. 10r/v. **20** Archiv EKFS, Nachlass Else Kröner, Hirsch-Apotheke: Umsätze der Hirsch-Apotheke in Ffm. [1947]. **21** Vgl. Archiv EKFS, Nachlass Else Kröner, Cepi: Aufstellung zu Rechnungen von Wehrmacht und staatlichen Stellen aus der Kriegszeit. **22** IHK an Landeswirtschaftsamt, 14.05.1946 (Hessisches Hauptstaatsarchiv Wiesbaden, Abt.507, Nr. 297). **23** Monthly Production Report, 20.01.1946, Wirtschaftsarchiv Darmstadt (Abt. 3, 2249). **24** Industrial Investigation Report, ohne Datum (ca. 1945/46), Wirtschaftsarchiv Darmstadt (Abt. 3, 2249); Monthly Production Report, 22.12.1945, Wirtschaftsarchiv Darmstadt (Abt. 3, 2249); Monthly Production Report, 20.01.1946, Wirtschaftsarchiv Darmstadt (Abt. 3, 2249): 8 Männer und 32 Frauen. **25** Archiv EKFS, Nachlass Else Kröner, Cepi: Eidesstattliche Versicherung von Dr. Eduard Fresenius zum Verbleib der Geschäftsunterlagen der Dr. Eduard Fresenius Chemisch-pharmazeutische Industrie KG, Bad Homburg, 10. Dezember 1945. **26** Archiv EKFS, Nachlass Else Kröner, Cepi: Erklärung Wirtschaftstreuhänder Karl Proescholdt, Friedrichsdorf i. Ts., 19.01.1946. **27** Ebd. **28** Archiv EKFS, Nachlass Else Kröner, Korrespon-

denz: Dr. Eduard Fresenius an Else Fernau, 03.12.1944. **29** Ebd. **30** Amtsgericht Bad Homburg, Akten über die Verfügung von Todes wegen der Ehefrau Else Fresenius geb. Pospisil; Testament vom 21.05.1939. **31** Ebd. Nachtrag vom 30.6.1944: »Therese soll sofort nach meinem Tod laufend eine Rente von 600 Mark monatlich aus den Anteilen des Unternehmens bekommen, damit sie unabhängig ist.« Therese Fernau trat das Erbe am 06.12.1946 an. **32** Amtsgericht Bad Homburg, Dr. Eduard Fresenius, Mein letzter Wille, 12.11.1945. **33** Amtsgericht Bad Homburg, Sterbeurkunde Johann Eduard Fresenius. **34** Archiv EKFS, Nachlass Else Kröner, Cepi: Bericht der Treuhand Süddeutschland, Filiale der Treuverkehr Wirtschaftsprüfungs-Aktiengesellschaft, über die Aufstellung und Prüfung der Bilanzen der Rumpfgeschäftsjahre vom 1. Januar bis 10. Februar und vom 11. Februar bis 31. Dezember 1946 der Dr. E. Fresenius K.G., Chemisch- Pharmazeutische Industrie Bad Homburg v.d.H. **35** Ebd., S. 2. **36** Ebd., S. 4. **37** Ebd., S. 18. **38** Ebd., S. 21. Die Nachnamen der Mitarbeiter: Fugmann, Haubeil, Haun, Dr. Kirchberg, Dr. Martin, Mellinghoff, Moser, Roschke, Schmidt, Wagner, Langhopf und Scheele, wobei Langhopf ausgetreten sowie Dr. Martin nur fünf Monate, Mellinghoff drei Monate beschäftigt war. Das höchste monatliche Gehalt von 950 RM erhielt Geschäftsführer Mellinghoff. **39** Ebd. **40** Ebd., S. 22. **41** Archiv EKFS, Nachlass Else Kröner, Erbengemeinschaft Dr. Eduard Fresenius: Berechnung des Nachlasses Dr. Eduard Fresenius, Anlage A, Bl. 2. **42** Archiv EKFS, Nachlass Else Kröner, Erbengemeinschaft Dr. Eduard Fresenius / Amtsgericht Frankfurt am Main, Abt. 63, Geschäftsnummer Bes. J. Bd. 151, Bl. Nr. 6875, Frankfurt am Main, den 11. September 1951. **43** Angaben in: Archiv EKFS, Nachlass Else Kröner, Hirsch-Apotheke: Bericht der Treuerkehr Süddeutschland, Filiale der Treuverkehr Deutsche Treuhand Aktiengesellschaft Wirtschaftsprüfungsgesellschaft, über die Prüfung der Bilanzen der Rumpfgeschäftsjahre vom 1. Januar bis 10. Februar 1946 und vom 11. Februar bis 31. Dezember 1946 der Hirsch-Apotheke Frankfurt am Main, S. 3. **44** Ebd. **45** Archiv der EKFS, Nachlass Else Kröner, Studienunterlagen: Zeugnis über die pharmazeutische Vorprüfung, Wiesbaden 13.09.1946. **46** Oelschläger, Herbert/Ueberall, Sieglinde: Die Pharmazie an der Universität Frankfurt am Main im Wandel der Zeiten, Mainz 2006, S. 88; Hammerstein, Notker: Die Johann Wolfgang Goethe-Universität Frankfurt am Main. Von der Stiftungsuniversität zur staatlichen Hochschule. Neuwied-Frankfurt 1989, S. 610. **47** Moll, Friedrich/Heilmann, Peter: Die Entwicklung der Pharmazie an der Mainzer Universität nach 1945, in: Dilg, Peter (Hrsg.): Pharmazie in Mainz. Historische und aktuelle Aspekte, Berlin 2006, S. 48f; Mathy, Helmut: Johannes Gutenberg-Universität Mainz. Die erste Landesuniversität von Rheinland-Pfalz, Mainz 1997. **48** Archiv EKFS, Nachlass Else Kröner, Studienunterlagen: Studienbuch Else Fernau, S. 4/5. **49** Zur Veranstaltung zur Betriebswirtschaftslehre ist eine Mitschrift von Else Fernau erhalten. Archiv EKFS, Nachlass Else Kröner, Studienunterlagen: Heft »Rechnen«. **50** Archiv EKFS, Nachlass Else Kröner, Unterlagen Kindheit und Jugend: Notizbuch Else Fernau, fol. 11v. **51** Ebd., S. 8–11. **52** Ebd., S. 12/13. **53** Ebd. **54** Archiv EKFS, Nachlass Else Kröner, Unterlagen Kindheit und Jugend: Notizbuch Else Fernau, fol. 12v. Auf Vermittlung von Prof. Hesselmann. **55** Ebd., fol. 12v. **56** Immatrikulation in Erlangen am 15. September 1947. Dazu EKFS, Nachlass Else Kröner, Studienunterlagen: Studienbuch Else Fernau, S. 4/5 und Mitteilung Clemens Wachter, Universitätsarchiv Erlangen. **57** Archiv EKFS, Nachlass Else Kröner, Studienunterlagen: Studienbuch Else Fernau, S. 4/5. **58** Ebd., S. 16/17. **59** Ebd. **60** In den Fachsemestern 4-8, ebd., S. 20–31. **61** Archiv EKFS, Nachlass Else Kröner, Studienunterlagen: Analyse-Heft und Heft »Chemisches Laboratorium der Universität Erlangen. **62** Archiv EKFS, Nachlass Else Kröner, Unterlagen Kindheit und Jugend: Notizbuch Else Fernau, fol. 14r. **63** Archiv EKFS, Nachlass Else Kröner, Studienunterlagen: Analyse-Heft und Heft »Chemisches Laboratorium der Universität Erlangen. **64** Archiv EKFS, Nachlass Else Kröner, Studienunterlagen: AStA-Mitglieds-Ausweis Nr. 16 vom 10.01.1950, gültig bis zum 31. Oktober 1950; auch Archiv EKFS, Nachlass Else Kröner, Korrespondenz: Else Fernau an Therese Fernau, 18.02.1950. **65** Archiv EKFS, Nachlass Else Kröner, Unterlagen Kindheit und Jugend: Notizbuch Else Fernau, fol. 12v. **66** Ebd., fol. 11r. **67** Ebd. **68** Ebd. **69** Archiv EKFS, Nachlass Else Kröner, Studienunterlagen: Zeugnis über die pharmazeutische Prüfung, München 15.12.1950. **70** Archiv EKFS, Nachlass Else Kröner, Studienunterlagen: Zeugnis vom 03.04.1952. **71** Archiv EKFS, Nachlass Else Kröner, Studienunterlagen: Bestallung als Apotheker, München 10.05.1952. **72** Vgl. z.B. Archiv EKFS, Nachlass Else Kröner, Hirsch-Apotheke: Bericht über die Prüfung der Bilanz für die Zeit vom 1. Juli 1948 bis 31. Dez. 1949 der Hirsch-Apotheke, Dr. Fresenius, Pächter: Apotheker Ernst Heimes, Frankfurt am Main, Zeil 111, fol. 8. **73** Archiv EKFS, Nachlass Else Kröner, Hirsch-Apotheke: Bilanzen Hirsch-Apotheke, Umsatzentwicklung der Hirsch-Apotheke, Frankfurt/Main, Frankfurt, den 29. März 1952. **74** Archiv EKFS, Nachlass Else Kröner, Erbengemeinschaft Dr. Eduard Fresenius: Vollmacht Erbengemeinschaft Dr. Fresenius, Bad Homburg, den 30. März 1952. **75** Archiv EKFS, Nachlass Else Kröner, Korrespondenz: Else Fernau an Dr. Philipp Fresenius, 21.05.1955. **76** Archiv EKFS, Nachlass Else Kröner, Korrespondenz: Else Fernau an Dr. Philipp Fresenius, 21.11.1955. **77** Archiv EKFS, Nachlass Else Kröner, Korrespondenz: Else Fernau an Dr. Philipp Fresenius, 16.01.1956. Zur Enteignung vgl. Archiv EKFS, Nachlass Else Kröner, Hirsch-Apotheke: Mitteilung der Geschäftsstelle des Amtsgerichts Frankfurt am Main, Aktenzeichen Bes. J. Bd. 151 Blatt 6875, über Eintragsänderungen im Grundbuch der Stadt Frankfurt am Main, 9. Juli 1956 und Mitteilung Notar Dr. Lindheimer an Erbengemeinschaft und Darlehensgeber Zeil 111/Holzgraben 16, Frankfurt am Main, 01.11.1956. **78** Vgl. Archiv EKFS, Nachlass Else Kröner, Korrespondenz: Else Fernau an Gertrud Fresenius, 3. Juli 1956 und Schreiben Gerhard Lindheimer an Else Fernau, 3. Juli 1956. Beide, Gertrud und Dr. Philipp Fresenius, erhielten damit zum 30. Juni 1956 je 40.000 DM. Die Zahlung erfolgte über Vermittlung von Rechtsanwalt Gerhard Lindheimer, Büro von Dr. Friedrich Lindheimer, Rechtsanwalt und Notar. **79** Geschäftsstelle des Amtsgericht Frankfurt am Main, Abt. 61, Geschäftsnummer 61 – Innenstadt – 6875, 3. Januar 1959:

Nachricht von Eintragungen, Änderungen oder Löschungen in der Dritten Abteilung des Grundbuchs von Frankfurt am Main, Bezirk Innenstadt Band 151, Blatt 6875. **80** Archiv EKFS, Nachlass Else Kröner, Hirsch-Apotheke: Fritz Amberger: Bericht über die Prüfung der Bilanz für die Zeit vom 1. Juli 1948 bis 31. Dezember 1949, Bl. 1 f. **81** Archiv EKFS, Nachlass Else Kröner, Erbengemeinschaft Dr. E. Fresenius: Gesellschaftsvertrag, Dr. Friedrich Lindheimer, Nr. 941, Urkundenrolle für 1948, Frankfurt am Main, den 6. Oktober 1948. **82** Ebd., S. 2 f. **83** Ebd., S. 3. **84** Ebd., S. 4. **85** Ebd., S. 6. **86** Archiv EKFS, Nachlass Else Kröner, Cepi: Bilanzen Dr. E. Fresenius Chemisch-pharmazeutische Industrie, Protokoll Gesellschafterversammlung 1953. **87** Dazu auch Archiv EKFS, Nachlass Else Kröner, Korrespondenz: Dr. Philipp Fresenius an Else Fernau, 13. August 1956. **88** Zeitzeugengespräch Friedrich Podzemny, 27.01.2009. **89** Archiv der EKFS, Archiv EKFS, Nachlass Else Kröner, Lebensläufe: Hans Kröner: Ergänzung zum Lebenslauf von Else Kröner. Unveröffentlicht. Maschinenschriftlich [Dezember 1980], S. 3. **90** Fresenius Report Nr. 4, 1986, S. 13. **91** Fresenius Report Nr. 4, 1986, S. 12. Nigraphan-Pulver wurde aus Schwarzrettich hergestellt, der eigens aus der Pfalz angeliefert wurde. Hinzu kamen Maisstärke, Pfefferminze, Rhabarberpulver und Puderzucker. Das fertige Mittel war in Dosen von 40 und 60 Gramm erhältlich. **92** Fresenius Report Nr. 4, 1986, S. 14. **93** Zeitzeugengespräch Friedrich Podzemny, 27.01.2009. **94** Fresenius-Firmenarchiv, Ordner 1955, Neubau.

VII.
DER AUFSTIEG DES UNTERNEHMENS

AUFBAUARBEITEN

ELSE FERNAU ARBEITETE unermüdlich, um das Bad Homburger Unternehmen zum Erfolg zu führen. Zugleich hatte sie immer die Hirsch-Apotheke im Blick und die Zeil, die elf Jahre nach Kriegsende neu gestaltet werden sollte. 1956 war Else Fernau buchstäblich auf zwei Baustellen tätig, denn nicht nur im Gluckensteinweg wurde ein neues Produktionsgebäude errichtet, auch in Frankfurt wurde gebaut: Auf dem Grundstück Zeil III begann der Wiederaufbau. Im April 1956 wurde die Geschäftsstraße, wie vom Planungsamt der Stadt beschlossen, verbreitert, und die Anrainer konnten endlich daran gehen, ihre zerstörten Häuser oder die inzwischen errichteten provisorischen Ladenlokale durch Neubauten zu ersetzen. Für Else Fernau als Bevollmächtigte der Erbengemeinschaft Dr. Fresenius und für den Apotheker Ernst Heimes bedeutete dies, dass sie für die Dauer der Bauarbeiten ein Ausweichquartier für die Apotheke finden mussten. Sie entschieden sich, einen Verkaufspavillon in der Hasengasse zwischen dem Neubau des Bekleidungshauses Nobel und dem Samenhaus Kahl zu unterhalten. Das Gebäude Zeil III wurde in den folgenden zwei Jahren von der Frankfurter Aufbau Aktiengesellschaft zur Straßenfront hin fünf- und rückwärtig siebenstöckig neu errichtet. Im Erdgeschoss wurden mehrere Ladenlokale untergebracht, in den Obergeschossen Büroräume und Wohnungen. Ein Novum gegenüber der ursprünglichen Bebauung war eine Fußgängerpassage von der Zeil zum Holzgraben. Das äußere Erscheinungsbild mit Holzfenstern, Naturputz und Satteldach entsprach dem damaligen Bebauungsplan und passte sich harmonisch in die südliche Häuserfront der Geschäftsstraße ein.[1]

Der Wiederaufbau auf der Zeil und die Entwicklung der Hirsch-Apotheke beschäftigten Else Fernau zwar sehr, aber ihre Hauptaufgabe sah sie in der Leitung des chemisch-pharmazeutischen Unternehmens. Ihre Mutter und Emilie Scheele unterstützten sie in der Verwaltung nach Kräften, doch die Entscheidungen zum Ausbau des Betriebs, bei denen pharmazeutische Fachkenntnisse gefragt waren, musste doch sie treffen. Ab 1954 hatte sie hier in Rudolf Hawickenbrauck einen kompetenten Gesprächspartner, und auch der habilitierte Mediziner Dr. Richard Martin stand ihr in medizinisch-pharmazeutischen Fragen zur Verfügung.[2] In gleicher Weise holte sie in rechtlichen und betriebswirtschaftlichen Fragen zur Firmenentwicklung die Meinung von Fachleuten ein.

HANS KRÖNER

In juristischen Fragen konnte sich Else Fernau auf den Rechtsanwalt und Notar Friedrich Lindheimer verlassen, dessen Vater bereits Dr. Fresenius beraten hatte. Immer öfter holte sie sich aber zudem bei einem Juristen Rat, den sie Anfang der 1950er Jahre kennen gelernt hatte und dessen klares Urteil sie sehr schätzte – bei dem Münchner Diplom-Volkswirt und Juristen Hans Kröner. Hans Gottfried Noël Kröner stammte, auch wenn er am 25. Dezember 1909 in St. Helier auf der britischen Kanalinsel Jersey geboren wurde, aus einer bayerischen Familie. Seine Eltern waren der Münchner Kaufmann Johann Kröner und dessen zweite Frau Anna Maria Kröner, geborene Anke. Hans Kröner war in München aufgewachsen, wo er 1929 sein Abitur am humanistischen Wilhelmsgymnasium abgelegt hatte. Danach hatte er sich an der Ludwig-Maximilians-Universität in München für das Studium der Rechtswissenschaften eingeschrieben und zwei Jahre später außerdem das Fach Volkswirtschaft belegt. Am 9. Juni 1932 hatte er sein Erstes Juristisches Staatsexamen abgelegt.[3] Nach dem Assessorexamen (Zweites Juristisches Staatsexamen) im Jahr 1936 arbeitete Hans Kröner als Assessor und dann als Anwalt in einer Münchner Rechtsanwaltkanzlei. Mit Beginn des Zweiten Weltkrieges war er zur Wehrmacht eingezogen worden und hatte zunächst als Marineoffizier an der Nordsee gedient. Später wurde er in einer Einheit der Luftabwehr zum Schutz des U-Boot-Hafens La Pallice in der Biskaya eingesetzt, ab Juli 1943 als Oberleutnant bei der Flak. Im Mai 1945 war Hans Kröner in französische Kriegsgefangenschaft geraten, aus der er 1947 nach Deutschland zurückgekehrt war. Damals wurde ihm wegen allgemeiner Körperschwäche, wegen Herz- und Kreislaufinsuffizienz und chronischer Gastritis eine 60-prozentige Kriegsversehrtheit bescheinigt,[4] was seine Chancen auf dem angespannten Arbeitsmarkt nicht hoch erscheinen ließ. Daher hatte Hans Kröner gleich zugegriffen, als ihm ein ehemaliger Schulkamerad nach der Währungsreform 1948 zu einer Stelle im Sekretariat des Münchner Bankhauses Merck Finck & Co. verhelfen konnte.[5] Er hatte sich aber sogleich nach anderen beruflichen Möglichkeiten umgesehen, die ihn schließlich nach Frankfurt geführt hatten: Von 1949 bis 1955 war er für die IG Farben in Liquidation und von 1955 bis 1960 für die Farbwerke

*Das Haus Zeil 111 mit der Hirsch-Apotheke nach dem
Wiederaufbau Ende der 1950er Jahre.*

[oben] *Else Fernau im Kreise ihrer Mitarbeiter, um
1960 (von links): die Außendienstmitarbeiter Herr
Huygen, Herr Borchers und Friedl Mann, Herr Boysen
(Innendienst), Betriebsleiter und Apotheker Rudolf
Hawickenbrauck, Herr Grau (Außendienst), Dr. Müller
und Hans Kröner (Geschäftsleitung). Ganz rechts
Mr. Bates von der englischen Firma Burroughs
Wellcome & Co. Hans Kröner beriet seit den 1950er
Jahren Else Fernau erst in juristischen, dann auch in be-
triebswirtschaftlichen Fragen. 1957 trat er als Kommandi-
tist in das Unternehmen ein. 1964 heirateten Else Fernau
und Hans Kröner.*

[rechte Seite, oben] *Else Kröner bei der Feier zum 50-
jährigen Jubiläum von Fresenius 1962. Am Tisch hinter
ihr Emilie Scheele und ihre Mutter Therese Fernau.*

[rechte Seite, unten] *Else Kröner in der Hirsch-Apotheke
Mitte der 1960er Jahre. In der Apotheke fanden Drehar-
beiten zu einem Film statt, für den sich Else Kröner bei
typischen Apotheker-Arbeiten zeigte.*

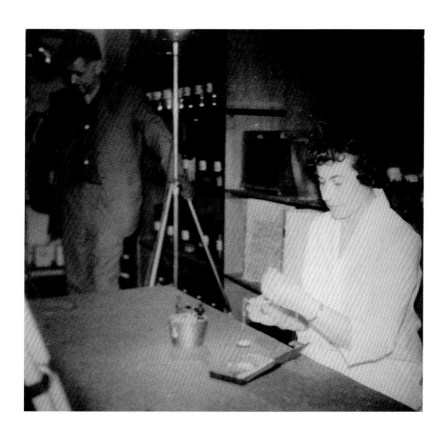

Else Kröner Anfang der 1970er Jahre.

Hoechst AG sowie für die Chemischen Werke Hüls AG tätig. 1960 wechselte er dann in den Vorstand des Keramikherstellers AGROB in Ismaning bei München, für den er bis 1972 tätig war.[6]

Else Fernau konsultierte Hans Kröner zunächst nur gelegentlich in Rechtsfragen wie beispielsweise einer Auseinandersetzung mit der Gemeinde Schmitten wegen einer Wasserleitung auf dem Jagdhaus-Grundstück von Dr. Fresenius.[7] Aber mit der Zeit fragte sie ihn auch in betriebswirtschaftlichen Angelegenheiten um seine Meinung, zumal ihr die Misswirtschaft des entlassenen Geschäftsführers Wilhelm Mellinghoff noch warnend vor Augen stand und sie für ihre Entscheidungen als wenig erfahrene Geschäftsführerin einen kompetenten Gesprächspartner zum Gedankenaustausch benötigte.

Hans Kröner stand ihr gerne zur Seite und nahm auch Einblick in die Geschäftsbücher. Mitte der 1950er Jahre half er der Firma auch schon einmal für dringende Investitionen kurzfristig mit einem Kredit aus und konnte auch seine Mutter dafür gewinnen, dem Unternehmen Geld zu leihen: Weil Else Fernau für das chemisch-pharmazeutische Unternehmen von Banken keinen Kredit erhielt, stellten ihr 1955 Ernst Heimes von der Hirsch-Apotheke 19.650 DM, Hans Kröner 10.800 DM und Marie Kröner 6.000 DM bereit.[8] Am 1. Januar 1957 trat dann Hans Kröner als Kommanditist in das Unternehmen »Dr. E. Fresenius Chemisch-pharmazeutische Industrie KG« ein.[9]

Dass sich Else Fernau und Hans Kröner in diesen Jahren auch persönlich näher gekommen waren, war Marie Kröner nicht entgangen. Sie freute sich darüber und brachte dies Else Fernau gegenüber deutlich zum Ausdruck, jedoch nicht ohne eigens darauf hinzuweisen, dass Hans' »guter Kern in rauher Schale« bei seiner mitunter schroffen Art nicht leicht auszumachen war.[10] Umso mehr hoffte sie, dass Else Fernau seine Qualitäten erkannte und sich seiner in Frankfurt annehmen würde.

Für Else Fernau war Hans Kröner über das rein Berufliche hinaus allerdings nur schwer einzuschätzen, weshalb sie zu einem ungewöhnlichen Mittel griff, um sich über seine Persönlichkeit Klarheit zu verschaffen. Sie beauftragte einen Graphologen, der ihr 1957 über »Hans, 47 Jahre« folgendes Gutachten erstellte: »Schreiber ist eine intelligente, aufgeschlossene, aktive Persönlichkeit, Vitalität, stellt mitunter zu hohe Anforderungen an sich und seine Leistungskraft, dadurch nervöse Unruhe, selbstsicher, aber auch selbstkritisch, gern selbständig; gutmütig, sinnlich, lässt sich im Beruflichen aber nicht von Gefühlen leiten, sondern durch nüchterne Überlegungen, starker Ehrgeiz, Intuition; persönliche Wünsche und Gefühlsleben kommen manchmal zu kurz, was ihn innerlich bedrückt; gute Umgangsformen, diplomatisch, gegen Widerstände kann er sich mit großer Entschiedenheit/Schroffheit durchsetzen, aber nicht taktlos; kaufmännische Begabung, erfasst das Wesentliche rasch, denkt logisch und praktisch, gute Kombinations- und Organisationsgabe, sehr leistungsfähig, kontaktfreudig, kann andere überzeugen, von Anerkennung abhängig, setzt sich ein für Menschen, die ihm nahe stehen.«[11]

Trotz dieses abgewogen-positiven Urteils war sich Else Fernau weiterhin unschlüssig, ob sie mit Hans Kröner privat gemeinsame Wege gehen sollte. Denn ihr Zusammensein litt immer wieder an geschäftlichen Auseinandersetzungen, zumal Hans Kröner der Auffassung war, dass er »im Unternehmen der einzige« sei, der sich »der Dinge, auch wenn sie unangenehm sind, systematisch, konsequent und energisch« annehme und die Dinge tue und veranlasse, die ihr schwer fielen und für die sonst niemand im Unternehmen da sei.[12] Else Fernau sah sich bei aller Berechtigung, die Hans Kröners Vorgehen im Einzelfall haben mochte, durch sein Verhalten als Geschäftsführerin des Unternehmens herabgesetzt – und das angesichts der Tatsache, dass er im Vergleich zu Emilie Scheele, ihrer Mutter und ihr selbst nur einen vergleichsweise kleinen Anteil am Unternehmen hielt.

Die Entscheidung zu ihrer privaten Lebensplanung wurde ihr von Hans Kröner abgenommen, der am 21. Dezember 1961 in Salzburg die kaufmännische Angestellte Iris Luise Mattern heiratete. Mit ihr zusammen erwartete er eine Tochter, die am 11. Februar 1962 geboren wurde. Damit waren die beruflichen und privaten Wechselbäder der Gefühle zwischen Else Fernau und Hans Kröner jedoch noch nicht beendet. Hans Kröner ließ sich wieder scheiden, um am 30. April 1964 Else Fernau in Frankfurt zu heiraten.[13]

DIE CHEMISCH-PHARMAZEUTISCHE INDUSTRIE KG

Die »Dr. Eduard Fresenius Chemisch-pharmazeutische Industrie KG« wurde nun endgültig zur gemeinsamen Lebensaufgabe von Else und Hans Kröner. Solange Hans Kröner für die AGROB in Ismaning arbeitete, trafen sie die Vereinbarung, dass er nur am Wochenende in Bad Homburg sein sollte, um sich um das Unternehmen zu kümmern. Aber auch von Ismaning aus nahm er fast täglich Einfluss. Er oder seine Sekretärin riefen ständig an, verfassten Briefe und schrieben Memos. Sein Aufwand für Fresenius ging so weit, dass er bisweilen Schwierigkeiten mit der AGROB bekam.[14] Erst 1972 sollte Hans Kröner endgültig seinen Hauptwohnsitz in Bad Homburg nehmen.

Für Hans Kröner war es eine Selbstverständlichkeit, die Firma zu erhalten, und er erkannte das Potential, das sie bot.[15] Es stand für ihn außer Frage, dass nach dem Krieg mit der direkten Belieferung von Krankenhäusern von der Firmenleitung die richtige Entscheidung getroffen worden war. Und er war entschlossen, diesen Weg weiter zu verfolgen,

auch wenn dies angesichts der großen Konkurrenz auf dem Pharma-
markt nicht leicht war. Die Dringlichkeit, das Unternehmen besser auf
dem Markt zu positionieren, war nur allzu deutlich. Die Betriebsergeb-
nisse der Jahre 1959 und 1960 waren sehr schlecht ausgefallen, so dass
nicht nur Else Fernau als Geschäftsführerin keine Tätigkeitsvergütung
in Anspruch nahm, sondern auch alle Gesellschafter »auf die ihnen nach
dem Gesellschaftsvertrag zustehende Gutschrift von Zinsen auf ihre Ka-
pitalkonten« hatten verzichten müssen.[16] In der Gesellschafterversammlung von 1961 wurde daher die Geschäftsführung eindringlich gebeten,
»unverzüglich Maßnahmen zu ergreifen, die zu einer Verbesserung der
Rendite führen.«[17]

Ein wesentlicher Schritt dazu war der Abschluss eines Lizenzvertrags
mit der britischen Firma »Burroughs Wellcome & Co.« für die Herstellung von »Bretylin«, einem Mittel zur Senkung des Blutdrucks mit dem
Wirkstoff Bretylium-Tosylat.[18]

Eine für die weitere Entwicklung des Unternehmens maßgebliche
Geschäftsidee kam Hans Kröner – und das durch einen Zufall. Über einen Zeitungsartikel wurde er auf den großen Bedarf an Dialysegeräten
aufmerksam, die zu diesem Zeitpunkt vor allem in den USA hergestellt
wurden. Die Nachfrage nach diesen künstlichen Nieren war zu groß, um
von der geringen Zahl an Herstellern befriedigt werden zu können. Ärzte konnten daher nicht alle ihrer Patienten behandeln, und viele Nierenkranke waren dadurch zum Tode verurteilt. Dieser unhaltbare Zustand
beschäftigte Hans Kröner und weckte sein Interesse an der Dialyse.[19]
Der Eintritt zunächst in den Vertrieb und später in die Herstellung von
Dialysatoren und künstlichen Nieren war für das Bad Homburger Unternehmen nicht ungewöhnlich, denn über das Fachwissen zur Herstellung
von Dialyseflüssigkeiten und -lösungen verfügte die Firma schon länger.[20]
Dass dieser Schritt, der schließlich zu einer bedeutenden, dem traditionellen Geschäft bald gleichrangigen Unternehmenssparte führen sollte,
glückte, war vor allem Hans G. Rudolph zu verdanken, der 1966 zu Fresenius kam. Er knüpfte Verbindungen zu Herstellern von Dialysatoren und
Dialysegeräten in den USA, pflegte die Kontakte zu Handelsvertretern
im Bereich des Apparatebaus und unterstützte schließlich die Entwicklung von Dialysegeräten bei Fresenius selbst.[21]

Seit Mitte der 1960er Jahre wuchs das Unternehmen in einem Maße,
das bis dahin undenkbar gewesen war. Das Dasein als Kleinbetrieb, in
dem die Geschäftsführerin, wie Anfang der 1960er Jahre geschehen, kurzerhand einen Betriebsrat gründete und gleich auch seinen Vorsitz übernahm, weil sie auf einer Tagung von der Bedeutung einer Mitarbeiterver-
tretung in Unternehmen überzeugt worden war,[22] gehörte schon bald der
Vergangenheit an. Die Zeichen standen auf Expansion.

Das zeigte sich zum Beispiel in einem der alten Kernbereiche des Unternehmens – bei der Herstellung von Infusionslösungen und deren Abfüllung. Bis in die frühen 1960er Jahre waren bei Fresenius Glasampullen in Gebrauch, die sich aufgrund ihres relativ hohen Eigengewichts und der großen Bruchgefahr beim Transport als ungünstig erwiesen hatten. Da in der industriellen Pharmazie flexible Plastikbehältnisse zur Aufnahme von Arzneilösungen bereits auf dem Markt waren,[23] lag es für Rudolf Hawickenbrauck nahe, einen Versuch mit Plastikampullen zu starten. Das Problem bestand anfangs nur darin, sie zu sterilisieren. Für Versuche mit diesen neuen Behältnissen wurde daher ein Autoklav benötigt, vor dessen Anschaffung Else Fernau zunächst zurückschreckte. Denn der Ausgang der geplanten Versuche war gänzlich ungewiss, und die Anschaffungskosten für einen Autoklav waren sehr hoch. Doch sie ließ sich von dem Leiter ihrer Entwicklungsabteilung überzeugen, einen Autoklav für das Unternehmen zu erwerben. Die Plastikampullen – zu Beginn nichts anderes als Plastikflaschen – ließ das Unternehmen zunächst von Fremdfirmen herstellen. Nachdem die Versuche mit den Plastikbehältnissen und ihrer Sterilisierung erfolgreich verliefen, entschloss sich Else Fernau, die Plastikampullen im Unternehmen selbst herstellen zu lassen. Sie schaffte eine entsprechende Maschine an. In ihr wurde aus einem Plastikgranulat durch Erhitzen flüssiges Plastik hergestellt, das dann mit Sterilluft in eine Form gepresst wurde. In diese konnte dann die entsprechende Lösung eingefüllt werden, woraufhin die Ampulle nur noch luftdicht verschlossen werden musste.[24] Der Erfolg der leicht handhabbaren Plastikampullen war enorm, zumal Fresenius zunächst der einzige Anbieter von Infusionslösungen in Plastikbehältnissen war.

Die Ausweitung der Unternehmensaktivitäten und die erfolgreichen Produktneuerungen hatten bald auch Auswirkungen auf den Vertrieb. So kam es im Hinblick auf die Vertreter 1964 zu einem »Wechsel in der Firmenpolitik«.[25] Wie es von Seiten der Geschäftsführung dazu hieß, sollte hier eine neue Strategie gefahren werden: »Die Gesellschaft hat seither den Vertrieb ihrer Erzeugnisse durch freie Handelsvertreter durchführen lassen. Die gegenwärtig beschäftigten Handelsvertreter sind seit vielen Jahren für die Gesellschaft tätig. Sie bearbeiten generell Gebiete, die für die steile Aufwärtsentwicklung des Unternehmens viel zu groß sind und vertriebstechnisch nicht mehr in dieser Form rationell geführt werden können. Die Gesellschaft hat sich daher entschlossen, die Mehrzahl der vorhandenen Handelsvertreter teils generell abzufinden, teilweise eine wesentliche Verkleinerung der Vertretungsgebiete vorzunehmen und für den Ausfall den Vertretern ebenfalls eine Entschädigung zu gewähren.« Das Netz der Handelsvertreter wurde daraufhin dichter geknüpft.

Nicht alles ging beim Ausbau des Unternehmens so reibungslos vonstatten, wie es sich Else und Hans Kröner gewünscht hätten. Nachdem sie 1963 im Gluckensteinweg 5 in Bad Homburg ein weiteres Fabrikationsgebäude hatten errichten lassen[26] und den Mietern im Verwaltungsgebäude gekündigt hatten, um das Gebäude nun ganz »für betriebliche Zwecke« nutzen zu können,[27] erwarben sie 1964 ein angrenzendes Grundstück in der Kirdorfer Straße 17.[28] Auf ihm sollte ein neues Fabrikationsgebäude errichtet werden. Nach dem Kauf stellte sich allerdings heraus, dass für das Grundstück keine »nachbarschaftliche Genehmigung« für eine betriebliche Nutzung erteilt werden konnte und es für das Unternehmen folglich vollkommen unbrauchbar war. Und 1967 wurde bei einer neu errichteten Lagerhalle in Stahlkonstruktion in der Daimlerstraße ein Pilzbefall festgestellt, der die ursprünglich geplante Lagerung von Arzneimitteln unmöglich machte.[29] Aber die Probleme konnten ohne allzu große Verluste für das Unternehmen gelöst werden.

Für Else Kröner und ihre Mitarbeiter war es nicht immer einfach, mit der rasanten Entwicklung des Unternehmens mitzuhalten. Sie waren an Fresenius als Kleinbetrieb gewöhnt und hielten noch einige Zeit an alten Betriebsgewohnheiten fest. So konnte es geschehen, dass Else Kröner, als sie bereits nach Feierabend eine dringende Bestellung von einer Klinik erhielt, selbst ins Lager ging, die verlangten Produkte heraussuchte und persönlich noch am selben Abend auslieferte, auch wenn die Klinik im weit entfernten Marburg lag.[30] Und noch in den späten 1960er Jahren wurde das Firmentelefon, wenn Else Kröner abends das Büro verließ, auf ihr Privattelefon umgestellt, wo dann sie, ihre Mutter oder Fräulein Scheele die eingehenden Bestellungen entgegennahmen.[31] Selbst der Fernschreiber, der bereits 1966 angeschafft worden war, wurde erst zwei Jahre später angeschlossen, nachdem Robert Hartwig, der neu eingestellte Assistent der Geschäftsleitung, sich darum kümmerte.[32]

Hans Kröner waren derartige Vorgänge vollkommen unverständlich, und er hielt sich nicht zurück, seine Meinung darüber unmissverständlich auszusprechen. Wenn er am Freitagabend in Bad Homburg eintraf, wurde gewöhnlich eine Postbesprechung abgehalten, die nicht nur wegen ihres Zeitpunkts bei den Mitarbeitern gemischte Gefühle hervorrief.[33] Oft listete dann nämlich Hans Kröner all das auf, was seiner Meinung nach in Bad Homburg schlecht lief, und häufig sprach er bei dieser Gelegenheit von Fresenius als dem »schlechtesten Unternehmen der Welt«. Das war auch für Else Kröner nicht immer einfach, denn zum einen war es ihr wichtig, ihre Mitarbeiter positiv zu stimmen und zu motivieren, und zum anderen war sie oft am Rande ihrer Kräfte. Immer wieder wurde sie von Bekannten ermahnt, sich einmal ein wenig Zeit für sich zu nehmen oder in den Urlaub zu fahren.[34] Doch daran war nur selten zu denken. Und das Unternehmen sollte weiter wachsen.

1967 wurde mit einem neuen Gesellschaftsvertrag dafür die betriebswirtschaftliche Basis geschaffen. »Mit Wirkung vom 1. Januar 1967«, hieß es in dem Vertrag, »tritt die Chem. Pharmazeutische Verwaltungsgesellschaft mbH mit Sitz in Bad Homburg als persönlich haftende Gesellschafterin in die Gesellschaft [die Dr. Eduard Fresenius Chemisch-pharmazeutische Industrie KG] ein. Gleichzeitig übernehmen die seitherigen persönlich haftenden Gesellschafter Fräulein Emilie Scheele und Frau Else Kröner, geb. Fernau die Stellung als Kommanditisten.«[35] Der Zweck wurde gegenüber der früheren Gesellschaftsform nicht geändert: Die Herstellung und der Vertrieb pharmazeutischer und chemischer Erzeugnisse, der Handel mit diesen Erzeugnissen, die Aufzucht und Verwertung von Heilpflanzen sowie die Aufzucht von Tieren zur Gewinnung von Präparaten für die Erkennung und Heilung von Krankheiten.[36] Kommanditisten der Gesellschaft waren nunmehr Else Kröner, Emilie Scheele, Therese Fernau und Hans Kröner.[37]

Binnen weniger Jahre entwickelte sich unter der von Else und Hans Kröner geleiteten Chemisch-pharmazeutischen Verwaltungsgesellschaft ein Unternehmen, das 1971 mehrere hundert Mitarbeiter in insgesamt vier Geschäftsbereichen aufwies: Pharma, Apparatebau, Krankenhausbedarf, sowie Serologie und Diagnostik.[38]

Der Pharmasektor umfasste den traditionellen Fresenius-Produktionsbereich »Standard- und Speziallösungen«, in dem von Lösungen zur Regulierung des Elektrolythaushalts über kolloidale Lösungen (Plasmaexpander) bis hin zu Nährlösungen, insbesondere Aminosäuren, ein breites Produktspektrum angeboten wurde. Darüber hinaus hatte Fresenius hier als erstes deutsches Unternehmen eine vollständige Palette von Infusionslösungen für Leberkranke entwickelt. Zum Pharmabereich gehörten ferner Spezialitäten wie Tees, Hautcremes und Tuberkulose-Diagnostika, die das Unternehmen schon in der Vorkriegszeit vertrieben und inzwischen weiterentwickelt hatte.

Der Bereich »Apparatebau« war ganz auf die Nephrologie abgestellt, wobei in den späten 1960er Jahren von Fresenius in Zusammenarbeit mit klinischen Anwendern erste Geräte entwickelt wurden, wie zum Beispiel das »Peritokomb«, ein vollautomatisches Gerät zur Durchführung der Peritonealdialyse. Außerdem hatte Fresenius auf diesem Gebiet zahlreiche Kooperationen mit ausländischen Herstellern geschlossen, um gemeinsame Erfahrungen mit ihren Geräten auszutauschen und diese technisch weiterzuentwickeln.

Aufgrund der Aktivitäten im Pharmabereich und im Apparatebau, aber vor allem über die Rückmeldungen der firmeneigenen Vertreter über ihre Kontakte zu Krankenhausmedizinern war die Geschäftsführung auf die medizintechnischen Bedürfnisse von Kliniken aufmerksam geworden. Daher hatte es für sie nahe gelegen, einen eigenen Geschäftsbereich »Krankenhausbedarf« aufzubauen. In ihm wurden vor allem Einmalartikel wie Blutentnahmelanzetten, Kanülen und Spritzen vertrieben, aber auch Nahtmaterial, Sonden und Katheter, sowie chirurgisches Besteck.

Der Bereich »Serologie und Diagnostik« schließlich war wie der Pharma-Sektor ein klassisches Fresenius-Arbeitsgebiet. In ihm hat die Forschungs- und Entwicklungsabteilung in den 1960er Jahren für das Unternehmen die Blutgruppenserologie neu erschlossen. Neben der Herstellung von Testseren zur Bestimmung von Blutgruppenmerkmalen wurden zudem spezielle Antiseren zur Identifikation seltener Erythrozyten- und Serum-Eigenschaften produziert.

In zehn Jahren, von 1961 bis 1971, hatte sich das Unternehmen grundlegend verändert. Aus einem Kleinbetrieb mit 30 Beschäftigten war ein Unternehmen mit 400 Mitarbeitern geworden, dessen Umsatz sich mehr als verdreizehnfacht hatte.[39] Und dabei hatte der Ausbau des Unternehmens gerade erst begonnen.

1 Bauakten des Technischen Rathauses Frankfurt, Abteilung Bauaufsicht-Archiv, betreffend Liegenschaft »Zeil 111« (im Besonderen »Hirsch-Apotheke«), Akten 1949–2003. **2** Zur Tätigkeit von Dr. Richard Martin u. a. Hofmann, Friedrich: Lebendiges Bad Homburg v.d.H. Seine Vergangenheit und Gegenwart, Bad Homburg 1960, S. 147. **3** Universitätsarchiv, Ludwig-Maximilians-Universität München: Studenten-Kartei I: Hans Kröner. **4** Staatsarchiv München SpkA K 969: Kröner, Hans. **5** »Hans Kröner 90 Jahre«, in: FAZ, 24.12.1999. **6** Ebd. **7** Archiv EKFS, Nachlass Else Kröner, Korrespondenz: Hans Kröner an Therese Fernau, 13.08.1952: Vertrag über Grundstück Schmitten, Entwurf von Hans Kröner. **8** Ebd., S. 3. **9** Archiv EKFS, Nachlass Else Kröner, Erbengemeinschaft Dr. E. Fresenius: Erläuterungen zur Bilanz zum 31. Dezember 1957, S. 4. **10** Archiv EKFS, Nachlass Else Kröner, Korrespondenz: Marie Kröner an Else Fernau 18.08.1957. **11** EKFS Archiv, Nachlass Else Kröner, Korrespondenz: Graphologisches Gutachten Hans, 47 Jahre, 2 Seiten. **12** Archiv EKFS, Nachlass Else Kröner, Korrespondenz: Hans Kröner an Else Fernau, ohne Datum [ca. 1957]. **13** Eheschließung im Standesamt Mitte FFM, Familienbuch Kröner/Fernau, neu angelegt München, 13.09.2001. **14** Zeitzeugengespräch Robert Hartwig, 02.12.2009. **15** »Fresenius: Von der Apotheke zum Weltkonzern«. Radio-Feature Hessischer Rundfunk hr2, 29.03.2002. **16** Archiv EKFS, Nachlass Else Kröner, Cepi: Bilanzen Dr. E. Fresenius Chemisch-pharmazeutische Industrie, Abschrift Protokoll der Gesellschafterversammlung 1960, S. 1 von 1.; und: Bilanzen Dr. E. Fresenius Chemisch-pharmazeutische Industrie, Protokoll Gesellschafterversammlung, 1. Oktober 1961. **17** Archiv EKFS, Nachlass Else Kröner, Cepi: Bilanzen Dr. E. Fresenius Chemisch-pharmazeutische Industrie, Protokoll Gesellschafterversammlung, 1. Oktober 1961. **18** Werbeanzeige in der Deutschen Apotheker-Zeitung (Jg. 100, Nr. 10, 1960). **19** »Fresenius: Von der Apotheke zum Weltkonzern«. Radio-Feature Hessischer Rundfunk hr2, 29.03.2002. **20** Zeitzeugengespräch Dr. Matthias Schmidt, 02.12.2008. **21** Fresenius Report Nr. 4, 1986, S. 20 f. **22** Zeitzeugengespräch Wolfgang Rietzschel, 04.12.2008. **23** IfAp Service-Institut für Ärzte und Apotheker GmbH (Hg.): 50 Jahre IfAp. Streiflichter aus der Geschichte der Pharmazie in Deutschland, Bad Saarow-Neu Golm 1999, S. 64. **24** Zeitzeugengespräch Walter Fuchs, 04.12.2008. **25** Vgl. dazu und zum Folgenden: Archiv EKFS, Nachlass Else Kröner, Cepi: Bilanzen Dr. E. Fresenius Chemisch-pharmazeutische Industrie, Bilanz mit Verlust- und Gewinn-Rechnung und Erläuterungen zur Bilanz per 31. Dezember 1964, Bl. 20 f. Dort auch das folgende Zitat. Die damaligen Vertreter: Huygens, Borchers, Mann, Petreck, Stanelle, Grau und Breuel. **26** Archiv EKFS, Nachlass Else Kröner, Cepi: Bilanzen Dr. E. Fresenius Chemisch-pharmazeutische Industrie, Bilanz mit Verlust- und Gewinn-Rechnung und Erläuterungen zur Bilanz per 31. Dezember 1963, Bl. 2. **27** Ebd., Bl. 3. Baukosten des Fabrikationsgebäudes: 121.045,27 DM. **28** Vgl. dazu und zum Folgenden: Archiv EKFS, Nachlass Else Kröner, Cepi: Bilanzen Dr. E. Fresenius Chemisch-pharmazeutische Industrie, Bilanz mit Verlust- und Gewinn-Rechnung und Erläuterungen zur Bilanz per 31. Dezember 1964, Bl. 1 f. **29** Archiv EKFS, Nachlass Else Kröner, Cepi: Bilanzen Dr. Eduard Fresenius Chemisch-pharmazeutische Industrie, Erläuterungen zur Bilanz zum 31. Dezember 1966 und Gewinn- und Verlustrechnung für die Zeit vom 01.01. bis 31.12.1967 der Firma Dr. E. Fresenius KG, Pharmazeutische Industrie Bad Homburg v.d.H., Bl. 10. **30** Zeitzeugengespräch Robert Hartwig, 02.12.2009. **31** Ebd. **32** Ebd. **33** Ebd. **34** Z. B. Nachlass Else Kröner, Korrespondenz: Hanne Käss an Else Fernau, 22.05.1962; Hans Kromp an Else Kröner, 21.09.1965; Heinz Padly an Else Kröner, 04.09.1966. **35** Archiv EKFS, Nachlass Else Kröner, Cepi: Gesellschaftsvertrag Firma Dr. Eduard Fresenius KG, Bad Homburg vor der Höhe, 10.02.1967 mit Wirkung vom 01.01.1967, S. 1. **36** Ebd., S. 2. **37** Ebd., S. 3. **38** Dazu und zum Folgenden: Fresenius-Firmenarchiv: Fresenius. Entwicklung eines deutschen pharmazeutischen Unternehmens [Entwurf Sommer 1970]. **39** Vgl. ebd., Statistik S. 5; Umsätze: 1961: 2,4 Mio. DM, 1970: rd. 32 Mio. DM.

VIII.
FAMILIENGRÜNDUNG

DIE ADOPTION VON BÄRBEL, GESA UND DETLEF

ALS ELSE UND HANS KRÖNER im Jahre 1964 heirateten, war Else 38 Jahre alt, Hans schon 54. Drei Jahre nach ihrer Heirat entschlossen sich die beiden, deren Ehe kinderlos war, Kinder zu adoptieren. Die Idee dazu gründete vor allem in einem sozialen Verantwortungsgefühl, das sich wie ein Leitmotiv durch beider Leben zog und in späteren Jahren in diversen Hilfsaktionen und in der Gründung verschiedener Stiftungen zum Ausdruck kommen sollte. Sie nahmen die Kinder auch auf, weil Else Kröner sich eine Familie wünschte, aber im Vordergrund stand, dass sie die nötigen Ressourcen besaßen, um Heimkindern das Leben in einer Familie zu ermöglichen.[1] Sie wollten ihnen die Unterstützung geben, die sie ihrer Auffassung nach brauchten, vor allem sollten sie eine gute Ausbildung bekommen. Else Kröner sah darin eine ihrer Aufgaben der Gesellschaft gegenüber: »Wenn ich es nicht tue«, fragte sie einmal, »wer denn sonst soll es machen?«[2] Ihre eigene Kindheit spielte hier eine wichtige Rolle. Sie selbst hatte erfahren, wie sich Dr. Eduard Fresenius um sie und ihre Mutter kümmerte und ihr ein fürsorglicher »Ziehvater« wurde.

Das Adoptionsrecht war Anfang des Jahrzehnts in Deutschland geändert worden. Bis 1961 stand im Fokus der Adoptionsregelung nicht die Vermittlung minderjähriger Kinder in eine Familie unter dem Hauptgesichtspunkt des Kindeswohls, vielmehr wurden vor allem Volljährige an Kindes statt angenommen. Hierbei ging es den Adoptierenden darum, mit Blick auf eine Sicherung im Alter einen Erben zu bekommen. Daher lag bis dahin im BGB das Mindestalter des Annehmenden bei 50 Jahren.[3] 1961 wurde das Mindestalter der Adoptiveltern mit dem Familienrechtsänderungsgesetz auf 35 Jahre gesenkt. Weitere Bestimmungen waren, dass sie kinderlos sein mussten. Ein Vertrag war notwendig. Das Vormundschaftsgericht hatte nur bei Minderjährigkeit des zu Adoptierenden eine Zustimmungspflicht; die Verwandtschaftsverhältnisse zur bisherigen Familie – so vorhanden – blieben bestehen, zur Verwandtschaft der Adoptiveltern entstanden keine rechtlichen Beziehungen; ein Erbrecht der Adoptierenden gegenüber dem Adoptivkind gab es nicht, und das Erbrecht des Kindes gegenüber den Adoptiveltern konnte vertraglich ausgeschlossen werden. Bei einer Adoption in diesen Jahren handelte sich um eine unvollständige oder auch so genannte »schwache« Adoption. Am 24. April 1967 kamen die Staaten der damaligen Europäischen Wirtschaftsgemeinschaft überein, ihr Adoptionsrecht in den wesentlichen Punkten einheitlich zu gestalten, wozu unter anderem gehörte, dass die Volladoption zur Regel wurde. Das bedeutete, dass das Adoptivkind vollwertiges Mitglied seiner neuen Familie wurde und dieselben Rechte wie ein eheliches Kind zugesprochen bekam.

Else und Hans Kröner entsprachen nicht in allen Punkten dem von einigen Adoptionsstellen geforderten Ideal. So war die Ehe der beiden gemischt konfessionell und zudem hatte es keine kirchliche Trauung gegeben. Viele Adoptionsstellen waren damals darauf bedacht, Kinder in Familien zu vermitteln, die derselben Konfession angehörten wie die leiblichen Eltern. Hinzu kam noch, dass, nachdem das Mindestalter von Adoptionseltern herabgesetzt worden war, die allgemeine Vermittlungspraxis vorsah, dass Kind und Adoptiveltern einen Altersunterschied aufwiesen, der einer natürlichen Eltern-Kind-Beziehung entsprach. Hans Kröner war mit seinen fast 60 Jahren zum Zeitpunkt der ersten Adoption schon fast der Großelterngeneration zuzurechnen. Eine weitere Schwierigkeit bestand darin, dass Else Kröner eine führende Position in einem mittelständischen Unternehmen innehatte. Für die meisten Adoptionsvermittler war es nämlich eine Grundvoraussetzung, dass die künftige Mutter ihre Arbeit aufgab oder, sofern das Kind schon älter war, höchstens stundenweise arbeitete.[4] Aus diesen Gründen kam von vornherein nur die Adoption eines älteren Kindes in Frage.

Anfang November 1968 zog die fünfeinhalbjährige Bärbel in das Haus der Kröners Am Rabenstein ein.[5] Bärbel war in ihrem kurzen Leben bis zum Zeitpunkt der Adoption bereits in neun verschiedenen Heimen und Pflegestellen untergebracht gewesen. Sie brauchte daher einige Zeit, bis sie sich in der neuen Familie zurechtfand.

Etwa zur gleichen Zeit, in der Else und Hans Kröner Bärbel bei sich aufnahmen, kümmerten sie sich schon um die nächste Adoption. Diesmal ging es um das Geschwisterpaar Gesa und Detlef. Die allein erziehende Mutter der beiden war schwer krebskrank und bemühte sich noch vor ihrem Tod um die Vermittlung ihrer 11 und 13 Jahre alten Kinder. Kinder in diesem Alter an Adoptiveltern zu vermitteln, war nicht einfach, weil sich die meisten adoptionsbereiten Paare um Neugeborene oder Kleinkinder bemühten. Else und Hans Kröner waren jedoch sofort bereit, Gesa und Detlef bei sich aufzunehmen. Sie lernten die Mutter der Kinder Ende 1968 kennen und trafen mit ihr noch einmal bei der Unterzeichnung des Adoptionsvertrages Anfang Juni 1969 zusammen, einige Tage später verstarb die Mutter. Die beiden Kinder kamen Anfang September 1969 in ihr neues Zuhause in Bad Homburg. Den elfjährigen Detlef wünschte seine leibliche Mutter im Internat in Salem unterzubringen, was Else Kröner auch in die Tat umsetzte. Er war daher nur während der Schulferien in Bad Homburg und weniger in das Familienleben im Haus Am Rabenstein integriert als Gesa, die das Gymnasium in Bad Homburg besuchte.

FAMILIENLEBEN

Anfang der 1970er Jahre war die Familie Kröner also bereits fünfköpfig. Im Haus Am Rabenstein lebte auch Else Kröners Mutter Therese Fernau. Die Kröners hatten damals zudem einen Schäferhund namens Pax, und nachdem dieser von einem Auto überfahren wurde, einen weiteren Schäferhund, der Attila hieß.[6] Else Kröners Mutter starb am 18. November 1972, gerade als sich Else und Hans Kröner auf der Feier zum 60-jährigen Jubiläum der Firma befanden. Die Kinder waren damals mit ihrer Großmutter Therese Fernau allein zu Hause, was Else Kröner als »besonders tragisch« empfand. Der Tod der Mutter traf Else Kröner schwer, zumal der frühe Tod des Vaters die Bindung zu ihrer Mutter verstärkt hatte. An eine Bekannte schrieb sie: »Ich war 47 Jahre meines Lebens mit meiner Mutter sehr eng verbunden – fast wie in einer Ehe. Da ist das Abschiednehmen schwer. Insbesondere brachte der Tod eine Umstellung sowohl im Haushalt als auch im Geschäft mit sich. Dazu kam, daß ich vorher ein bißchen Raubbau getrieben habe.«[7] In einem anderen Brief schrieb sie, dass ihr ihre Mutter sehr fehle, auch wenn ihr immer klar gewesen sei, dass sie sie eines Tages verlieren würde. Und: »Aus diesem Grund sind mir die Kinder sehr ans Herz gewachsen.«[8] Das einstige Frauen-Trio vom Rabenstein gab es nun nicht mehr, wie sie einer anderen Bekannten mitteilte: »Fräulein Scheele ist vor drei Jahren gestorben, auch meine Mutter lebt nicht mehr. Es war für mich sehr schwer, nach den vielen Jahren, in denen wir immer zusammen waren, mich an den Gedanken zu gewöhnen, dass sie nicht mehr ist.«[9]

Bisweilen hatte Else Kröner nun auch das Gefühl der Überforderung. Als sie im Januar 1973 gesundheitlich etwas angeschlagen war und vier Wochen zur Kur im Sanatorium Westerhof am Tegernsee verbrachte, weil sie an einer leichten Angina pectoris litt, gestand sie ihrer Tante Gerty: »Es hat sich alles etwas verändert, und ich bin nicht immer glücklich, daß ich nebeneinander Kinder, Geschäft und sonstiges erledigen muß.«[10]

Mit den Kindern gab es vor allem einige schulische Probleme. Detlef hatte ein Jahr übersprungen und kam in der neuen Klasse mit dem Pensum nicht klar. Else Kröner fragte in der Schule nach, ob der Lehrkörper ihn persönlich anhalten und mehr betreuen könnte, konnte aber aus der Ferne nicht beurteilen, wie dies zu realisieren sei. Sie erwog auch Nachhilfestunden.[11] Zugleich räumte sie ein, dass die Mentoren Detlef »sicherlich viel genauer« kennen würden als sie, da sie ihren Adoptivsohn nur in den Ferien erlebte.[12] Um den Druck von Detlef zu nehmen, meinte sie, dass für ihn nach der Schule auch eine Lehre möglich sei, weil er hier mehr in die Praxis kommen würde.[13]

Bärbel ging in die Ketteler-Francke-Grundschule in Bad Homburg. Sie hatte eine Schreibschwäche und wurde deshalb besonders gefördert.[14] Aber Else Kröner war sich sicher, dass Bärbel einmal »einen praktischen Beruf erlernen und auch zum richtigen Zeitpunkt wissen wird, was sie machen will.«[15] Was Gesa betraf, die im Mai 1974 kurz vor dem Abitur stand, legte Else Kröner dagegen ganz andere Maßstäbe an, auch wenn sie sich Bekannten gegenüber skeptisch gab: »Wir wissen noch nicht so recht, was sie werden kann«, schrieb sie, »denn für Pharmazie müsste sie die Traumnote (im Durchschnitt 1) haben, für Medizin 1,9.« Für die Ausbildung der Kinder taten die Kröners viel. Sie ermöglichten ihnen Englandaufenthalte wie beispielsweise im Sommer 1973, als der 16-jährige Detlef und die 17-jährige Gesa zur Verbesserung ihrer Englischkenntnisse die langen Ferien bei Familien in Südengland verbrachten.[16]

Nach dem Tod von Therese Fernau beschäftigten Else und Hans Kröner im Haushalt eine Hilfe, die sich um Verpflegung und Wäsche kümmerte und die Zimmer aufräumte und putzte. Doch das genügte Else Kröner schon bald nicht mehr. Sie brauchte jemanden, der mehr tun und »ständig im Hause anwesend« sein konnte.[17] Else Kröner stand in ihrer Doppelfunktion als Mutter und Unternehmerin zeitweise sehr unter Druck. Im Januar 1973 schrieb sie: »Wir sind alle so im Streß, daß wir gar nicht mehr wissen, wie schön es ist, anderen Menschen helfen zu können. Eltern tun dies selbstverständlich für ihre Kinder; wenn jedoch keine Kinder da sind, ergibt sich nicht so oft die Gelegenheit.«[18] Deshalb stellten sie eine Haushälterin an, die sich auch um die Kinder kümmern sollte. Nachdem sie mit zwei Zugehdamen keine guten Erfahrungen gemacht hatten, kehrten im Dezember 1975 mit Frau Anneliese Maier, die auch im Hause wohnte, Verlässlichkeit und Ruhe im Haus Am Rabenstein 23 ein.[19]

Hin und wieder nahm sich Else Kröner Zeit, ihrem Interesse für Literatur, Musik und Kunst nachzugehen; sie war Mitglied in der Deutschen Buch-Gemeinschaft, bestellte Musikschallplatten, gehörte der Frankfurter Museums-Gesellschaft e. V. an und hatte ein Abonnement bei den Städtischen Bühnen Frankfurt. In den Ferien, wenn die Familie verreiste, war es dann auch selbstverständlich, dass kulturelle Veranstaltungen und Besichtigungen mit auf dem Programm standen.

Gesa Kröner beschreibt ihre Mutter rückblickend als »impulsiver und völlig anders« als sie selbst.[20] Trotz häufiger Auseinandersetzungen stand Gesa ihre Adoptivmutter immer näher als Hans Kröner. Else Kröner, erinnert sie sich, sei immer auf andere zugegangen und habe viel unternehmen wollen. Dabei habe Else Kröner immer ein bildungsbürgerliches Streben an den Tag gelegt. Wenn die beiden ins Theater und in Konzerte gegangen seien oder gemeinsam Kunstausstellungen besucht hätten, wäre das nie ohne entsprechende Vorbereitung und gesprächsweise Nachbereitung vonstatten gegangen, was bei der jugendlichen Gesa nicht immer auf Begeisterung stieß. Hans Kröner war weniger in das Familienleben eingebunden. Solange er für die AGROB in Ismaning bei München arbeitete, war er nur am Wochenende in Bad Homburg. Erst nach seinem Umzug 1972 war er unter der Woche öfter Am Rabenstein zu Hause, aber auch dann meistens in seinem Arbeitszimmer beschäftigt.[21]

Immerhin waren es drei Jahre, in denen der Vater für die Familie nur am Wochenende greifbar war. Dass dies auch für Else mit Schwierigkeiten verbunden war, wird aus den Worten deutlich, die sie Jahre später an eine Bekannte richtete: »Schade, daß Sie eine Wochenendehe führen müssen. Ich weiß aus Erfahrung, daß es anders besser ist.«[22]

Die maximal dreiwöchigen Ferien verbrachte die Familie oft in ihrem Landhaus in Schmitten, wo sich alle stundenlang mit Gesellschaftsspielen beschäftigten oder mit einem besonderen Kegelspiel die Zeit vertrieben, das aus einer an einem Balken aufgehängten Kugel bestand, die man um einen Pfeiler herum schwingen konnte, um damit die Kegel umzuwerfen.

Andere Ferienziele waren Garmisch, der Wolfgangsee und einmal auch Italien. Der Urlaub gab Else Kröner immer Gelegenheit, sich ausgiebig der Familie zu widmen, und Bärbel, Detlef und Gesa Kröner beschreiben ihre Adoptivmutter in diesen Momenten als »viel entspannter« als im Alltag.[23] Den einen oder anderen Koffer mit Akten nahm Else Kröner aber auch in die Ferien mit. Hans Kröner nahm gewöhnlich nicht an den Familienferien teil.[24]

Wenn Else Kröner schon nicht, wie es zu dieser Zeit an sich üblich war, für ihre Kinder die Arbeit aufgab, so nahm sie sich doch hin und wieder den Nachmittag frei, um mit der Familie zusammen zu Mittag essen zu können und alle Neuigkeiten aus der Schule zu erfahren. Gesa erinnert sich, dass diese plötzliche Fürsorge dann ungewohnt für sie war und sie zur Enttäuschung von Else Kröner nur wenig erzählten.

Nachdem Gesa und Detlef die Schule beendet und das Studium aufgenommen hatten, wurde es ruhiger Am Rabenstein. Gesa war für ihr Pädagogikstudium nach Köln gezogen, Detlef studierte in Frankfurt Physik.

Über die Entwicklung ihres Adoptivsohnes freute sich Else Kröner, denn, wie sie im Februar 1976 einmal schrieb, war er »sehr fleissig«. Er arbeitete bereits im vierten Semester auf das Abschlussdiplom hin, was Else Kröner allerdings auch mit einiger Besorgnis sah: »Er ist eigentlich noch ein bisschen jung im Gegensatz zu seinen Kommilitonen, die wahrscheinlich alles viel gelassener nehmen.« [25]

Von der Studienwahl Gesas war sie nicht sehr angetan. Zwar gab sie zu, dass sich Gesa in Köln offensichtlich wohl fühlte,[26] aber sie hätte sich von ihrer Tochter gewünscht, »dass sie einen etwas anspruchsvolleren Beruf gewählt hätte.« Sie war sich nicht sicher, ob Gesa »kleine Kinder bis ins hohe Alter schmecken« würden.[27]

Wegen Bärbel machte sich Else Kröner ganz andere Gedanken. Bärbel ging zu diesem Zeitpunkt nicht mehr in Bad Homburg zur Schule. Um ihrem unbändigen Temperament Grenzen zu setzen, hatten Else und Hans Kröner sie im Schülerheim der Philipp-Reis-Schule in Friedrichsdorf untergebracht, wo sie unter der Woche auch wohnte. An den Wochenenden war Bärbel aber zu Hause Am Rabenstein. Hier war Else Kröner vor allem wegen des Umgangs, den ihre Tochter pflegte, besorgt. Bärbel brachte ab und an Freundinnen mit nach Hause, die der Mutter nicht sehr dynamisch erschienen.[28] Da sich in der Schule in Friedrichsdorf nicht der gewünschte Erfolg einstellte, brachte Else Kröner Bärbel im Internat Schloss Eringerfeld in Ostwestfalen unter.[29]

Bemerkenswert an dem im direkten häuslichen Kontakt durchaus sehr herzlichen Umgang Else Kröners mit ihren Kindern ist, dass im Alltag wegen ihrer beruflichen Einbindung vieles über Briefe vermittelt wurde. Wichtige Dinge mussten schriftlich kommuniziert werden. Hier gelang es ihr nicht immer, vom geschäftlichen Duktus der Unternehmerin in den familiären Ton der Mutter zu wechseln. Oft sind die Mitteilungen an die Kinder in einer knappen, strengen Form – teilweise in Telegrammstil – gehalten. In einem Schreiben an Detlef im Dezember 1976 wird dies besonders deutlich. Detlef hatte wohl im Unternehmen angerufen, um seiner Mutter etwas mitzuteilen. Else Kröner wollte allerdings, dass er sich immer zu Hause meldete. Sie rechnete ihm vor: »Hier sind fünf Leute angesprochen worden, durchschnittliche Beanspruchung zehn Minuten, zusammen ca. eine Stunde = 75,- bis 100,- DM. Ein Anruf bzw. zwei noch nicht einmal 10,- DM.«[30] Hätte Detlef also daheim angerufen, hätte der Aufwand 90,- DM weniger betragen.

WILLI UND OTTO

Nachdem Gesa und Detlef aus dem Haus waren, beschlossen Else und Hans Kröner 1976 noch einmal, Kinder zu adoptieren. Vermutlich ging die Initiative hierzu von Hans Kröner aus, denn im November 1975 schrieb Else Kröner an eine Bekannte: »Mein Mann hat mich mehrmals bedrängt, noch weitere Kinder anzunehmen, aber solange ich geschäftlich tätig bin, ist es den Kindern gegenüber und mir nicht zu verantworten.«[31]

Die Idee war, ein halbwüchsiges Kind in die Familie aufzunehmen, das von Bärbel, die inzwischen wieder Am Rabenstein wohnte, positiv beeinflusst werden könnte. Außerdem hätte Bärbel auf diese Weise einen Altersgenossen im Haus. Zudem hatten die Kröners die positiven Erfahrungen mit Gesa und Detlef vor Augen und wollten einem weiteren Kind eine bessere Zukunft ermöglichen. Else Kröner schrieb mit diesem Vorhaben an das Jugendamt Bad Homburg: »Die guten Erfahrungen bei der Adoption der drei Kinder würden mit Sicherheit auch auf ein förderungswürdiges Kind übertragen werden.«[32] Die zu erfüllenden Voraussetzungen für eine Adoption hatten sich nicht wesentlich geändert, und sowohl Hans Kröner, der mittlerweile auf die 70 zuging, als auch Else Kröner fielen eigentlich durch das von den Vermittlungsstellen vorgegebene Raster. Dazu bemerkte Else Kröner in dem Schreiben an das Jugendamt: »Wir glauben, dass von unserer Seite trotz des etwas vorgerückten Alters sowohl die materiellen Voraussetzungen als auch die Bereitschaft bestehen, die Adoption eines weiteren Kindes zum Erfolg zu führen.« Was von Seiten der Behörden für eine erneute Adoption sprach, war, dass die Kröners bereits Kinder adoptiert hatten.[33] Else Kröner räumte ein, dass es auch möglich wäre, ein Pflegekind anzunehmen, wenn einer Adoption besondere Hindernisse entgegenstünden.[34]

Nachdem sie mit einigen Vermittlungsstellen Kontakt aufgenommen hatten, erhielten Else und Hans Kröner schließlich vom Kinderheim Rickenbach in Baden-Württemberg die Aussicht auf zwei Brüder im Alter von zehn und elf Jahren. Else Kröner holte auf dieses Angebot hin Rat beim Diakonischen Werk ein. Die Referentin riet ihr dringend von einer Geschwisteradoption ab. Sie war der Meinung, dass die Integrationsschwierigkeiten bei Geschwistern, wenn schon andere Kinder in der Familie seien, »vorprogrammiert« seien, weil sie im alltäglichen Umgang miteinander das andere Kind als privilegiert ansehen und gegen es Front machen würden.[35] In Else Kröners Augen zählte aber viel mehr die Tatsache, dass hier zwei Jungen im Heim lebten, die ebenso gut in einer Familie aufwachsen konnten. Daher schob sie alle Bedenken beiseite.[36]

In einem Brief an Bärbel vom 7. Oktober 1976 kündigte sie das Kommen der Kinder an: »Wir bekommen in Kürze zwei Kinder, zwei Buben, 10 und 11 Jahre. Näheres weiß ich noch nicht. Du als ältere Schwester musst sie dann unter Deine Fittiche nehmen.« Im folgenden Satz der kurzen Mitteilung ging sie sogleich zu anderem über: »Habt Ihr wieder Arbeiten geschrieben? Was macht das Reiten?« Damit war der Text beendet.[37] Als

1976 die damalige Haushälterin Anneliese Maier aus den Ferien zurück kam, wurde sie von Else Kröner mit den Worten »Ich hab noch zwei!« empfangen. Nachdem klar war, dass mit »zwei« der elfjährige Otto und sein zehnjähriger Bruder Willi gemeint waren, zeigte sich auch Anneliese Maier skeptisch. Sie hatte miterlebt, wie viel Mühe die ersten drei Adoptivkinder bereitet hatten. Doch wie sonst auch galt Else Kröners Wort. Sie hatte die Kinder bei sich aufgenommen, und diese Entscheidung war unumstößlich.[38]

Weihnachten 1976 waren Otto und Willi bereits bei den Kröners in Bad Homburg. Bärbel beschwerte sich, dass die Neuankömmlinge viel mehr zu Weihnachten bekommen hatten als sie. Vor allem hatte sie sehr lange auf einen Plattenspieler warten müssen, und die beiden erhielten nun sogleich nach ihrer Ankunft ein derart großzügiges Geschenk. Else Kröner widersprach ihr im Januar 1977 in einem Brief mit Entschiedenheit. Der Plattenspieler sei wichtig, damit sie Bärbels nicht benutzen würden, und außerdem sollten sie auf dem Gerät Unterrichtsmaterialien hören.[39]

Einer Tante gegenüber zeigte sich Else Kröner trotzdem zufrieden: »Otto und Willi haben sich gut eingelebt. Sie gehen jetzt zur Schule und es macht ihnen auch Freude.« Über Bärbel schrieb sie, dass sie in Altötting sei. Um ihrer Tochter Disziplin vermitteln zu lassen, hatte Else Kröner Bärbel in ein von Nonnen geführtes Internat bei Altötting gegeben.[40] Detlef hatte »umgesattelt auf Elektrotechnik« und machte gerade ein Praktikum. Von Gesa wusste sie dagegen nur wenig zu berichten: »Ob sie ihre Prüfungen und Klausuren gewissenhaft macht? Ich kann es nur hoffen.«[41]

Etwas später ist Else Kröner mit Blick auf Willi und Otto schon skeptischer. »Die zwei kleinsten sind sehr bescheiden, der bessere bleibt erst mal sitzen, der ältere ist noch schlechter, wird aber versetzt, da er aufgrund seines Alters für die Klasse ein Problem wird. Diese beiden haben überhaupt noch nicht begriffen, was das Leben für Forderungen an sie stellt. Aber wir bemühen uns redlich und hoffen auf Erfolg.«[42]

Damit das Unternehmen Fresenius auch nach ihrem Tod in seiner Gesamtheit erhalten werden könnte, hielt es Else Kröner mit Blick auf mögliche Erbstreitigkeiten zwischen den Adoptivkindern für ratsam, dass diese nicht erbberechtigt sein sollten. Dies setzte sie ihren Kindern entsprechend auseinander. Wie sie in einem Brief an eine Bekannte erklärte, war sie der Meinung, dass das auch ihren Kindern entgegen kam, da sie so »frei entscheiden können, ob sie die Fähigkeit und den Willen haben, bei Fresenius mitzuarbeiten«. Mit Bezug auf die Erbfrage betonte sie: »Ich glaube, das war eine sehr gute Entscheidung.«[43] In der Tat hatten die Kröners die Adoptionen per Vertrag so geregelt, dass die Kinder nicht erbberechtigt waren. In dem Adoptionsvertrag für Willi und Otto etwa heißt es unter Paragraph 4: »Die Annehmenden erklären gemäß Artikel 12

Else Kröner mit ihren Adoptivkindern Bärbel, Detlef
und Gesa Anfang der 1970er Jahre.

[oben] Else Kröner (rechts) im April 1969 auf dem Balkon des Hauses Am Rabenstein, zusammen mit ihrer Cousine Marianne Schmidt.

[rechte Seite] Die Gegenaufnahme mit Selbstauslöser. Auf dem Bild von links nach rechts sind zu sehen: Therese Fernau, Else Kröner, Cousin Adolf Dorendorf, Cousine Marianne Schmidt, vor ihr Else Kröners Adoptivtochter Bärbel, Lieselotte Dorendorf und Emilie Scheele.

1976 adoptierten Hans und Else Kröner den
elfjährigen Otto [unten] und seinen zehnjährigen
Bruder Willi [oben].

§ 5 AdoptGes. vom 2. Juli 1976, dass für das Adoptionsverhältnis die bis zum 31. Dezember 1976 geltenden Vorschriften alten Rechtszustandes gelten sollten. Für sie ist dabei wesentlich, dass die jetzt adoptierten Kinder mit den bereits früher angenommenen Kindern – für welche – soweit rechtlich möglich – der alte Rechtszustand gewahrt bleiben solle – gleichgestellt werden sollen.« Und unter Paragraph 5 steht: »In Hinblick auf die Geltung des alten Adoptionsrechtes vereinbaren die Beteiligten den Ausschluß des vollständigen Erbrechtes der Kinder nach den Annehmenden. Den Kindern steht jedoch – im gleichen Umfange wie den bisher Angenommenen – Anspruch auf standesgemässe Ausbildung zu, insbes. ggf. auch Ableistung eines entsprechenden Studiums.«[44]

Otto und Willi hielten für die Adoptiveltern immer wieder Überraschungen bereit. Vom starren Gefüge des Heimalltags befreit, setzten sie nun alles daran, die Grenzen ihrer neuen Umgebung auszutesten. Um den schulischen Problemen beizukommen, beschäftigte Else Kröner für einige Zeit einen Nachhilfelehrer, der die beiden dabei unterstützen sollte, den Unterrichtsstoff an der neuen Schule besser aufzuarbeiten.[45]

Als sich trotz Eingewöhnungsphase und Nachhilfestunden nach einem Jahr weder das Sozialverhalten noch die schulischen Leistungen von Otto und Willi gebessert hatten, kamen Else und Hans Kröner gemeinsam mit dem Jugendamt zu dem Schluss, dass es für die beiden das Beste wäre, eine Weile getrennt voneinander zu leben. Es stand nämlich zu befürchten, dass Willis problematisches Verhalten einen schlechten Einfluss auf seinen Bruder Otto haben würde. Hans Kröner schrieb später zur Erklärung: »Entscheidend war für uns die Überlegung, daß die beiden Brüder getrennt werden müssen, um ihre Entwicklung zu fördern. Dies war nicht unsere Absicht von Anfang an gewesen, sondern ergab sich als einzige Möglichkeit, nachdem sie ein halbes Jahr im Elternhaus zugebracht hatten. Es zeigte sich dabei, daß sie zusammen eine Lebensgemeinschaft bilden, die den Aufbau neuer Kontakte und das Aufnehmen neuer Erlebnisse und neuen Wissens erschwerte.«[46]

Einige Jahre zuvor hatte Bärbels Internatsaufenthalt aus Sicht der Kröners zu einer deutlichen Besserung beigetragen. Auch das war ein Grund, mit den beiden Jungen ähnlich zu verfahren. Während Otto zunächst in Bad Homburg blieb, kam Willi im Sommer 1977 nach Laubach in ein Wohnheim mit angeschlossener Gesamtschule, kurze Zeit später in ein Wohnheim für Jungen in München, wo er die nahe gelegene Hauptschule besuchte.[47] Otto wurde zum 3. September 1978 in ein Internat in Rüdesheim gegeben.[48] Diese erneuten Veränderungen trugen aber nicht dazu bei, den Brüdern die Sicherheit zu geben, die sie für eine Verhaltensänderung gebraucht hätten. Vor allem Willi sollte mehr und mehr »Schwierigkeiten machen«.

Im Zusammenhang mit der Entwicklung von Willi wurden Else und Hans Kröner von Seiten der Schule in Laubach kritisiert. Die Verantwortlichen in der Schule waren der Ansicht, dass Else Kröner die an sie gestellten Erwartungen wie »Verständnis und Geduld, emotionale Zuwendung, behutsamer Aufbau, gefühlsmässige Bindungen« aufgrund ihrer geschäftlichen Verpflichtungen nicht habe erfüllen können.[49] Hans Kröner antwortete auf diesen Vorwurf und unterstrich, dass sich seine Frau mit viel Mühe um die Brüder gekümmert hätte, vor allem um den jüngeren Otto. »Sie ist, seitdem die Kinder adoptiert wurden, jeden Nachmittag zu Hause geblieben und hat sie selbst unterrichtet. Das hat sich auch nach dem Weggang von Willi nicht geändert, so dass ein Internatsaufenthalt nicht etwa dem Wunsch entsprach, wieder verstärkt geschäftlich tätig zu werden.« Abschließend schrieb Hans Kröner: »Natürlich kann man im Leben immer noch etwas mehr tun und etwas richtiger, das gilt aber wohl gerade hier für alle Beteiligten.«[50]

Die Ferien verbrachten Bärbel, Otto und Willi nach wie vor in Bad Homburg. Hans Kröners Sekretärin, Ingrid Banecki, erinnert sich, dass Bärbel und Willi hin und wieder im Büro waren und dort die Post öffneten und sortierten.[51] Und auch Johann Mesch, der seinerzeit als Steuerberater und »Mädchen für alles«[52] im Unternehmen tätig war, hatte öfter mit den Kindern zu tun. Er organisierte Ferienprogramme oder besorgte Praktikumsplätze.

Möglich ist, dass gerade in der besonderen Motivation des Ehepaars Kröner, Kinder zu adoptieren, ein Moment lag, das den Aufbau eines innigen Verhältnisses zu Otto und Willi erschwerte. Die beiden Jungen suchten nach ihrem Heimaufenthalt wahrscheinlich eher emotionale Nähe und ein festes, zuverlässiges Familiengefüge als finanzielle Sicherheit – ein Umstand, der in einem Schulgutachten angesprochen wurde, aber von den zuständigen Behörden und den Kröners wohl unterschätzt wurde.[53] Otto und Willi machten mit einigen Schwierigkeiten ihre Schulabschlüsse, die anschließenden Lehren zum Schreiner (Willi) sowie zum Dachdecker und Installateur (Otto) brachen beide aber ab.[54] Otto arbeitete einige Jahre als Tierpfleger bei Fresenius. Willi fand nach dem Wehrdienst eine Stelle in einem Fast-Food-Betrieb.[55]

Gesa sah sich nach Beendigung ihres Pädagogikstudiums mit der Tatsache konfrontiert, dass es in ihrem Bereich keine Stellen gab, und entschloss sich deshalb, eine kaufmännische Ausbildung aufzunehmen. Danach begann sie, bei Fresenius zeitweise im Export des Bereiches Dialyse zu arbeiten. Dass es für Hans Kröner von Bedeutung war, dass die Kinder an einer Aufgabe festhielten, zeigt ein Schreiben von ihm an Gesa aus dem Jahre 1991: »Am 1. April 1991 begehst Du Dein 5-jähriges Firmenjubiläum bei Fresenius. Ich darf Dir hierzu und auch zu der bestandenen Pharmareferentenprüfung sehr herzlich gratulieren. Es freut mich sehr, daß Du Dich damals entschlossen hast, zu Fresenius zu kommen. Deine Mutter, die dem Unternehmen mehr als vier Jahrzehnte mit Hingabe gedient hat und auch unter schwierigen Verhältnissen an der Aufgabe festhielt, hätte sich, würde sie noch am Leben sein, bestimmt mit großer Freude dieser Gratulation angeschlossen und wäre sehr stolz auf Dich. Ich wünsche Dir noch viele erfolgreiche Jahre mit Fresenius.«[56] Gesa arbeitete elf Jahre bei Fresenius, bevor sie sich zur Aufnahme eines Pharmaziestudiums entschloss. Zu Else Kröners Lebzeiten hatte auch schon im Raum gestanden, dass Gesa einmal die Hirsch-Apotheke übernehmen könnte, sie hatte aber damals abgelehnt, weil sie eine zu starke Beeinflussung durch ihre Mutter fürchtete.[57] Detlef arbeitete nach seinem Physik- und Elektrotechnikstudium zunächst im Freseniuswerk Schweinfurt, um dann als Entwicklungsingenieur in der Systementwicklung für Dialysegeräte in Bad Homburg tätig zu werden und später eine Stelle bei Fresenius Kabi zu übernehmen.[58] Bärbel absolvierte nach dem Schulabschluss, den sie schließlich in einer von Ursulinen geleiteten Schule in Fritzlar machte, eine Ausbildung zur Kinderpflegerin bei den Englischen Fräulein in Bad Homburg, arbeitete dann aber bis Mitte der 1990er Jahre als Systemberaterin in der Informatikabteilung bei Fresenius. Danach betrieb sie einige Jahre ein Geschäft für Tiernahrung in Weilmünster im Hintertaunus und machte später eine Ausbildung zur ITS-Kauffrau.[59]

Obwohl die Adoptivkinder von Hans und Else Kröner per Vertrag vom Erbrecht ausgeschlossen wurden, waren sie doch im Testament von Else Kröner nicht unerwähnt geblieben. Die 1983 gegründete Else Kröner-Fresenius-Stiftung, die Alleinerbin des Vermögens von Else Kröner wurde, sollte die Adoptivkinder unter Berücksichtigung ihres Einkommens und Vermögens bei einer sinnvollen Berufsausbildung oder Weiterbildung, bei einer Existenzgründung oder Forschungstätigkeit oder im Fall von Krankheit oder im Alter unterstützen.[60] Die Stiftung wurde ihrer Aufgabe gerecht und hat die Adoptivkinder auf ihrem Lebensweg weiter begleitet. Zu Willi und Otto brach der Kontakt in den 1990er Jahren allerdings ab.

1 Zeitzeugengespräch Ingrid Banecki, 27.01.2009 u. Zeitzeugengespräch Anneliese Maier, 27.11.2009. **2** Zeitzeugengespräch Anneliese Maier, 27.11.2009. **3** Napp-Peters, Anneke: Adoption – das alleinstehende Kind. Geschichte, Rechtsprobleme und Vermittlungspraxis, Darmstadt 1978. Auch zu Folgendem. **4** Napp-Peters, Adoption – das alleinstehende Kind, S. 196. **5** Archiv Beiten Burkhardt Rechtsanwaltsgesellschaft mbH, Frankfurt, Kröner Adoptionen: Notarieller Vertrag vom 10.09.1969. **6** Zeitzeugengespräch Bärbel Singh, 19.08.2010. **7** Archiv EKFS, Else Kröner Tageskopien, 10.01.1973. **8** Archiv EKFS, Else Kröner Tageskopien, 16.05.1973. **9** Archiv EKFS, Else Kröner Tageskopien, 12.06.1973. **10** Archiv EKFS, Else Kröner Tageskopien, 26.01.1973 u. 02.03.1973. **11** Archiv EKFS, Else Kröner Tageskopien, 10.01.1973. **12** Archiv EKFS, Else Kröner Tageskopien, 04.10.1973. **13** Archiv EKFS, Else Kröner Tageskopien, 16.05.1973. **14** Archiv EKFS, Else Kröner Tageskopien, 08.05.1973. **15** Archiv EKFS, Else Kröner Tageskopien, 16.05.1973. **16** Archiv EKFS, Else Kröner Tageskopien, 30.05.1973. **17** Archiv EKFS, Else Kröner Tageskopien, 30.01.1973. **18** Archiv EKFS, Else Kröner Tageskopien, 11.01.1973. **19** Zeitzeugengespräch Bärbel Singh, 19.08.2010. **20** Zeitzeugengespräch Gesa und Detlef Kröner, 21.11.2008. **21** Ebd. **22** Archiv EKFS, Else Kröner Tageskopien, 12.02.1986. **23** Zeitzeugengespräch Gesa und Detlef Kröner, 21.11.2008. **24** Zeitzeugengespräch Bärbel Singh, 19.08.2010. **25** Archiv EKFS, Else Kröner Tageskopien, 11.02.1976. **26** Ebd. **27** Archiv EKFS, Else Kröner Tageskopien, 06.06.1977. **28** Archiv EKFS, Else Kröner Tageskopien, 09.03.1976. **29** Zeitzeugengespräch Bärbel Singh, 19.08.2010. **30** Archiv EKFS, Else Kröner Tageskopien, 07.12.1976. **31** Archiv EKFS, Else Kröner Tageskopien, 04.11.1975. **32** Archiv EKFS, Else Kröner Tageskopien, 15.06.1976; Vgl. auch Archiv Beiten Burkhardt Rechtsanwaltsgesellschaft mbH, Frankfurt, Kröner Adoptionen: Hans Kröner an Adoptionszentrale des Diakonischen Werkes, 10.08.1976. **33** Napp-Peters, Adoption – das alleinstehende Kind, S. 195. **34** Archiv EKFS, Else Kröner Tageskopien, 15.06.1976. **35** Archiv Beiten Burkhardt Rechtsanwaltsgesellschaft mbH, Frankfurt, Kröner Adoptionen: Abteilung für Adoptionsvermittlung, Diakonisches Werk Hessen und Nassau an Else Kröner, 30.09.1976. **36** Zeitzeugengespräch Anneliese Maier, 27.01.2009. **37** Archiv EKFS, Else Kröner Tageskopien, 07.10.1976. **38** Zeitzeugengespräch Anneliese Maier, 27.01.2009. **39** Archiv EKFS, Else Kröner Tageskopien, 13.01.1977. **40** Zeitzeugengespräch Bärbel Singh, 19.08.2010. **41** Archiv EKFS, Else Kröner Tageskopien, 14.01.1977. **42** Archiv EKFS, Else Kröner Tageskopien, 06.06.1977. **43** Archiv EKFS, Else Kröner Tageskopien, 12.04.1977. **44** Archiv EKFS, Else Kröner Tageskopien, 20.12.1976. **45** Archiv Beiten Burkhardt Rechtsanwaltsgesellschaft mbH, Frankfurt, Kröner Adoptionen: Hans Kröner an Gesamtschule Laubach, 02.02.1978. **46** Archiv Beiten Burkhardt Rechtsanwaltsgesellschaft mbH, Frankfurt, Kröner Adoptionen: Gesamtschule Laubach Beurteilung, 25.01.1978. **47** Archiv Beiten Burkhardt Rechtsanwaltsgesellschaft mbH, Frankfurt, Kröner Adoptionen: Zeugnis Willi Kröner Bad Homburg, 22.07.1977. Zeugnis Laubach, 31.01.1978. Aufnahme in München bereits 11.02.1978. **48** Archiv Beiten Burkhardt Rechtsanwaltsgesellschaft mbH, Frankfurt, Kröner Adoptionen: Notiz 04.07.1978. **49** Archiv Beiten Burkhardt Rechtsanwaltsgesellschaft mbH, Frankfurt, Kröner Adoptionen: Hans Kröner an Gesamtschule Laubach, 02.02.1978. **50** Ebd. **51** Zeitzeugengespräch Ingrid Banecki, 27.01.2009. **52** Zeitzeugengespräch Johann Mesch, 27.01.2009. **53** Archiv Beiten Burkhardt Rechtsanwaltsgesellschaft mbH, Frankfurt, Kröner Adoptionen: Gesamtschule Laubach an Else Kröner, 18.12.1977. **54** Otto beendete mit einem Abgangszeugnis 1982 die Hauptschule in Rüdesheim. Archiv Beiten Burkhardt Rechtsanwaltsgesellschaft mbH, Frankfurt, Kröner Adoptionen: 08.06.1982. Zeitzeugengespräch Bärbel Singh, 19.08.2010. **55** Archiv Beiten Burkhardt Rechtsanwaltsgesellschaft mbH, Frankfurt, Kröner Adoptionen: Hans Kröner an die EKFS, 04.11.1998. **56** Archiv Beiten Burkhardt Rechtsanwaltsgesellschaft mbH, Frankfurt, Kröner Adoptionen: 28.03.1991. **57** Zeitzeugengespräch Gesa und Detlef Kröner, 21.11.2008. **58** Archiv EKFS, Else Kröner Tageskopien, 13.01.1986. **59** Zeitungsartikel im Weilburger Tageblatt, 02.07.2000, S. 15. Zeitzeugengespräch Bärbel Singh, 19.08.2010. **60** Archiv EKFS, Testament Else Kröner 1981.

FRESENIUS AUF DEM WEG ZUM GROSSUNTERNEHMEN

ELSE KRÖNERS FÜHRUNGSSTIL

DIE FRESENIUS KG war auf Erfolgskurs. In nur zehn Jahren – von 1962 bis 1972 – stieg der Umsatz von etwa 5 Mio. DM auf über 50 Mio. DM. Insgesamt waren Mitte der 1970er Jahre bei Fresenius 900 Mitarbeiter beschäftigt, davon 40 Personen im Bereich Forschung und Entwicklung und 100 im Außendienst. Else und Hans Kröner planten, auf längere Sicht die Exporte zu steigern. Bislang waren sie mit ihrem Unternehmen über eine Exportrate von fünf Prozent nicht hinausgekommen. Für umfangreiche Beteiligungen im Ausland hatten noch die Reserven gefehlt.[1]

Angesichts der Expansion des Unternehmens und auch der Ziele, die sich das Unternehmen gesetzt hatte, nahm die Arbeit für Else Kröner immer mehr zu. Sie sah sich als Geschäftsführerin weiterhin in grundsätzlich allen Bereichen der Firma in der Verantwortung. Auf der Führungsebene war Else Kröner überall präsent, denn keiner kannte den Betrieb so gut wie sie. Sie hatte das Unternehmen nach dem Krieg übernommen und jahrelang erfolgreich geleitet; sie kannte all seine Abteilungen, war mit den Mitarbeitern gut bekannt, auch mit den Kunden, und sie hatte als Pharmazeutin den Überblick über alle Fresenius-Produkte.

In den Erinnerungen ehemaliger Kollegen und Mitarbeiter hat sich ein Bild von der Unternehmerin Else Kröner als »Seele von Fresenius« festgesetzt. Sie habe sich vor allem um die Belegschaft gekümmert, und der Schwerpunkt ihres unternehmerischen Wirkens hätte im Personalwesen gelegen. Diese Einschätzung ist durchaus verständlich, erinnern sich doch ehemalige Mitarbeiter gern an diese sehr sympathische Seite von Else Kröner. Zudem mag die erfolgreiche Unternehmensführung durch Hans Kröner nach 1988 – ohne seine Frau – bei den Zeitzeugen den Eindruck hinterlassen haben, als habe Hans Kröner schon vor 1988 überwiegende Anteile an der Leitung des Unternehmens gehabt, wobei Else Kröner auf das Personalwesen konzentriert gewesen wäre. Es heißt, er habe vor allem in den letzten Jahren bis zum Tode von Else Kröner die wichtigsten Entscheidungen getroffen. Diese Darstellung bedarf der Differenzierung.

Ein Zeugnis ihrer vielfältigen Tätigkeiten ist ihre Korrespondenz mit Kunden und Geschäftsfreunden aus den Jahren 1973 bis 1988. Für das Geschäftsjahr 1973 etwa zeigen ihre Briefe und internen Mitteilungen Aktivitäten Else Kröners in nahezu sämtlichen Bereichen der Unternehmensführung.[2]

Else Kröner kümmerte sich um die externe Kommunikation in der Regel persönlich. Sie nahm im Namen des Unternehmens an zahlreichen medizinischen und pharmazeutisch-pharmakologischen Fachtagungen teil. Wenn sie an wichtigen Tagungsterminen verhindert war, sorgte sie dafür, dass – wie sie sich Hans Kröner gegenüber ausdrückte – »einer unserer Herren« an der jeweiligen Veranstaltung teilnahm.[3] Von »ihren Herren« erwartete sie dann auch einen detaillierten Bericht, wie sie ihn selbst nach jedem Tagungsbesuch erstattete. Von der Mitgliederversammlung der Interessengemeinschaft der Infusionslösungs-Hersteller zum Beispiel, die sie im Februar 1973 besuchte, gab sie in diesem Sinne einen ausführlichen Report über Zuckeraustauschstoffe, Fragen der Prüfung von Kunststoffbehältnissen, über den Einsatz von Leichtglasflaschen und über Fragen der Apothekenpflicht für Infusionslösungen.[4]

Den Kontakt zu Medizinern in Krankenhäusern überließ Else Kröner größtenteils den Außendienstmitarbeitern.[5] Aber auch hier war ihr die persönliche Verbindung ihrer Mitarbeiter zu den Anwendern der Fresenius-Produkte von großer Bedeutung. So trat sie energisch für eine persönliche Übergabe von wissenschaftlichen Mitteilungen des Hauses Fresenius an einschlägige Ärzte ein und konnte ihrem Missfallen sehr deutlich Ausdruck verleihen, wenn die Publikationen den Ärzten per Post zugingen. Sie war der Meinung, hier würde ein Potential, das mit viel Aufwand geschaffen wurde, ungenutzt bleiben.[6] Für den persönlichen fachlichen Austausch mit den Medizinern wurden die Außendienstmitarbeiter speziell vorbereitet – unter anderem mit Fortbildungen mittels Tonbandkassetten, zu denen Else Kröner selbst den Anstoß gegeben hatte. Sie versandte hierzu ein Rundschreiben mit der Frage, wie viele Mitarbeiter überhaupt einen Rekorder hätten.[7]

Was die Außenwirkung des Unternehmens anbelangte, hatte Else Kröner sehr konkrete Vorstellungen, die sie ihren Mitarbeitern immer wieder vergegenwärtigte. Wenn die Publikationen des Unternehmens dann nicht entsprechend ausfielen, hielt sie sich mit Kritik nicht zurück. Wie im Fall eines Prospektes zu einem Fresenius-Produkt, bei dem zunächst einmal ein Schreiben ihres Sekretariats an den Verantwortlichen erging, mit den Worten: »Frau Kröner möchte wissen, ob das erste Blatt beiliegender Schrift – bes. Fresenius Pharma in großen Buchstaben – Ihnen vor Druck vorlag und Ihre Zustimmung fand. (Frau Kröner ist nicht sehr begeistert!).« Eine persönliche Aussprache folgte.[8]

Auch in der internen Kommunikation war Else Kröner die oberste Instanz, etwa wenn es um die Inhalte und die Gestaltung der Druckschrift »Fresenius-Aktuell« ging. Wie alle Publikationen des Unternehmens musste sie ihr vor dem Druck vorgelegt werden.

Wichtiges Aufgabengebiet in der Fresenius-Firmenleitung war die Produktentwicklung. Else Kröner stand mit der Forschungsabteilung in ständigem Kontakt und gab an die Mitarbeiter fortwährend ihre Beobachtungen auf dem Markt und ihre Erkenntnisse weiter. Anfang Juli 1973 schrieb sie beispielsweise an zwei Mitarbeiter in der Forschungsabteilung: »Wir haben uns vor einem bis zwei Jahren über Clofibrat der Firma Delmar, Canada, unterhalten. Damals kamen die Herren, so glaube ich, zu dem Schluß, daß bereits viele Produkte mit gleicher Wirkung auf dem Markt seien. Ich selber hätte es sehr begrüßt für unsere Spezialitäten-Abteilung. Ist zu erwarten, daß das Präparat aus heutiger Sicht wesentliche Vorteile bietet und eine Prüfung (bitte um Kostenermittlung) rechtfertigt?«[9] Überlegungen stellte sie auch zum Spezial-Heftpflaster Neopur an, über das eventuell ein Geschäftsfeld zu erschließen war: »Handelt es sich hier«, so die Frage an ihre Mitarbeiter, »um eine echte Neuheit? Das Pflastergeschäft ist in festen Händen. Preislich wahrscheinlich nur dann zu unterlaufen, wenn wir billiger sind bzw. eine echte Neuheit auf den Markt bringen zu gleichen Preisen.«[10] Und den Hinweis eines Mitarbeiters, dass neben dem Präparat Nebacetin-Spray kein anderes Produkt auf Tetracyclin-Basis auf dem Markt sei, griff Else Kröner sofort auf und teilte ihren Forschern mit, dass sie nicht verstehen könne, »warum wir ein solches Produkt nicht ins Auge fassen«.[11]

Später regte sie an, generell die Entwicklung von Arzneimitteln für Kinder zu forcieren: »Da wir bereits mehrere Kinderarzneimittel (Oralpädon, Perkutan Hamburger forte, Perkutan-S Salbe, Lactase sowie einige Lösungen) in unserem Programm haben, sollten wir überlegen, ob wir Kinderarzneimittel entwickeln.« So sollte der Bormelin-Hustensaft kinderfreundlicher gestaltet werden. Auch eine Bormelin-Nasensalbe für Kinder schien möglich. Sie wäre vielleicht ein Erfolg, so Else Kröner, wenn sie eine andere Salbengrundlage als Vaseline hätte. Auch an ein Spray dachte sie: »Das Em-eu-kal-Spray kostet 15,- DM. Wenn wir ein Bormelin-Spray für DM 6,- bis DM 8.- herstellen könnten, könnte dies ein Erfolg sein.«[12]

Immer wieder hielt sie bei Entscheidungen, die die Entwicklung neuer Produkte betrafen, mit Wissenschaftlern und Anwendern Rücksprache und machte ihre Entscheidungen von deren Votum und der allgemeinen

161

Marktsituation abhängig. Was Rezeptorenblocker betraf, hatte sie beispielsweise mit einem Forscher besprochen, die Fortsetzung von Forschungsaktivitäten in diesem Bereich noch einmal zu überdenken. Sie war der Überzeugung, »dass zu viele große Firmen auf diesem Gebiet arbeiten, ziemlich viel bereits patentiert ist«.[13]

Mit Blick auf die Produktentwicklung schlug Else Kröner für Besprechungen im Kreise von wissenschaftlichen Mitarbeitern Themen vor, wie etwa den Nutzen von Kalzium-Vitamin-C-Trinkampullen, die Verwendung von Thiola bei einem Leber-Therapeutikum und die Rolle von Ionenaustauschern in der Medizin.[14]

Die Preiskalkulation und die damit verbundene Konkurrenzbeobachtung waren dann ein weiterer Arbeitsbereich von Else Kröner. Fortwährend machte sie sich dazu Notizen und hielt mit ihren Mitarbeitern Rücksprache. Das betraf auch die Produktion bzw. den Vertrieb im Ausland.[15] Kalkulationen und Preise fragte sie kurz und bündig nach: »Was kostet jetzt ein Schlauchsystem (Einkaufs- und Verkaufspreis). ... Im Augenblick läuft ein Angebot bei Rehau-Plastik; dies sollte abgewartet werden.«[16]

War ein Produkt marktreif, kümmerte sich Else Kröner selbst um Detailfragen wie die Etikettierung. In einer internen Mitteilung schrieb sie beispielsweise: »Anläßlich der Regionaltagung in Hamburg wurde wieder einmal besprochen, daß unsere Etiketten (Haftetiketten) nur bedingt geeignet sind: Sie lassen sich nur schwer von unseren Flaschen abweichen (wichtig für Univ. Kliniken). Viel besser ist das Etikett von Beiersdorf (s. Anlage). Sicherlich gibt es noch andere Firmen, die man heranziehen könnte.«[17] Und Else Kröner kümmerte sich um Fragen der Verpackung: »Eine eingehende Rückfrage in der Hirsch-Apotheke bezüglich der Allopurinol-Produkte ergab, dass die Fa. Fresenius die unmöglichste Packung hat.« Sie konnte dies nur bestätigen, denn sie hatte sich die neuen Konkurrenz-Packungen angesehen. Fazit war: »Unsere Packung muss auf jeden Fall grösser werden und das Erscheinungsbild übersichtlicher (Tablettenanzahl, Produktname, chem. Bezeichnung, Firma).«[18]

Schließlich war auch die Lagerung für sie ein Bereich, in dem sie in alle Entscheidungen eingebunden sein wollte. Weil dies die Baulichkeiten betraf, war sie dann auch Ansprechpartnerin für Baufragen auf dem Betriebsgelände und wurde kontaktiert, selbst wenn es darum ging, welche Art von Tor für das Fabrikgelände im Gluckensteinweg am besten geeignet war.[19]

Und immer wieder waren es Personalfragen, bei denen sie sowohl die Einzelpersonen als auch die größeren betrieblichen Entwicklungen im Blick hatte. An eine Abteilungsleiterin schrieb sie zum Beispiel: »Zum 31.1.72 ist Ihre Abteilung von 17 auf 31 angewachsen, das ist das stärkste

Wachstum in der Firma von einer Abteilung. Es sollte von Ihnen ausführlich begründet werden.«[20] Die einzelnen Abteilungen konnten zwar Personalbedarf anmelden, das letzte Wort bei Neueinstellungen wollte jedoch Else Kröner behalten, zumal sie sich um alle Belange des Personalwesens kümmerte.[21] Bei den Einstellungen von Führungskräften nutzte sie nach wie vor graphologische Gutachten, wie sie es auch bei Hans Kröner seinerzeit gemacht hatte, um seine Persönlichkeit einschätzen zu können. Im März 1973 etwa erhielt sie ein Gutachten für einen Bewerber, in dem es unter anderem hieß: »Raumbild gut, vorsichtiger Mensch, Pläne wirklichkeitsnah, kleinlich in Geldsachen .... pünktlich und pflichtbewusst, kein Angeber, nüchtern, kein Spinner, nicht so empfindlich.« Durch den Gutachter wurde sogar eine Empfehlung ausgesprochen: Man könne ihn einstellen.[22] Solche Gutachten waren damals nicht ungewöhnlich, wenn es darum ging, Bewerbungen auf wichtige Stellen zu bewerten. Erst Ende der 1970er Jahre wurden Zweifel an der Aussagekraft von graphologischen Gutachten lauter. Die Methode wurde bald hinsichtlich ihrer Wissenschaftlichkeit kritisiert und mit der Astrologie verglichen.[23]

Else Kröner hatte immer auch die Gesamtentwicklung im Personalwesen im Blick. Im Frühjahr 1973 bemerkte sie gegenüber einem Verantwortlichen in der Personalabteilung: »Seit dem 30. Juni 1971 bis zum heutigen Tage haben wir ca. 170 Leute mehr. Der Umsatz ist nicht nennenswert gestiegen, so dass Sie einmal die Zahlen aufschlüsseln sollten.« Und zwar wollte Else Kröner wissen, wie viele Personen für den Verkauf hinzugekommen waren. Hier würde der erhöhte Personaleinsatz erst später Wirkung zeigen. Außerdem wollte sie wissen, inwieweit neue Aktivitäten, »bürokratischer oder verkäuferischer Natur«, aufgenommen wurden. Dann hätte man die Ergebnisse mit dem Arbeitsaufwand abgleichen können.[24]

Überschaut man die Fülle ihrer Aktivitäten, entsteht schnell der Eindruck, dass sie über alle Abläufe informiert und an sämtlichen wichtigen Entscheidungen beteiligt war. Und in der Tat: Else Kröner brachte sich in alle Fragen ein; sie fühlte sich überall verantwortlich.

Der von Else Kröner gepflegte Führungsstil ist für die Leitung eines kleineren mittelständischen Betriebes charakteristisch und vor allem in Familienunternehmen anzutreffen. Else Kröner verstand Fresenius als ihr Unternehmen, und es war für sie eine Lebensaufgabe, die Firma weiter voranzubringen. Nur durch ihr hohes Engagement, durch ihre Identifikation mit dem Unternehmen und durch Omnipräsenz war es ihr möglich gewesen, den Betrieb in den Nachkriegsjahren wieder aufzubauen. Sie war im Nachkriegsjahrzehnt mit ihrer Arbeitsweise erfolgreich gewesen und führte ihren Stil auch in den 1960er und 1970er Jahren fort.

Später konnte sie aufgrund der zunehmenden Größe des Unternehmens nicht mehr in allen Bereichen aktiv sein und überall mitentscheiden. Das hatte jedoch keinen nachteiligen Einfluss auf die Firmenentwicklung, weil immer mehr fähige Führungskräfte eingesetzt wurden, die mit ihr zusammen das Unternehmen auf den Weg zu einem Global Player brachten. Aber bei der Unternehmerin, die es über zwei Jahrzehnte gewohnt gewesen war, bei Fresenius alles selbst in der Hand zu haben, führte die immer weiter ausdifferenzierte Arbeitsteilung im Unternehmen bisweilen zu einem Gefühl der Unsicherheit.[25]

DIE ERRICHTUNG DES FRESENIUS-WERKES IN ST. WENDEL

Für die Herstellung von Infusionslösungen benötigte Fresenius Anfang der 1970er Jahre mehr Produktionsfläche. In Bad Homburg war dafür kein Platz vorhanden, die Produktion am Gluckensteinweg konnte nicht erweitert werden, daher begann Fresenius einen geeigneten Standort für ein neues Zweigwerk zu suchen. Die Entscheidung fiel auf St. Wendel im Saarland, einen Ort in einer landwirtschaftlich geprägten, strukturschwachen Gegend mit einer damals als hoch erachteten Arbeitslosenquote von 5 Prozent.

Die Fresenius-Geschäftsführung entschied sich mit ihren Beratern aus mehreren Gründen für eine Niederlassung in diesem Gebiet: Die hohen Investitionen sollten – wenigstens teilweise – durch Fördermaßnahmen des Saarlands für die Schaffung neuer Arbeitsplätze aufgewogen werden. Außerdem konnte der Standort für eine Ausweitung des Geschäfts in Frankreich genutzt werden, dessen Markt Fresenius bislang noch kaum erschlossen hatte.[26] Und schließlich war die Qualität des Wassers in St. Wendel ausschlaggebend, denn in dem Buntsandsteingebiet war das Wasser für die Herstellung von Infusionslösungen besonders geeignet. Sein geringer Härtegrad machte die Destillation besonders einfach.[27] Im örtlichen Industriegebiet existierte zudem bereits ein leer stehendes Fabrikgebäude, so dass Zeit- und Kostenaufwand für einen Neubau entfielen. Das Fabrikgebäude mit einer Nutzfläche von rund 16.000 qm war Ende der 1960er Jahre errichtet und kurzzeitig von der Strumpffirma Triumph genutzt, dann aber aus finanziellen Gründen aufgegeben worden.

Während einer etwa einjährigen Planungs- und Ausführungsphase investierte Fresenius ca. 13 Millionen DM in Kauf, Umbau und maschinelle Ausrüstung des Gebäudes. Im November 1974 ging das neue Werk mit 100 Beschäftigten in Betrieb. Die Mitarbeiterzahl sollte, so der Plan, innerhalb eines Jahres verdoppelt werden.[28]

Die feierliche Eröffnung des neuen Fresenius-Werkes in St. Wendel fand am 22. November 1974 im Beisein von 400 Gästen aus Politik, Wirtschaft und Wissenschaft statt. Die Bedeutung, die das Saarland der Investition der Fresenius KG beimaß, drückte sich auch darin aus, dass der Ministerpräsident des Bundeslandes Franz Josef Röder und der Bundeswirtschaftsminister Hans Friderichs an der Eröffnungsveranstaltung teilnahmen. Wie Röder deutlich machte, entsprach die Neuansiedlung genau den strukturpolitischen Erfordernissen des Landes: »Gerade hier in St. Wendel ist der Bedarf an industriellen Arbeitsplätzen noch besonders dringend. Es [das Unternehmen] benötigt weibliche Arbeitskräfte, für die der Arbeitsmarkt im nordöstlichen Saarland immer noch unzureichend ist … Das Unternehmen hat auch ein wünschenswertes Produktionsprogramm. Die pharmazeutischen Produkte und medizinischen Geräte, die in diesem Betrieb hergestellt werden, lassen eine konjunkturunempfindliche und wachstumsstarke Entwicklung erwarten. Es werden – und darauf legen wir bei unserer Strukturpolitik ebenfalls großen Wert – auch Forschungs- und Entwicklungsvorhaben … durchgeführt, mit denen Arbeitsplätze für solche Menschen verbunden sind, die aufgrund einer besseren Ausbildung in unserem Land auch einen entsprechenden Arbeitsplatz erwarten.«

Entsprechend äußerte sich Hans Kröner in seiner Eröffnungsansprache: »Wir sind überzeugt«, sagte er auch im Namen seiner Frau, »daß dieses neue Werk zum Nutzen der hiesigen Wirtschaft und der Menschen, die in ihm tätig sind, arbeiten wird. Unser Wunsch ist, daß es sich bald mit Leben erfüllt, und daß die Arbeit, die hier getan wird, dem Leben dient.«[29] Die Produktion lief zunächst mit Infusionslösungen – 4 Millionen Einheiten pro Jahr – an. Wenig später kamen auch Kunststoff-Einmalartikel hinzu.

Ab 1977 begann die Produktion von Dialysatoren in St. Wendel. Zwei Jahre später wurden bereits etwa 200.000 Stück produziert.[30] Anfang der 1970er Jahre hatte Fresenius geplant, sich im Bereich der Dialyse stärker auf dem Markt zu positionieren. Nach den ersten schwierigen Anfängen galt das Fresenius-Engagement in der Dialyse doch als vielversprechend. Seit 1966 hatte Fresenius die Geräte ausländischer Hersteller in Deutschland vertrieben. Aus dem Bestreben heraus, die künstlichen Nieren zu optimieren, kam bei Fresenius der Gedanke auf, Verbesserungsvorschläge für die Geräte, die von den Anwendern in den deutschen Kliniken kamen, nicht einfach an die Hersteller weiterzugeben, sondern selbst eine Forschungsabteilung aufzubauen, um eigene und bessere Dialysegeräte zu entwickeln. Das war mit einigem Risiko verbunden, denn bis dahin war Fresenius vor allem ein Pharmaunternehmen gewesen. Zwar hatte das Unternehmen Erfahrungen bei der Entwicklung von Infusionsgeräten gesammelt, aber das technische Know-how für ein eigenes Dialysegerät musste erst erarbeitet werden.

Hinsichtlich eines starken Ausbaus des medizintechnischen Bereichs war Else Kröner anfangs noch sehr vorsichtig. 1973 schrieb sie, dass man »die Firma Fresenius Apparatebau im Augenblick, da man die Expansion noch nicht voraussehen kann, in gemieteten Räumen unterbringen und [sich] zum späteren Zeitpunkt auf einem neuen Gelände verselbständigen«[31] solle.

Zunächst ging es sowieso noch darum, verschiedene Systeme und Einzelkomponenten für Dialysatoren und Dialysegeräte zu testen. Verschiedene Filtermaterialien für die Blutreinigung wurden erprobt, zahlreiche Ideen vorgebracht und viele wieder verworfen. Dafür gab es ein kleines Entwicklungsbüro in München, in dem es sich Ingenieure und Chemiker zum Ziel gesetzt hatten, eigene Filtermembranen zu fertigen, doch zunächst ohne Erfolg.[32] Vor allem Klaus Heilmann war davon überzeugt, dass eigene praktikable Lösungen für die Herstellung von Bauteilen, Geräten und Produktionsanlagen gefunden werden könnten. Er arbeitete beharrlich an den technischen Fragen und konnte bald einen ersten funktionstüchtigen Filter präsentieren: einen Dialysator, in dem Cuprophan, also Kupferseide, als Material verwendet wurde. Während Heilmann am Filtersystem arbeitete, widmete sich Dr. Wilfried Schäl der Konstruktion eines Dialysegerätes. Beide Entwicklungen, die eines Dialysators und eines Dialysegerätes, wurden vor allem von Dr. Gerd Krick vorangetrieben, der 1975 in das Unternehmen eingetreten war.

Else Kröner, die sich in der Planung für St. Wendel zunächst etwas skeptisch gezeigt hatte, begleitete dann von Beginn an das Projekt einer neuen Produktionsstätte mit Engagement.[33] Im Oktober 1974 etwa schrieb sie einem Mitarbeiter, dass sie die Entwicklung von Infusionsbeuteln nicht in München ansiedeln wolle, sondern im Saarland: »Zwischen meinem Mann und mir«, schrieb sie, »hat noch einmal ein Gespräch bezüglich Beutel-Probefertigung in München stattgefunden. Ich konnte meinen Mann überzeugen, daß es richtig ist, die Beutel-Schweißmaschine und die Beutel-Abfüllmaschine sofort in St. Wendel zu installieren.«[34]

Nachdem die Fertigung in St. Wendel lief, übernahm Else Kröner die Produktionsplanung und kümmerte sich um Kontakte zu den lokalen Entscheidungsträgern.[35] Am 18. Oktober 1979 lud sie zum Beispiel die saarländische Ministerin für Arbeit, Gesundheit und Sozialordnung Dr. Rosemarie Scheurlen nach St. Wendel ein. Anlässe dafür waren, wie sie schrieb »die Erweiterung in unserer Abteilung, die sich mit der Herstellung von Schlauchsystemen und Kathetern befaßt«, sowie der Abschluss der ersten Präsentation des Einmaldialysators Hemoflow.[36]

Mit dem Erfolg der Produkte stieg auch die Mitarbeiterzahl kontinuierlich an. 1985 waren mehr als 400 Mitarbeiter in St. Wendel beschäftigt, über 60 Prozent davon weiblich.[37] St. Wendel war für das Unternehmen ein gewagter Schritt gewesen, der letztendlich zu einem Erfolg wurde. Auf dem heimischen Markt hatte sich wiederholt die firmentypische Kombination von Gerätevertrieb, Beratung und Wartung als gut erwiesen.

PHARMAPLAN UND DAS FRESENIUS-WERK IN SCHWEINFURT

1974, im Jahr der Eröffnung des Werkes in St. Wendel, fiel auch die Entscheidung, ein neues Fresenius-Tochterunternehmen zu gründen – das Unternehmen Pharmaplan. Über Pharmaplan als hundertprozentige Tochtergesellschaft von Fresenius wurde Kunden das von Fresenius entwickelte technische, administrative und pharmazeutische Know-how zur Verfügung gestellt. Im In- und Ausland ergaben sich darüber hinaus Kooperationen zur Planung und Inbetriebnahme von Herstellungsanlagen für medizinische und pharmazeutische Produkte. Pharmaplan sorgte hier für die Projektabwicklung aus einer Hand. Das Unternehmen übernahm Standort- und Finanzanalysen, technische Planung, Überwachung der Zeitpläne, Marketing, Distribution und Mitarbeiterschulung. Außerdem blieb es nach erfolgreichem Abschluss eines neuen Projekts beratend tätig und versorgte die Partnerunternehmen mit Betriebsmitteln. Derartige Kooperationen wurden schon in den ersten Jahren weltweit geschlossen, vom damaligen Jugoslawien und Frankreich über Portugal bis nach Kenia und Saudi-Arabien.[38]

Unabhängig von dieser Gründung und parallel zur Entwicklung der Dialysatoren wurde in Bad Homburg weiter an der Konstruktion von Dialysegeräten gearbeitet. Ein erster funktionsfähiger Prototyp eines neuen Dialysegeräts wurde 1978 vorgestellt.[39] Unter Leitung von Dr. Schäl und später Dr. Hans-Dietrich Polaschegg wurde dann das Dialysegerät A 2008 C zur Marktreife gebracht.

Zunächst wurde das Gerät in Bad Homburg in der Daimlerstraße im Gebäudekomplex, in dem sich auch das Zentrallager befand, produziert. Um die Produktion aber ausweiten zu können, musste eine neue Betriebsstätte geschaffen werden. Wie bei der Erweiterung der Infusionslösungsproduktion entschieden sich Else und Hans Kröner auch in diesem Fall für eine Fertigung in einem strukturarmen Gebiet. Ihre Wahl fiel auf das unterfränkische Schweinfurt. Die Region um Schweinfurt wies aufgrund ihrer Zonenrandlage in den 1970er Jahren eine hohe Arbeitslosigkeit auf. Sowohl die Stadt Schweinfurt als auch das Bayerische Wirtschaftsministerium waren daher an der Ansiedlung expandierender Unternehmen sehr interessiert. Die wirtschaftliche Entwicklung der Region sollte vorangetrieben und Arbeitsplätze sollten geschaffen werden. Besonders günstige Konditionen, Fördermittel und zinslose Darlehen erleichterten die Entscheidung der Fresenius-Geschäftsleitung für Schweinfurt. In Schweinfurt konnte Fresenius eine große Lagerhalle von Siemens übernehmen, es musste also nicht neu gebaut werden. Wichtig war zudem, dass es in der Stadt aufgrund der Tradition der Kugellagerherstellung viele hochqualifizierte potentielle Mitarbeiter für mechanisch-technische Tätigkeiten gab.[40]

Am 15. November 1978 wurde die »MTS Medizintechnische Systeme Schweinfurt GmbH« als hundertprozentige Tochter von Fresenius gegründet.[41] Im Schweinfurter Industriegebiet erwarb das Unternehmen ein Grundstück samt Fabrikhalle, in der am 1. August 1979 die Produktion mit 40 Mitarbeitern anlief. Noch im selben Jahr fertigten sie 36 Geräte des A 2008 C. Und der Erfolg stellte sich sofort ein: als »Anerkennung für ein Produkt mit hohem wissenschaftlich-technischem Niveau« erhielt das Dialysegerät auf der Leipziger Herbstmesse noch im gleichen Jahr eine Goldmedaille.[42]

Bei Ärzten und Pflegepersonal herrschte lange Zeit Zurückhaltung gegenüber den Geräten, weil sie als zu komplex und umständlich galten und daher in der Praxis als nicht ohne Weiteres einsetzbar erschienen. Um dem entgegenzuwirken, wurde 1982 in Schweinfurt eine Abteilung »Schulung und Dokumentation« eingerichtet, die verständliche Gebrauchsanweisungen für die Geräte erstellte, ein dichtes Servicenetz aufbaute und Seminare für Krankenhaustechniker über Wartung und Instandhaltung anbot.

Finanziell stellte sich im Werk Schweinfurt erst langsam eine Konsolidierung ein. Der Schwerpunkt lag bei Fresenius noch immer in der Pharmasparte. Hier wurden beachtliche Gewinne erzielt, mit denen der neue Bereich der Medizintechnik zunächst kräftig unterstützt werden musste. Obwohl 1981 das Schweinfurter Werk eine Umsatzsteigerung von 60 Prozent gegenüber dem Vorjahr verzeichnete, konnte die MTS-Schweinfurt GmbH das Soll noch nicht erfüllen und machte weiter Verluste.[43]

Kritiker im Unternehmen sahen die optimistischen Prognosen, dass eines Tages etwa 20.000 Geräte im Jahr produziert werden würden, als utopisch an und rieten dazu, das Werk möglichst schnell zu schließen und zu veräußern. Dennoch hielten Else und Hans Kröner an dem eingeschlagenen Kurs fest. Auch der in der Geschäftsführung des Unternehmens tätige Dr. Krick stand zu der unternehmerisch riskanten Entscheidung, die Medizintechnik weiterzuführen..[44]

Die weitere Entwicklung zeigte, dass die Befürworter der Herstellung von Dialysegeräten in Schweinfurt Recht behalten sollten: Die Produktion stieg von 150 Geräten 1980 auf etwa 350 im darauf folgenden Jahr.[45] Die Zahl der Mitarbeiter lag 1982 bei 106.[46] 1982 wurde angesichts des Wachstums ein weiteres Grundstück angekauft, und 1984 wurde eine zusätzliche Produktionshalle eingeweiht. 1984 hatte MTS in Deutschland bereits einen Marktanteil von 50 Prozent.[47]

Wie in allen anderen Produktionsstätten war Else Kröner in Schweinfurt der persönliche Kontakt zur Werksleitung wichtig. Als Leiter der Sparte Medizintechnik war Dr. Gerd Krick erster Ansprechpartner in Bad Homburg für die Werksleitung in Schweinfurt. Else und Hans Kröner ließen sich jedoch regelmäßig über das laufende Geschäft informieren. Vor allem in der Aufbauphase war ihnen die Kontrolle der Finanzsituation besonders wichtig. Else Kröner war häufig vor Ort und ließ sich von den Mitarbeitern auf den neuesten Stand bringen.[48]

VERLEGUNG DER ZENTRALE VON BAD HOMBURG NACH OBERURSEL

In Bad Homburg standen unterdessen ebenfalls Werkserweiterungen und Umstrukturierungen an. Das war Else Kröners Metier. Sie befasste sich mit den baulichen und personellen Veränderungen bis ins Detail. Der ursprüngliche Fresenius-Standort im Bad Homburger Gluckensteinweg 5, Ecke Kirdorfer Straße, war aufgrund der Firmenentwicklung bereits in den 1960er Jahren zu klein geworden. Für Produktion und Lagerräume mussten neue Kapazitäten geschaffen werden. Ein erstes Gelände kam in Bad Homburg in der Daimlerstraße hinzu, ein weiteres in der Luisenstraße. Daneben gab es zum Teil noch aus der Vorkriegszeit etwa 15 kleinere Lager, die überall in der Stadt und im Umland verteilt lagen: in den ehemaligen Hallen der in Konkurs gegangenen Reifenfabrik Peters Pneu, in einem alten Kino, in einem Gebäude hinter dem Ausflugslokal Saalburg, in Köppern, Friedrichsdorf und Rodheim.[49]

Mit der Expansion des Unternehmens wurde das Lagerproblem immer dringlicher. Else Kröner schaltete sich selbst in Lagerfragen ein, etwa wenn es zu viele fehlerhafte Produkte gab, was zum Teil auf die Lagersituation zurückzuführen war, oder wenn die Lieferzeiten zu lang waren. Wegen der Lieferzeiten drängte sie darauf, dass das Handlager für eilige Aufträge vergrößert wurde, und dass weniger gängige Produkte in das Peters Pneu-Lager in Bad Homburg-Dornholzhausen ausgelagert wurden.[50]

Um bei der breiten räumlichen Streuung der verschiedenen Lagerstandorte für ein harmonisches Zusammenspiel aller Mitarbeiter zu sorgen, kam Else Kröner in den Lagern regelmäßig persönlich vorbei, um sich über die Tätigkeit ihrer Mitarbeiter zu informieren.[51]

Die Lager-Organisation gestaltete sich jedoch zunehmend schwierig, als zu den Standorten in Bad Homburg noch in jedem Verkaufsgebiet in der Bundesrepublik eigene Auslieferungs- und Bestandslager hinzukamen. Damit stiegen auch die Lagerungs- und Transportkosten. Daher standen Mitte der 1970er Jahre die Zeichen auf Zentralisierung: Die einzelnen Lager sollten zusammengeführt und das System von Lagerung und Distribution generell neu geregelt werden.

1975 begannen die Planungen für ein Zentrallager in Bad Homburg, das als Hochregallager konzipiert wurde. Nach eineinhalbjähriger Bauzeit konnte es im März 1977 in Betrieb genommen werden. Die Gesamtkosten beliefen sich auf rund 12 Mio. DM. Die Firmenleitung hatte sich zum Ziel gesetzt, alle Kunden in der Bundesrepublik, vornehmlich Krankenhäuser, innerhalb von 24 Stunden zu beliefern. Die Auftragsabwicklung – Eingang der Bestellung, Kommissionierung und Auslieferung – musste daher so zeitsparend wie möglich gestaltet werden. Im neuen Zentrallager wurden insgesamt rund 5.000 verschiedene Artikel bereitgehalten, auf die sofort zugegriffen werden konnte. Unterstützt wurde die Arbeit durch ein EDV-System, mit dem alle Warenbewegungen registriert wurden und über das die Aufträge direkt bearbeitet werden konnten. Pro Tag gingen etwa 500 Kundenaufträge ein und etwa 350 Paletten wurden ausgeliefert. Um weitere Kosten einzusparen und den Lieferprozess zu optimieren, entschied sich die Fresenius-Firmenleitung für die Zusammenarbeit mit Speditionsfirmen anstelle eines eigenen Fuhrparks. Neben dem Zentrallager hatte das Unternehmen Verteilerstützpunkte im gesamten Bundesgebiet, in Hamburg, Hannover, Düsseldorf, Berlin, Stuttgart, Ingolstadt und München. Weitere waren geplant.[52]

Nach dem Zentrallager wandte sich die Geschäftsführung der nächsten großen Aufgabe in Bad Homburg zu. Fresenius benötigte dringend eine neue Hauptverwaltung. Als idealen Firmensitz stellten sich Else und Hans Kröner das Gebäude von Ritters Parkhotel in der Kaiser-Friedrich-Promenade in Bad Homburg vor, das sie von gelegentlichen Besuchen des hoteleigenen Restaurants kannten. Das Hotel war unrentabel geworden, weshalb der Hotelbetrieb eingestellt worden war.[53] Else und Hans Kröner unterzeichneten einen Pachtvertrag mit dem Steigenberger-Konzern, der das Hotel betrieben hatte. Doch der Vertrag musste zurückgestellt werden, als Vertreter der Stadt ihre Bedenken über die neuartige Nutzung äußerten. Bad Homburg war eine bedeutende Kur- und Kongressstadt, und gerade die Kaiser-Friedrich-Promenade, an der sich das Parkhotel befand, sollte als »Sondergebiet Kur« erhalten bleiben. Eine Umwidmung des Hotels in ein Bürohaus für etwa 400 Fresenius-Mitarbeiter lehnten einige Mitglieder des Stadtmagistrats ab. Dadurch kam es zum Streit zwischen dem Unternehmen und der Stadt, und auf Seiten der Stadt wiederum zwischen denjenigen, die Fresenius und damit die vielen Arbeitsplätze unbedingt in Bad Homburg halten wollten, und den Verfechtern des Kurbetriebs. Else Kröner zeigte sich kämpferisch. Auf Kompromisse wie jenen, die Mietzeit für das Hotelgebäude von zehn auf drei Jahre zu verkürzen, oder jenen, nur einen Teil des Hotelgebäudes für Büros zu nutzen und

Else Kröner bei der Eröffnung des Werkes St. Wendel.
Die risikofreudige Entscheidung des expandierenden
Unternehmens, sich im strukturschwachen Saarland
anzusiedeln, wurde von allen Seiten begrüßt. Fresenius
verband damit auch die Hoffnung, künftig den französi-
schen Markt weiter zu erschließen.

[linke Seite] Else und Hans Kröner bei der Werksbesichtigung in St. Wendel 1974 mit führenden Persönlichkeiten aus Politik und Wirtschaft. Links der damalige Bundeswirtschaftsminister Hans Friderichs, daneben der saarländische Ministerpräsident Franz-Josef Röder.

[oben] Else Kröner im Gespräch mit Bundeswirtschaftsminister Friderichs bei der Besichtigung des neuen Werks in St. Wendel.

[oben] *Else und Hans Kröner bei einer Pressekonferenz anlässlich der Eröffnung des Werkes St. Wendel im November 1974.*

[unten] *1977 übernahm Fresenius den brasilianischen Pharmahersteller Hiplex S. A. Laboratório de Hipodermia in Campinas bei São Paulo. Else Kröner engagierte sich bei den Übernahmeverhandlungen und beim Aufbau der Produktion.*

den Rest weiterhin dem Fremdenverkehr zur Verfügung zu stellen, ging sie nicht ein. Über einen Neubau im Industriegebiet, für den die Stadt ihre Unterstützung zugesagt hätte, konnten sich die Verhandlungspartner auch nicht einigen. Else Kröner ärgerte sich oft über die aus ihrer Sicht mangelnde Flexibilität mancher Entscheidungsträger im Magistrat.[54]

Als die Verhandlungen erfolglos blieben, entschied sich die Fresenius-Firmenleitung, die Hauptverwaltung des Unternehmens 1978 in das ehemalige Panorama-Hotel am Borkenberg in Oberursel zu verlegen.[55] Das war kein kleines Unterfangen. Wie Else Kröner einer Mitarbeiterin schrieb, fragten sich alle im Unternehmen, wie der Umzug zu bewältigen sei. »Aber irgendwie«, schrieb sie, »wird es schon gehen.«[56]

Adresse und Telefonnummer der zentralisierten Hauptverwaltung wurden zum 20. März 1978 offiziell auf Oberursel am Borkenberg umgestellt. Für Außenstehende erschien der Umzug als ein Akt weiterer Expansion. Else Kröner dementierte das umgehend. »Wir haben uns firmenmäßig nicht vergrößert«, schrieb sie einem Bekannten, »[wir] haben jedoch ein neues Verwaltungsgebäude in Oberursel gemietet. Wir sind zwar weit von der Produktion, aber es hat den Vorteil, daß wir verwaltungsmäßig in einem Haus sind.«[57]

Unter dem Umzug hatten anfangs einige Kunden zu leiden. Else Kröner schrieb Ende April 1978, »daß unsere Kunden unabhängig von der ersten schlechten Einlaufzeit, seit wir in Oberursel sind, schlechter als in Bad Homburg behandelt werden.« Das lag daran, dass die Telefonverbindungen bzw. Telefonplätze nicht ausreichen. Es sollten schnellstens fünf Leitungen zum Zentrallager in der Daimlerstraße in Bad Homburg geschaltet werden.[58]

DIE PRODUKTPALETTE VON FRESENIUS ENDE DER 1970ER JAHRE

Schwerpunkt im Pharmabereich bildeten die Infusionslösungen. Zu den Standardlösungen wie Kochsalzlösungen und Kohlenhydratlösungen, die Fresenius schon einige Jahrzehnte anbot, kamen ab 1971 Aminosäurelösungen hinzu. Als man erkannt hatte, dass durch die Zufuhr von Aminosäuren die unbedingt lebensnotwendigen Eiweißbausteine im Körper aufgebaut und dadurch viele Lebensfunktionen verbessert werden können, bemühte sich die Forschungsabteilung des Unternehmens, wirksame Therapien zu entwickeln. Da Eiweiße aus einer Vielzahl verschiedenartiger Aminosäuren bestehen und den Patienten je nach Krankheitszustand in unterschiedlichen Formen fehlen, waren spezielle Kombinationen notwendig. Die Fresenius-Forscher entwickelten daraufhin in Zusammenarbeit mit Instituten und Kliniken eine wirksame Mischung nach dem natürlichen Aminosäure-Muster von Kartoffel und Hühnerei. Dieses mit Fresenius verbundene Prinzip ging als »Kartoffel-Ei-Muster« in die Infusionstherapie ein. Die Lösung, die Fresenius auf den Markt brachte, erhielt den Namen AMINOSTERIL KE.[59]

Zudem arbeitete die Forschungsabteilung von Fresenius an komplizierteren Wirkstoff-Kombinationen. Aminosäuren, Kohlenhydrate und Elektrolyte sollten komplett verabreicht werden, so dass auch nach schweren und lang dauernden operativen Eingriffen alle lebenswichtigen Funktionen optimal erhalten und gesteigert werden konnten. Derartige Komplettlösungen waren AKE 1100 mit Glucose und AKE 3000.

Etwa zur gleichen Zeit, als Aminosäurelösungen aufkamen, begann Fresenius mit der Herstellung von Volumenersatzlösungen. Ein erstes Mittel war Longasteril, eine Dextranlösung. Es diente dem Blutplasma-Ersatz. Es folgte 1973 eine Hydroxyethylstärkelösung, die als Plasmaexpander zur Substitution nach großen Blutverlusten wirkte. Sie kam unter dem Namen Plasmasteril in den Handel.[60] 1978 bedankte sich Else Kröner persönlich bei einem Professor des Instituts für Anästhesiologie der Universitätskliniken, Kantonspital Zürich, für seine Hilfe bei der Einführung der Infusionslösung in der Schweiz: »Plasmasteril wird dank Ihres hervorragenden Symposiums nun bereits in verschiedenen Kliniken der Schweiz eingesetzt, im wesentlichen wegen der anaphylaktoiden Zwischenfälle nach Dextranen oder Gelatine.« Zugleich besprach sie mit ihm weitere Möglichkeiten der Zusammenarbeit: »Sicherlich wird auch unser neues niedermolekulares HES-Präparat aus den USA Sie interessieren, welches wir in der BRD zur Registrierung eingereicht haben. Gemäß den bisher vorliegenden Ergebnissen verfügt es gegenüber 10% Dextran 40 über eine raschere Plasmaelimination, bessere rheologische und renale Eigenschaften sowie über geringere Blutungstendenzen, während der Volumeneffekt vergleichbar ist. Eine Registrierung in der Schweiz streben wir baldmöglichst an und würden uns sehr freuen, wenn Sie eine klinische Studie mit niedermolekularer Stärke durchführen würden.«[61] Nach wie vor war Else Kröner nicht nur Unternehmerin, sondern auch Pharmazeutin.

Bei der Herstellung von Lösungen und Arzneien lief nicht alles wie vorgesehen, aber Else Kröner wusste immer, wo sie Rat einholen konnte. Hier zahlten sich einmal mehr ihre persönlichen Kontakte zu Mitarbeitern aus. An einen ehemaligen Mitarbeiter wandte sie sich zum Beispiel im Mai 1973 in der Hoffnung, dass er ihr bei einem Problem weiterhelfen könnte: »Ich wäre Ihnen sehr verbunden, wenn Sie sich noch einmal erinnern könnten an die erste Zeit der Herstellung von Dextran-Lösungen sowie an die letzte Zeit, in der wir größere Stückzahlen gefertigt haben und in der Ausfälle eingetreten sind. In der Zwischenzeit wurden die Temperaturen zurückgenommen (ca. 45 Grad Celsius), es wird nicht mehr doppelt konzentriert. Die Flaschen lagern in Halle 1 und Halle 3. Trotzdem haben wir stärkere Zusammenballungen, insbesondere bei Glasflaschen. Dieses Thema ist für uns sehr wichtig, weil wir es nicht beherrschen.«[62]

Eines der erfolgreichsten Arzneimittel, das damals entwickelt wurde, war Oralpädon, eine Glucose-Elektrolyt-Mischung in Pulverform, die, in Wasser aufgelöst, Flüssigkeits- und Salzverluste bei Durchfallerkrankungen bei Kindern ausgleicht. 1973 war Fresenius einer der ersten Hersteller eines solchen Produktes in Europa. Es war im Geschmack auf Kinder zugeschnitten. Das Medikament kam vor allem in Entwicklungsländern erfolgreich zum Einsatz, in denen jährlich Millionen von Kindern an Diarrhoe erkrankten und starben. Hier verfolgte Else Kröner die Entwicklungen mit sehr großem Interesse, denn die Förderung der Kinderheilkunde war ihr ein besonderes Anliegen. Und sie dachte schon weiter, als sie 1978 an Mitarbeiter in der Forschungsabteilung schrieb: »Man sollte nun wirklich eine wirksame therapeutische Substanz für Oralpädon finden und sich nicht immer vor dem Problem herumdrücken, so dass Oralpädon E endgültig als Arzneimittel im Bundesgesundheitsamt angemeldet werden kann.«[63] Fünf Jahre nach Oralpädon wurde Elotrans eingeführt, das mehr auf Erwachsene abgestimmt war. 1985 belieferte Fresenius die UNICEF, das Kinderhilfswerk der Vereinten Nationen, weltweit mit beiden Medikamenten.[64]

Ein weiteres Mittel für die enterale Ernährung war AKV, ein Gemisch aus wichtigen Aminosäuren, Kohlenhydraten und Vitaminen, die mit ihren Anfangsbuchstaben dem Produkt auch den Namen gaben. Den Ausgangspunkt für diese Entwicklung bildete die so genannte Astronautenkost, also nährstoffreiche, aber nahezu rückstandslose Präparate. In Frankreich, wo Fresenius einen Vertriebsvertrag mit der Firma Sopharga geschlossen hatte, war die Flüssignahrung erfolgreich. In der Bundesrepublik war der Absatz nur stockend, weil diese Art der Ernährung bei Ärzten noch weitgehend unbekannt war. Hier war von den Außendienstmitarbeitern viel Überzeugungsarbeit zu leisten. Auch die Qualität der ersten Präparate ließ zu wünschen übrig: Die Pulver lösten sich schlecht auf und schmeckten bitter. Die anfänglichen Misserfolge sorgten für schlechte Zahlen in den Bilanzen und führten bei Else Kröner zu Bedenken, ob der eingeschlagene Weg richtig war. Doch glaubte sie, dass die Anfangsschwierigkeiten überwunden werden würden. Gemeinsam mit ihrem Mann zeigte sie die nötige Risikobereitschaft und Durchhaltevermögen.[65] Es sollte sich auszahlen.

1979 führte Fresenius eine gebrauchsfertige Trink- und Sondennahrung unter dem Namen »Fresubin flüssig« ein, eine Flüssignahrung, die alle wichtigen Nährstoffe enthielt, lange haltbar war und sich leicht verabreichen ließ. In den folgenden Jahren wurde »Fresubin flüssig« zu einer Produktreihe ausgebaut. Besonders patientenfreundlich war nun die geschmackliche Verbesserung. Zu »Fresubin flüssig Vanille« kamen in den folgenden Jahren weitere Geschmacksrichtungen: Erdbeere, Schokolade, Nuss, Fresubin plus Müsli und Soja (frei von Milcheiweiß). Die Produkte waren zunächst in Glasflaschen zu 500 ml, später auch im kleineren Tetra-Brik-Karton erhältlich. Im Außendienst waren Diätassistentinnen und Ernährungswissenschaftler tätig, die mit ihrem besonderen Fachwissen die Präparate vertreiben konnten.[66] Ständige Verbesserungen, neue Applikationstechniken, Ernährungssonden und -pumpen folgten im Laufe der 1980er Jahre. Die Fresenius KG wurde auf diesem Gebiet zum deutschen Marktführer.[67]

1973 brachte Fresenius Glandosane neu auf den Markt – einen künstlichen Speichel, der besonders in Intensivstationen und bei älteren Menschen, die häufig unter Mundtrockenheit leiden, Anwendung findet.[68] Mit welcher Detailkenntnis Else Kröner auch diese Entwicklung begleitete, zeigt ein Schreiben aus dem Jahre 1978: »Bezüglich des Synthetischen Speichels wurden in der Vergangenheit folgende Vorschläge gemacht, die man vielleicht wieder aufgreifen kann. 1. Fermentzusatz, wie sie z.B. in Leukase (Dauelsberg) oder Fibrolan (Parke-Davis) enthalten sind. Dadurch könnte gleichzeitig eine Auflösung bzw. Verflüssigung von Nekrosen und Exsudaten erreicht werden, was dem Therapieziel vieler HNO-Ärzte sehr nahe kommen würde. 2. Desinfektionszusatz, möglichst erfrischend, in der Richtung von Menthol.«[69]

Fresenius gelang Mitte der 1970er Jahre auch der Einstieg in ein für das Unternehmen vollkommen neues Gebiet – die Immunsuppression. Nachdem der Brite Peter Medawar in den 1940er und 1950er Jahren festgestellt hatte, dass die Abwehrreaktionen des Organismus eines Transplantatempfängers gegen ein fremdes Organ mit spezifischen Seren unterdrückt werden konnten, herrschte in der Transplantationschirurgie Aufbruchstimmung. Fresenius war bereits in den 1920er Jahren in der Serologie tätig gewesen und begann nun, diesen Arbeitsbereich zu reaktivieren und mit neuen Ansätzen auszubauen.[70]

1976 richtete Fresenius dafür ein Labor in München-Gräfelfing ein. Leiterin wurde Dr. Erika Steiff, die im Unternehmen seit 1957 für die biologische Kontrollabteilung verantwortlich war und damit die Herstellung von Seren und Infusionslösungen beaufsichtigte.[71] Im Labor in Gräfelfing arbeiteten die Fresenius-Forscher an der Entwicklung eines wirksamen Immunsuppressivums für die Anwendung nach Organtransplantationen. Als Ergebnis präsentierten sie schließlich das Anti-T-Lymphozyten-Globulin (ATG).[72] Das ATG Fresenius wurde aus dem Serum von immunisierten Kaninchen gewonnen. Nach umfangreicher Forschungstätigkeit wurde ATG ab 1978 produziert und 1983 vom Paul-Ehrlich-Institut zugelassen. Es erlangte weltweit Anerkennung.[73]

AUSLANDSAKTIVITÄTEN

Mit dem Labor in München verfügte Fresenius über einen neuen Firmenstandort in Deutschland, den dritten im Inland seit 1978. Das Wachstum der 1970er Jahre beschränkte sich aber nicht auf die Grenzen der Bundesrepublik, sondern wurde auch im Ausland forciert. Zunächst war das Auslandsgeschäft in den Hintergrund gerückt worden, weil der Aufbau im Inland alle Kräfte gefordert hatte. Als Fresenius nun wirtschaftlich stabil war, knüpfte die Firmenleitung gezielt Kontakte zu Vertretungen im Ausland, hauptsächlich zu Vertriebsgesellschaften.[74]

Mit der Firma Inex Hemofarm in Vršac in Jugoslawien waren bereits Ende der 1960er Jahre erste Gespräche aufgenommen worden. 1971 schlossen beide Firmen einen Lizenzvertrag für Infusionslösungen, und eine Anlage für die Herstellung von Lösungen aus dem Hause Fresenius wurde wenige Jahre später in Betrieb genommen.[75]

Aus den 1970er Jahren datieren die ersten Kontakte von Fresenius in die DDR. Sie kamen über die Dialysetechnik zustande. Hier bewahrheitete sich die Überzeugung von Else Kröner, dass eine Annäherung zwischen Menschen leichter ist, wenn sie sich vor dieselben Aufgaben gestellt sehen.[76] Als Ergebnis der ostdeutschen Initiative hielt Hans Kröner später fest, dass es »trotz der politischen Erschwernisse zu einer fruchtbaren Zusammenarbeit mit Hochschulen und Kliniken« gekommen sei.[77] Nach dem Mauerfall sollte es dem Unternehmen relativ leicht fallen, auf dem ostdeutschen Markt Fuß zu fassen, denn die Basis für eine vertrauensvolle Zusammenarbeit war bereits seit langem gelegt.

Zur gleichen Zeit expandierte das Unternehmen erstmals ins westeuropäische Ausland. Grundlage des internationalen Engagements war die Dialysetechnik. Die Firmenleitung entschied sich für den Weg über die Gründung von Tochtergesellschaften, weil so das breite Produktionsprogramm besser den jeweiligen nationalen Erfordernissen angepasst werden konnte.[78]

Den Anfang machten 1971 Tochtergesellschaften in Frankreich und in der Schweiz.[79] Die Entwicklung in Frankreich wurde von beiden – Hans und Else Kröner – gelenkt, mit Unterstützung durch Dr. Gerd Krick. Else Kröner kümmerte sich besonders um Frankreich. Im Januar 1978 schrieb sie zum Beispiel ein Memo zur »Neugestaltung der Frankreich-Aktivitäten«.[80] Hier ging es unter anderem um die Frage, wie lange man in Frankreich Verlustvorträge verrechnen könne. Sie empfahl zudem, mit einem eigenen Vertrieb von Dialysegeräten noch vorsichtig zu sein. Zu entscheiden war auch, ob man eine Produktion der Desinfektionsmittel aufnähme. In Deutschland habe Fresenius, schrieb sie, bereits eine Linie aufgebaut. Man müsse also prüfen, ob eine zweite als Investition verantwortet werden könne. Die Herstellung von Infusionslösungen sollte vorerst nur in St. Wendel erfolgen und nicht in Frankreich.[81]

1976 wurde die österreichische Tochtergesellschaft Fresenius Pharmazeutika in Wien gegründet. Ihre Mitarbeiter machten Fresenius an den Universitätskliniken und anderen großen Krankenhäusern bekannt und konnten in den ersten Jahren zum Teil eine Umsatzsteigerung von 50 Prozent pro Jahr erwirtschaften. Noch zehn Jahre später sollte sie die erfolgreichste Tochtergesellschaft im Ausland sein.[82]

1977 wagte Fresenius mit der Übernahme der Hiplex S.A. Laboratório de Hipodermia in Campinas bei São Paulo/Brasilien erstmals den Schritt über Europa hinaus.[83] Else Kröner machte sich für den Aufbau der brasilianischen Tochter stark, die sie bald schon als »unser Adoptivkind ›Hiplex‹« bezeichnete. Sie hielt Kontakt mit Personen, die vor Ort die Organisation übernahmen. Im März 1978 schrieb sie an einen Berater in São Paulo: »Es ist gut zu wissen, daß ein gestandener Mann uns beisteht, der die Verhältnisse in Brasilien genau kennt. Unsere Leute müssen in diesem Land erst lernen, zu handeln, bzw. das Richtige zu tun. Ich werde im August, ungefähr um den 28., den genauen Ankunftstermin teile ich noch mit, dort sein.«[84] Brasilien gehörte zum Aufgabenbereich von Dr. Krick, der ihr in allen Einzelheiten Bericht erstattete.[85] Sie flog aber auch selbst nach Brasilien, etwa im Sommer 1978. Während der Reise nahm sie die Gelegenheit wahr, Peru zu besuchen, um zu prüfen, ob Fresenius dort Möglichkeiten hätte, sich zu engagieren. Sie schrieb im Nachhinein an einen Kontaktmann, dass sie Prospekte senden würde, und betonte: »Sofern Sie Kontakte zu Firmen haben, die an dem Lösungsprogramm oder der künstlichen Niere interessiert sind, schicken wir gern ausführlichere Unterlagen.« Sie begründete die Suche nach Firmen, mit denen Fresenius zusammenarbeiten könnte, wie folgt: »Im Augenblick sind wir noch sehr stark in Brasilien beschäftigt, so dass wir aus uns selbst heraus noch keine Möglichkeiten sehen, allein in Ihrem Lande tätig zu werden.«[86]

Für das brasilianische Werk verstand sie auch ihre Kontakte in der deutschen Wirtschaft zu nutzen, wie im Fall eines Engpasses an Polyethylen. Im März 1979 schrieb sie an einen Vorstand der Hoechst AG in Frankfurt: »Darf ich bezugnehmend auf unsere Unterhaltung im Hause von Herrn von Heusinger so kühn sein, Sie nochmals wegen Polyäthylen für Brasilien anzusprechen. Unsere Firma in Brasilien, Hiplex S.A. ... benötigt laufend Polyäthylen. In der letzten Zeit ist eine große Verknappung eingetreten. Wir sind sehr dankbar darüber, daß Herr Dr. Schneider veranlaßt hat, daß 20 Tonnen an Hiplex geliefert werden. Hiplex braucht aber zusätzlich noch 50 Tonnen Polyäthylen, entweder Hostalen LD 0 2028, oder Hostalen J 4028 oder Hostalen GH 4765.« Sie bat nun, zu eruieren, ob Hoechst das Polyethylen liefern könnte.[87]

Auch in Personalangelegenheiten auf der Führungsebene des brasilianischen Unternehmens suchte Else Kröner über ihren weiten Bekanntenkreis nach Lösungen. So schrieb sie im September 1979 an eine Bekannte in Brasilien, dass sie sich von dem General Manager in Campinas hatte trennen müssen und nun nach einer geeigneten Persönlichkeit für diesen Posten suche. Sie hatte schon präzise Vorstellungen: »Der neue Mann könnte mehr administrativ tätig sein (vom Rechnungswesen herkommend) und den Verkehr mit den Banken durchführen. Evtl. auch ein Deutsch-Brasilianer, der Verkauf und Marketing macht. Einen deutschen Betriebsleiter haben wir seit einem $^{3}/_{4}$ Jahr, der vielleicht auch das erstere mit übernehmen könnte. Sie sprachen einmal von einem Bekannten, der ein gewisses Werk geführt hat und noch eine Aufgabe sucht. Ist dieser Mann immer noch bereit, eine Position anzunehmen? Sofern Interesse besteht, würden wir gern ein paar Unterlagen sehen. Herr Dr. Krick wird Ende Oktober wieder in Brasilien sein.«[88]

1979 begann Fresenius mit der Übernahme der Dylade Company im englischen Runcorn bei Manchester, sich verstärkt in Großbritannien zu engagieren. Die Dylade Company vertrieb zunächst medizintechnische Produkte von Fresenius und verkaufte dann auch Diätetika und das Immunsuppressivum ATG. Wegen der Programmerweiterung wurde Dylade in Fresenius Ltd. umbenannt, um die Gesellschaft klar als Fresenius-Unternehmen auszuweisen.

Wie Hans Kröner verschiedentlich betonte, bedeutete der Aufbau der Tochterfirmen für Fresenius eine erhebliche finanzielle Belastung, die sich aber langfristig auszahlte:[89] Mit den Tochterunternehmen und über verschiedene Kooperationen wurden die Grundlagen für die weltweite Expansion des Fresenius-Konzerns in den 1990er Jahren geschaffen.

1 Industriebericht, in: Die Pharmazeutische Industrie (Jg. 36, Nr. 12, 1974), S. 969. Firmenarchiv Fresenius, Ordner Geschichte, Beschreibung 1970. 2 Archiv EKFS, Else Kröner Tageskopien 1973 bis 1988. 3 Archiv EKFS, Else Kröner Tageskopien, 10.01.1973. 4 Archiv EKFS, Else Kröner Tageskopien, 23.02. 1973. 5 Archiv EKFS, Else Kröner Tageskopien, 03.03.1973. 6 Archiv EKFS, Else Kröner Tageskopien, o. D. ca. 15.02.1973. 7 Archiv EKFS, Else Kröner Tageskopien, 29.07.1973. 8 Archiv EKFS, Else Kröner Tageskopien, 23.05.1973, Fresenius Pharma, AKV-Schrift. Auch zum Aminosäuren-Elektrolyt-Substitutionslösung-Prospekt; hier sollte nicht »Fresenius – Bad Homburg« auf der Rückseite groß stehen, sondern links in der Ecke in kleinerem Druck »Dr. E. Fresenius Chemisch-Pharmazeutische Industrie KG«, Archiv EKFS, Else Kröner Tageskopien, 03.03.1975. 9 Archiv EKFS, Else Kröner Tageskopien, 04.07.1973. 10 Archiv EKFS, Else Kröner Tageskopien, 22.03. 1973. 11 Archiv EKFS, Else Kröner Tageskopien, 02.05.1973. 12 Archiv EKFS, Else Kröner Tageskopien, 23.08.1974. 13 Archiv EKFS, Else Kröner Tageskopien, 24.07.1973. 14 Archiv EKFS, Else Kröner Tageskopien, 21.02.1973. 15 Archiv EKFS, Else Kröner Tageskopien, u. a. 24.04.1973 u. 02.05.1973. 16 Archiv EKFS, Else Kröner Tageskopien, 10.01.1973. 17 Archiv EKFS, Else Kröner Tageskopien, 14.05.1973. 18 Archiv EKFS, Else Kröner Tageskopien, 23.08. 1974. 19 Archiv EKFS, Else Kröner Tageskopien, 10.01.1973. 20 Archiv EKFS, Else Kröner Tageskopien, 03.05.1973. 21 Archiv EKFS, Else Kröner Tageskopien, 10.01.1973. 22 Archiv EKFS, Else Kröner Tageskopien, März 1973. 23 Beyerstein, Barry L./Beyerstein, Dale F. (Hrsg.): The Write Stuff. Evaluations of Graphology. The Study of Handwriting Analysis, New York 1992. 24 Archiv EKFS, Else Kröner Tageskopien, 26.02.1973. 25 Archiv EKFS, Else Kröner Tageskopien, 04.02.1974: »Früher wurde eine Preisliste der Geschäftsleitung vorgelegt, bevor sie als druckreif genehmigt wurde. Darf ich mir nunmehr – hinterher – einige Bemerkungen erlauben, die bei Neudruck zu berücksichtigen sind.« 26 Kröner, Hans: Fresenius. Weg eines Unternehmens. S. 18. Industriebericht, in: Die Pharmazeutische Industrie (Jg. 36, Nr. 12, 1974), S. 969. 27 Zeitzeugengespräch Dr. Bernd Mathieu, 23.11.2009. 28 »Infusionslösungen aus einstiger Strumpf-Fabrik«, in: Süddeutsche Zeitung, 27.11.1974. 29 »Fresenius Werk St. Wendel. Ein Beitrag zur Strukturverbesserung durch die mittelständische Industrie. Ansprachen zur Eröffnung am 22. November 1974«, S. 6 u. 9. 30 Zeitzeugengespräch Bernd Mathieu, 23.11. 2009. 31 Archiv EKFS, Else Kröner Tageskopien, 20.06.1973. 32 Zeitzeugengespräch Klaus Heilmann, 23.11.2009; Mitteilung Dr. Gerd Krick, Juni 2010. 33 Archiv EKFS, Else Kröner Tageskopien, 15.10.1973. 34 Archiv EKFS, Else Kröner Tageskopien, 21.10.1974. 35 Archiv EKFS, Else Kröner Tageskopien, 29.01. 1975. 36 Archiv EKFS, Else Kröner Tageskopien, 18.10. 1979. 37 Fresenius Firmenzeitschrift, Nr. 1, 1985, S. 10 f. 38 Fresenius-Firmenarchiv, Kurzprofil Pharmaplan GmbH, 25.07.1977; Kröner, Hans: Fresenius. Weg eines Unternehmens. o. O. [1992], S. 33. 39 Fresenius Report 4, 1986, S. 20 f.; Mitteilung Dr. Gerd Krick, Juni 2010. 40 Geschichtliche Entwicklung der MTS-Schweinfurt GmbH, Info-Blatt ca. 1995; Zeitzeugen-

gespräch Manfred Zimmermann, 03.06.2009. 41 Im Februar des Jahres 1980 ging es um einen neuen Namen der Sparte »Fresenius Apparate KG«. Ihrer Ansicht nach sollte diese nicht in »Fresenius Medizin-Technik MTS Medizin-Technische Systeme« umbenannt werden, sondern den alten Namen beibehalten und nur die »neue« Unterbezeichnung mitführen. Archiv EKFS, Else Kröner Tageskopien, 26.02.1980. 42 Geschichtliche Entwicklung der MTS-Schweinfurt GmbH, Info-Blatt ca. 1995; Zeitzeugengespräch Manfred Zimmermann, 03.06.2009. 43 MTS Jahresbericht 1981; Zeitzeugengespräch Manfred Zimmermann, 03.06.2009. 44 Dr. Gerd Krick war seit 1975 bei Fresenius in der Geschäftsführung für die Bereiche Forschung und Entwicklung sowie Produktion und Technik zuständig. 1981 wurde er Mitglied des Vorstands der Fresenius AG und Leiter der Sparte Medizintechnik. Von 1992 bis 2003 Vorstandsvorsitzender. Dieses Amt hatte Krick von Hans Kröner übernommen. Zeitzeugengespräch Dr. Gerd Krick, 17.11.2009. 45 Zeitzeugengespräch Manfred Zimmermann, Dieter Metzner, 03.06.2009. 46 »Hubertus Zimmermanns MTS-Fresenius Almanach«, zusammengestellt von Manfred Zimmermann zum Abschied von H. Zimmermann, Abteilung Schulung und Dokumentation, 2006. 47 MTS Medizin-Technische Systeme Schweinfurt GmbH – ein Unternehmen der Fresenius AG, Info-Blatt ca. 1995; Zeitzeugengespräch Manfred Zimmermann, 03.06.2009. 48 Zeitzeugengespräch Manfred Zimmermann u. Dieter Metzner, 03.06.2009. 49 Archiv EKFS, Else Kröner Tageskopien, 15.03. 1973. 50 Archiv EKFS, Else Kröner Tageskopien, 22.06. 1978. 51 Zeitzeugengespräch Franz Schafferhans, 28.01.2009; Zeitzeugengespräch Klaus Schrott, 04.12. 2008; Zeitzeugengespräch Friedrich Podzemny, 27.01. 2009. 52 Dr. E. Fresenius KG: Leistungsoptimierung durch Zentralisierung. Das neue Lager- und Distributionskonzept der Dr. E. Fresenius KG, Bad Homburg. [1977]. 53 Archiv EKFS, Else Kröner Tageskopien, 27.07.1977. 54 Zeitzeugengespräch Barbara Dölemeyer, 08.10.2009. 55 Ritters Parkhotel soll erhalten bleiben, in: Frankfurter Rundschau, 15.02.1977; Ritters wird uninteressant für Fresenius, in: Taunus-Zeitung, 01.06.1977; Stadt will Parkhotel für 3 Jahre vermieten, in: Frankfurter Rundschau 2.6.1977; Streit um ›Ritters‹ jetzt vor Gericht?, in: Frankfurter Rundschau, 29.06. 1977; Fresenius darf nicht in Ritters Parkhotel einziehen, in: Taunus-Zeitung 29.06.1977; Schicksal von Fresenius und ›Ritters‹ weiter unklar, in: Taunus-Zeitung, 02.07.1977; 800 Arbeitsplätze stehen auf dem Spiel, in: Frankfurter Rundschau, 02.07.1977. 56 Archiv EKFS, Else Kröner Tageskopien, 06.03.1978. 57 Archiv EKFS, Else Kröner Tageskopien, 22.06.1978. 58 Archiv EKFS, Else Kröner Tageskopien, April 1978. 59 Archiv EKFS, Else Kröner Tageskopien, 19.01. 1973, Produktbeschreibung. Vgl. auch Fresenius Firmenzeitschrift, 4. Dezember 1986 (später Fresenius Report). 60 Archiv EKFS, Else Kröner Tageskopien, 24.07.73. HES, März 1973 Zusammenarbeit mit Bayer; Sept. 1973 Vorstellung Bundesgesundheitsamtes. 61 Archiv EKFS, Else Kröner Tageskopien, 28.04.1978. 62 Archiv EKFS, Else Kröner Tageskopien, 22.05.1973. 63 Archiv EKFS, Else Kröner Tageskopien, 01.03.1978. 64 Kröner, Hans: Fresenius. Weg

eines Unternehmens. o. O. [1992], S. 19 f.; Firmenzeitschrift Nr. 1, 1985, S. 9. **65** Zeitzeugengespräch Klaus
Schrott, 04.12.2008. **66** Fresenius Report, Nr. 9, 1989,
S. 14; Fresenius Report Nr. 10, 1989, S. 8 f. **67** Kröner,
Hans: Fresenius. Weg eines Unternehmens. o. O.
[1992], S. 20 f. **68** Fresenius Firmenzeitschrift, Nr. 4,
1986, S. 7. **69** Archiv EKFS, Else Kröner Tageskopien,
02.03.1978. **70** Kröner, Hans: Fresenius. Weg eines Unternehmens. o. O. [1992], S. 18 f. **71** Bei ihrer Ab-
schiedsfeier 1989 erinnerte sich Frau Dr. Steiff an den
Werdegang des Unternehmens: »Ich gehöre mit zu
den letzten noch tätigen Fresenius-Mitarbeitern, die
den Aufbau in der Nachkriegszeit miterlebt haben unter der bewundernswerten Tatkraft von Frau Kröner,
an die ich viel denke, und dem vollen, unermüdlichen
Einsatz von Herrn Kröner. Was das Unternehmen
Fresenius bis heute geworden ist, sehen Sie selbst, und
das spricht für sich.« Fresenius Report, Nr. 9, 1989, S.
20 f. **72** Janeway, Charles u. a.: Immunologie, Heidel-
berg/Berlin 2002, S. 733. **73** Fresenius Report Nr. 15,
1992, S. 26. **74** Fresenius Firmenzeitschrift Nr. 1, 1985,
S. 13. **75** Fresenius Firmenzeitschrift Nr. 3, 1986, S. 10.
Vgl. auch Archiv EKFS, Else Kröner Tageskopien,
17.09.1974. **76** Kröner, Hans: Erinnerung an Else Kröner aus Anlaß des zehnten Todestages. o. O. [1988], S.
19. **77** Ebd. **78** Kröner, Hans: Fresenius. Weg eines Unternehmens. o. O. [1992], S. 28. **79** Fresenius Firmenzeitschrift Nr. 2, 1986, S. 6. Aktivitäten Else Kröner
Schweiz u. a. Archiv EKFS, Else Kröner Tageskopien,
13.4.1973, 21.5.1973. **80** Archiv EKFS, Else Kröner Tageskopien, 20.1.1978. Auch 17.5.1973. **81** Archiv EKFS,
Else Kröner Tageskopien, 20.1.1978. Vgl. auch Gespräch Dr. Krick, 17.11.2009. **82** Firmenzeitschrift, Nr.
2, 1986, S. 6. **83** Archiv EKFS, Else Kröner Tageskopi-
en, 24.07.1978. **84** Archiv EKFS, Else Kröner Tageskopien, 23.03.1978. **85** Zwischenbescheid von Dr.
Krick aus Brasilien, an Hans Kröner von Else Kröner,
Archiv EKFS, Else Kröner Tageskopien, 20.07.1978.
86 Archiv EKFS, Else Kröner Tageskopien, 19.10.1978.
87 Archiv EKFS, Else Kröner Tageskopien, 13.03.1979.
88 Archiv EKFS, Else Kröner Tageskopien, 19.09.
1979. **89** Kröner, Hans: Fresenius. Weg eines Unternehmens. o. O. [1992], S. 28.

X.
DIE AUFSICHTSRATSVORSITZENDE ELSE KRÖNER

DIE GRÜNDUNG DER AG

DIE ZEITEN WURDEN schwieriger. Mitte der 1970er Jahre hatten veränderte Einkaufsgewohnheiten der Kliniken und eine teilweise ruinöse Preispolitik der verschiedenen Anbieter zu einem Preisverfall bei Infusionslösungen in Höhe von rund 30 Prozent geführt. Dadurch musste Fresenius bei den Infusionslösungen Gewinneinbußen von 25 Prozent hinnehmen. Ähnlich sah es bei den Dialysatoren aus. Für einen Dialysator, der Mitte der 1970er Jahre für 70 DM verkauft werden konnte, wurden Mitte der 1980er Jahre nur noch etwa 30 DM gezahlt. Außerdem nahm der Wettbewerb im In- und Ausland stark zu. Gleichzeitig kam es zu einem Anstieg der Betriebskosten, insbesondere der Personalkosten.[1]

Dadurch geriet Fresenius in ernst zu nehmende finanzielle Schwierigkeiten.[2] Schnell entbrannten in der Geschäftsführung Diskussionen darüber, wie der Krise zu begegnen sei. Sogar ein Verkauf von Firmenteilen wurde erwogen. Große Sorge bereitete Else Kröner in dieser Lage die Frage, ob die Löhne der Mitarbeiter noch bezahlt werden konnten. Der Geschäftsführung gelang es zumindest, das Unternehmen so zu stabilisieren, dass die Belegschaft nicht unter der Krise zu leiden hatte.[3] Im Februar 1980 schrieb Else Kröner an einen Bekannten: »Sie wissen, daß wir im Augenblick in einer schwierigen Situation sind als Firma, wobei die Mitarbeiter bisher die Gewinneinbußen gar nicht oder nur wenig gespürt haben. Alle Herren haben sich gehalts- und provisionsmäßig stetig nach oben entwickelt und erst jetzt eine gewisse Stagnation erfahren, die jedoch auch in anderen Branchen zu spüren ist.«[4]

Aber immer wieder klagte Else Kröner über finanzielle Engpässe. Eine grundlegende Umstrukturierung der Firma war dringend erforderlich, und auf weitere Sicht schien es unumgänglich, das Unternehmen generell neu aufzustellen. Dass Fresenius ein Familienunternehmen war, hatte zwar durchaus Vorteile, wie Hans Kröner gelegentlich betonte: Entscheidungen kamen rascher zustande, Reaktionen auf Marktveränderungen waren schneller möglich und die Lage des Unternehmens war einfacher zu überblicken. In inhabergeführten Unternehmen war zudem die Identifikation sowohl der Firmenleitung als auch der Mitarbeiter mit dem Betrieb besonders eng. Andererseits konnte Kapitalknappheit die Entwicklungschancen einschränken und dazu führen, dass kleinere Unternehmen in der Konkurrenz mit finanzkräftigen Großkonzernen das Nachsehen haben.[5]

Für Fresenius kam hinzu, dass bis Ende der 1970er Jahre die Nachfolge in der Geschäftsführung nicht geregelt war, obwohl Hans Kröner bereits im besten Pensionsalter war und Else Kröner mit Mitte 50 auch schon bisweilen an einen Lebensabend ohne Firma dachte. Außerdem war die Firma unternehmerisch nicht nach einem klaren strategischen Konzept ausgerichtet, sondern nach den Chancen, die sich auf dem Markt boten, aufgebaut worden. Es stellte sich also nicht nur die Frage, wie man die Finanzengpässe überwinden, sondern auch, wie man das Unternehmen weiter in die Zukunft führen könnte.

Alle nur denkbaren Vorschläge für eine Neustrukturierung wurden vorgebracht, Beratungsfirmen konsultiert und deren Konzepte sorgfältig gegeneinander abgewogen. Führungskräfte des Unternehmens wie Hans Kröner, Dr. Gerd Krick und Dr. Manfred Specker traten für die Gründung einer Aktiengesellschaft ein und versuchten, Else Kröner für ihre Ideen zu gewinnen[6] – mit Erfolg. So wurden 1981 die drei Kommanditgesellschaften in eine Aktiengesellschaft überführt, an der Else Kröner 95 Prozent der Stammaktien hielt.[7]

Die Entscheidung zur Gründung der Aktiengesellschaft fiel Else Kröner nicht leicht. Auf der einen Seite war sie mit der traditionellen Firma und ihren familiären Führungsstrukturen sehr verbunden, auf der anderen Seite sah sie die wirtschaftliche Notwendigkeit, die Wachstum und Delegierung von Verantwortung verlangte. Ob das Konzept der AG-Gründung aufgehen würde, konnte niemand garantieren. Auch außerhalb der Führungsetage wurden Zweifel laut, ob das Vorhaben gelingen würde und die Firma wieder auf Kurs gebracht werden könnte. Viele befürchteten einen Personalabbau.[8]

AUFSICHTSRATSVORSITZ FÜR ELSE KRÖNER

Als Hauptaktionärin der Fresenius AG übernahm Else Kröner den Aufsichtsratsvorsitz. Das Tagesgeschäft ging auf den Vorstand des Unternehmens über, zu dessen Vorsitzendem Hans Kröner bestellt wurde. Neben ihm gehörten Dr. Gerd Krick, Dr. Manfred Specker, Gerhard Marré und Dr. Uwe Klumb dem Vorstand an. Krick war für die Sparte Medizintechnik zuständig, Specker für die Sparte Pharma, Marré für Finanzen und Verwaltung und Klumb für Personal und Recht verantwortlich.[9]

Zu dem befürchteten Personalabbau kam es nicht. Die Mitarbeiterzahl der Fresenius AG erhöhte sich sogar etwas, von 1302 im Jahr 1981 auf 1305 im Jahr darauf.[10] Else Kröner war der Meinung, dass Sparmaßnahmen immer zuerst an anderer Stelle ansetzen sollten.

Einer der ersten Schritte nach der AG-Gründung war die Bereinigung des umfangreichen Produktsortiments. Viele Artikel, die als nicht mehr rentabel galten, wurden kurzerhand aus den Lagern geräumt, zum Beispiel die Kräutertees und Teerprodukte. Else Kröner tat sich damit schwer, denn es handelte sich zum Teil um traditionelle Fresenius-Produkte, die sie seit ihrer Kindheit kannte.[11]

Else Kröner war sich nicht sicher, ob ihr das Amt der Aufsichtsratsvorsitzenden wirklich liegen würde. Sie fürchtete auch, an Einfluss zu verlieren. Anfang Februar 1982 schrieb sie an einen Bekannten: »Ich hoffe jedoch, daß wir nach wie vor so flexibel sind, daß ich mich in das Tagesgeschehen einschalten kann und darf.«[12] Im August 1982 meinte Else Kröner sogar gegenüber einem Bekannten, dass sie aus dem Unternehmen ausgeschieden sei. Genau heißt es: »In der Zwischenzeit bin ich ausgeschieden, mein Mann führt die Firma.«[13]

Neben ihr gehörten Dr. Alfred Stiefenhofer (München, stellv. Vorsitzender), Vinzenz K. E. Grothgar (Düsseldorf), Detlef Kröner (Aachen), Johann Mesch (Griesheim), Max Pohl (Düsseldorf) und Dr. Manfred Schäfer (Saarbrücken) dem Aufsichtsrat an, wie auch die Arbeitnehmervertreter Hannelore Barbian-Jöckel (Neu-Anspach) und Siegfried Witt (Usingen).[14]

Zur ersten Sitzung traf sich der Aufsichtsrat der Fresenius AG am 23. März 1982. Die Sitzungen fanden in der Regel dreimal im Jahr statt, jeweils im März/April, August und November. Auf Einladung durch die Vorsitzende kamen Aufsichtsrat und Vorstand, oft auch mit Gästen, zusammen, insgesamt meist zehn Personen. Die jeweils ca. 20 Seiten umfassenden Protokolle der Aufsichtsratssitzungen von 1982 bis 1988 zeigen, dass Else Kröner sich hier zurückhielt und anderen Personen das Wort überließ. Else Kröner beschränkte sich gewöhnlich auf die Begrüßung und Verabschiedung der Mitglieder. Die Sitzungen dominierte Hans Kröner und im Laufe der Jahre mehr und mehr der spätere Nachfolger von Else Kröner im Aufsichtsratsvorsitz Dr. Stiefenhofer.[15]

Zwar konnte Else Kröner im Einzelgespräch mit Hans Kröner und anderen führenden Fresenius-Mitarbeitern leidenschaftlich diskutieren, doch in den Sitzungen stand sie nicht im Vordergrund. Die Zurückhaltung von Else Kröner in den Aufsichtsratssitzungen ist auffällig, allerdings ist sie keineswegs der neuen Struktur des Unternehmens geschuldet. Denn schon vor der Gründung der Aktiengesellschaft hatte sich Else Kröner in Sitzungen wie etwa denen der Geschäftsleitung immer etwas zurückgenommen. Die Protokolle der Geschäftsleitungssitzungen zeigen, dass Else Kröner schon damals nicht mehr so stark in Erscheinung trat, vor allem im Vergleich zu Hans Kröner, Dr. Gerd Krick und Dr. Uwe Klumb.[16]

WEITER IM ALTEN FÜHRUNGSSTIL

Trotz der Zurückhaltung im Aufsichtsrat konnte von einem Rückzug Else Kröners aus dem Unternehmen keine Rede sein. In ihrer umfangreichen Korrespondenz der Jahre 1982 bis 1988 zeigt sie sich so aktiv wie zuvor. Ihre Sorge, sie könnte die Geschicke des Unternehmens nicht mehr wie gewohnt beeinflussen, bestätigte sich nicht. Auch die Vorstellung, sie sei »ausgeschieden«, so zeigten schon die folgenden Monate, war übertrieben. Sie nutzte ihre Autorität und ihre Position, um Fresenius auch weiterhin zu prägen und zu beeinflussen. Auch ihren Führungsstil änderte sie nicht. Letztlich war der Vorsitz im Aufsichtsrat nur ein Posten, der ihrer besonderen Stellung im Unternehmen entsprach, den sie aber nicht benötigte, um ihren Einfluss im Unternehmen weiterhin geltend zu machen.

Das Spektrum ihrer Aktivitäten steht dem der 1970er Jahre in nichts nach. Kostensenkungen waren für sie nach wie vor ein Thema. So verfasste sie beispielsweise eine interne Mitteilung zum Thema: »Wie man bei Fresenius eine halbe Million sparen könnte und es doch nicht tut.«[17] Zudem hielt sie sich mit Kritik am Vorstand nicht zurück, vor allem wenn es um die Finanzierung des Unternehmens ging.[18]

Wenn Ideen aufkamen, Personal abzubauen, wie etwa im Mai 1982, meldete sie sich sofort zu Wort: »Ich bin der Meinung«, gab sie zu bedenken, »daß es nunmehr darauf ankommt, konstruktiv, konkret und kurzfristig die uns bekannten Aufgaben zu lösen. Hierzu gehört in erster Linie der Personalsektor. Ich bitte Sie daher um eine Überprüfung der Verhältnisse in Ihrem Verantwortungsbereich hinsichtlich der Zahl und Effizienz der Mitarbeiter, wie dies in sämtlichen Unternehmungen, vor allem wenn sie sich in einer schwierigen Situation befinden, üblich ist. Ich halte nichts von pauschalen Forderungen, etwa den Personalstand um 5% zu reduzieren. Wichtiger erscheint mir, jeden Bereich und jede Arbeitsgruppe individuell zu analysieren, und daraus die Schlußfolgerungen zu ziehen und sich nicht pauschal mit einem Soll-Ist-Vergleich zu begnügen.«[19]

Während sie ihre altbewährten Wege nutzte, das Unternehmen zu führen, sah sie sich doch gezwungen, den einen oder anderen Mitarbeiter darauf hinzuweisen, dass sie nach wie vor Ansprechpartnerin und Entscheidungsträgerin im Unternehmen war. Im November 1982 schrieb sie an einen Mitarbeiter: »Ich erlaube mir, Sie darauf hinzuweisen, daß Sie

Ihre Protokolle wie in der Vergangenheit ebenfalls zu meinen Händen senden müssen … Ich weiß nicht, warum dies nicht geschieht, bitte jedoch in Zukunft, so zu verfahren.«[20]

Kundenpflege und Vertrieb standen weiterhin auf ihrer Agenda. Mit geschickter Einleitung nahm sie zum Beispiel wieder Kontakt mit dem Oberstapotheker des Bundeswehrzentralkrankenhauses in Koblenz auf: »Anfang nächsten Jahres wird mein Sohn zur Bundeswehr eingezogen«, schrieb sie, »so daß ich erneut zum Nachdenken komme, wie die Bundeswehr und auch die Zivilbevölkerung im Ernstfalle mit Arzneimittel versorgt werden könnte.« Sie schlug ein Treffen in St. Wendel vor, um ihm die neue Beutelanlage vorzuführen und dann zu erörtern, wie man unter einfacheren Verhältnissen Infusionslösungen herstellen könnte.[21]

Besonders bei Neuerungen im Produktprogramm redete Else Kröner mit. Sie nahm hierzu Anregungen von Forschern und Ärzten auf, mit denen sie in Kontakt stand. Und auch die Öffentlichkeitsarbeit verstand sie nach wie vor als ihr Ressort. Sie führte schriftliche und mündliche Korrespondenz mit Gemeindevertretern der einzelnen Standorte, war um die Präsentation der Firma auf Messen und Kongressen bemüht. Daneben regte sie wiederholt Maßnahmen zur Verbesserung des Arbeitsablaufs und zur Kosteneinsparung an und beobachtete die Aktivitäten der Konkurrenzunternehmen.[22]

Auch ihr fachliches Wissen auf dem Gebiet der Pharmazie brachte sie immer wieder ein.[23] Weiterhin kümmerte sie sich um die Auslandsgeschäfte.[24] So schrieb Else Kröner in einem Brief vom 18. Januar 1983: »In diesen Tagen waren wir wieder sehr mit Jugoslawien beschäftigt. Es gibt zu wenig Devisen und die Fa. Hemofarm braucht sie dringend für den Einkauf von Rohstoffen für Dialyse-Verbrauchsmaterial. Da müssen immer wieder neue Wege gefunden werden.«[25]

KAPITALERHÖHUNGEN UND BÖRSENGANG

Der Übergang von der Kommandit- zur Aktiengesellschaft verlief dank guter Vorbereitung reibungslos. Mit der AG-Gründung war eine Erhöhung des Grundkapitals von 100.000 auf 20 Millionen DM durch Sacheinlagen verbunden gewesen. 1984 wurde das Grundkapital über Bareinlagen um 4 Millionen DM und im August 1986 durch Umwandlung von gesetzlichen Rücklagen um weitere 6 Millionen DM auf nun insgesamt 30 Millionen DM erhöht.[26]

Im November 1986 beschloss die Hauptversammlung von Fresenius, an die Börse zu gehen, um dem Unternehmen weiteres Kapital über stimmrechtslose Inhaber-Vorzugsaktien zufließen zu lassen. 300.000 Aktien zu einem Nennbetrag von 50 DM wurden ausgegeben. Die neuen stimmrechtslosen Vorzugsaktien aus der Kapitalerhöhung erhielten aus dem jährlichen Bilanzgewinn eine um 2 Prozent ihres Nennbetrags höhere Dividende als die Stammaktien, mindestens jedoch eine Dividende in Höhe von 4 Prozent ihres Nennbetrags. Der Preis pro Aktie lag bei 375 DM, so dass das Unternehmen mehr als 100 Millionen DM Kapitalzufluss verzeichnen konnte. Den Verkauf hatte ein Bankenkonsortium unter Führung der Dresdner Bank übernommen, die Fresenius als typisches Wachstumsunternehmen bezeichnete.[27]

Das Grundkapital bestand nach dem Börsengang aus Stammaktien im Nennbetrag von 30 Millionen DM, die im Besitz von Mitgliedern der Familie Kröner blieben, und stimmrechtslose Vorzugsaktien in Höhe von nominal 15 Millionen DM.[28]

Die mit der Umwandlung des Unternehmens in eine AG einhergehenden Kapitalerhöhungen sollten für eine Geschäftsausweitung und Diversifikation, die Ergänzung der bisherigen Tätigkeitsfelder, Entwicklung neuer Technologien, zur Optimierung der Fertigung, für den weiteren Ausbau von Forschung und Entwicklung sowie die Ausweitung des Auslandsgeschäftes verwendet werden.[29]

Dass man sich aus wirtschaftlicher und strategischer Sicht richtig entschieden hatte, bestätigte sich für Else Kröner in der weiteren Entwicklung des Unternehmens. Aufgrund der veränderten Kapitalverhältnisse und folgenden Strukturveränderungen gelang Fresenius ein enormer Umsatzzuwachs. 1982 lag der Umsatz der Firma bei 290 Millionen DM, drei Jahre später schon bei 403 und 1986 bei 465 Millionen DM.[30]

ENTWICKLUNG DER BEREICHE PHARMA UND MEDIZINTECHNIK

Die Mitarbeiter der Sparte Pharma konzentrierten sich in den 1980er Jahren auf den Ausbau und die Modernisierung der aktuellen Produkte für Kliniken: das Immunsuppressivum ATG, den Blutvolumenersatz und die parenterale und enterale Ernährungstherapie. Neue Forschungserkenntnisse und neue klinische Erfordernisse führten zur ständigen Anpassung und Erweiterung der Produktpalette. Krankheitsspezifische Ernährungskompositionen entstanden für die parenterale und enterale Anwendung. Durch ein spezielles Herstellverfahren wurde es möglich, Infusionslösungen mit mehreren Ernährungskomponenten ohne die bis dahin notwendigen risikohaltigen Stabilisatoren herzustellen und als Komplettlösungen »all-in-one« zur Anwendung zu bringen, was große Vorteile am Krankenbett mit sich brachte. Erstmals gelang es, Kunststoffbeutel so zu konstruieren, dass gegenseitig unverträgliche Stoffe in getrennte Kammern abgefüllt werden konnten und erst kurz vor der Anwendung durch einfache

1986 wurde die Fresenius-Aktie an der Börse eingeführt.
Am 4. Dezember fand aus diesem Anlass eine Pressekonferenz bei der Dresdner Bank in Frankfurt am Main
statt.

[oben] *Im April 1986 wurde ein neues Rechenzentrum in
Betrieb genommen, das der steigenden Bedeutung elektro-
nischer Datenverarbeitung im Betrieb gerecht wurde.*

[rechte Seite] *Else Kröner bei der Einweihung des neuen
Fresenius-Rechenzentrums im April 1986.*

[oben] Else Kröner zusammen mit dem Ärztlichen
Direktor des Krankenhauses Bad Homburg Dr.
Rossenbeck und dem Landrat Dr. Jürgens vor dem
ersten A 2008 C in der Klinik 1986. 1985/86 hatten die
Kliniken des Hochtaunuskreises begonnen, Geräte
von Fresenius zur Hämodialyse zu nutzen.

[rechte Seite, oben] Produktion im Fresenius-Werk im
saarländischen St. Wendel.

[rechte Seite, unten] 1978 begann Fresenius in Schweinfurt Dialysegeräte herzustellen.

[linke Seite] 1981 reiste Else Kröner nach China. Eigentlich handelte es sich um eine Privatreise, aber sie nutzte
den Aufenthalt auch für Klinikbesuche und Kontaktaufnahmen mit Ärzten und Apothekern.

[oben] Else Kröner beglückwünscht Frau Dr. Erika Steiff
zu ihrem 30-jährigen Dienstjubiläum 1987.

Else Kröner bei dem Festakt zum 75-jährigen Bestehen
des Unternehmens Fresenius.

Handhabung zur Infusionslösung gemischt wurden. 1983 kam zur Ergänzung der Ernährungsinfusionen die erste Fett-Emulsion, Lipovenös, auf den Markt. Für Krebspatienten, die nach der Entlassung aus dem Krankenhaus der künstlichen klinischen Ernährung bedurften, wurde eine firmeneigene Organisation für die Heimversorgung aufgebaut. Selbstentwickelte Molekülvarianten der Hydroxyethylstärke verbesserten die Volumenersatztherapie. Die Abfüllung dieser Infusionslösung in Polyethylenbeuteln anstatt in Glasflaschen bot große Vorteile für den Notarzteinsatz und die Bundeswehr. Ein implantierbares Mini-Spritzenpumpensystem »INFUSAID« erweiterte die ambulante Schmerzbehandlung. Für das intravenös applizierbare Kurznarkotikum Propofol wurde eine neue Galenik zur Verbesserung der Verträglichkeit entwickelt. Die enge Kooperation mit den Partnern der Medizintechnik führte zur Optimierung der Applikationssysteme (Sonden, Infusionspumpen, Ernährungspumpen).

Fresenius engagierte sich aber nicht nur auf dem Gebiet der künstlichen klinischen Ernährung, sondern nutzte seine Kenntnisse auf dem Gebiet der Ernährung auch, um Produkte zur Verbesserung der allgemeinen Leistungsbilanz zu entwickeln. Bekannt war, dass Kalorienträger, Eiweiß, Vitamine, Elektrolyte und Wasser bei körperlicher Anstrengung besonders schnell verbraucht werden. Zum Ausgleich müssen diese über die Nahrung wieder zugeführt werden. Die Fresenius-Forscher entwickelten speziell für Sportler den Eiweiß-Vitamin-Drink Protenplus und den besonders bei Radfahrern beliebten Champ Mineraldrink. Zum Mineralstoffersatz wurden auch Elotrans und Magnetrans angeboten.[31]

Außerdem entwickelten sie neue Arzneimittelspezialitäten. 1983 kam beispielsweise Kalma auf den Markt, ein Schlafmittel und Antidepressivum. Sein Wirkstoff, die Aminosäure L-Tryptophan, wirkt stimmungsaufhellend und beruhigend. Ende der 1980er Jahre wurden jedoch vermehrt Nebenwirkungen von L-Tryptophan-haltigen Produkten festgestellt. Vermutlich hingen die Nebenwirkungen mit Veränderungen im Herstellungsprozess des Rohstoffes einer japanischen Firma zusammen. Das Bundesgesundheitsamt erließ eine Sperrung von Präparaten mit dem Wirkstoff, und so musste Kalma 1989 vom Markt genommen werden. Das führte zu Umsatzeinbußen von 11 Millionen DM.[32]

Anfang 1988 wurde Maxepa (Maximale-Eicosa-Pentaen-Acid) eingeführt, ein Mittel, das aufgrund seines hohen Anteils an essentiellen mehrfach ungesättigten Omega-3-Fettsäuren aus reinem Fischölkonzentrat der Unterstützung blutfettsenkender Diäten bei Herz- und Kreislaufbeschwerden und Stoffwechselstörungen dient.[33] 1986 erreichte die Pharmasparte rund die Hälfte des Gesamtumsatzes der Fresenius AG.

Der sehr viel jüngere Bereich Medizintechnik hatte sich mittlerweile einen sicheren Stand erarbeitet, steigerte die Gewinne von Jahr zu Jahr und lag im Umsatz 1986 erstmals nahezu gleichauf mit dem Pharmabereich.[34] Das Wachstum beruhte hier aber vor allem auf den Erfolgen im Auslandsgeschäft. So schaffte Fresenius mit seinen Dialyseprodukten 1984 den Einstieg in den US-amerikanischen Markt und hatte sich dort innerhalb von drei Jahren bereits einen Marktanteil von 30 Prozent erarbeitet.[35]

Neue medizintechnische Produkte wurden in den 1980er Jahren in der Abteilung Forschung und Entwicklung in der Daimlerstraße 15 in Bad Homburg entwickelt. Dem Werk Schweinfurt oblag die technische Umsetzung. Hier arbeiteten die Techniker auch an Verbesserungen der Geräte. Die Produktpalette wurde allmählich ausgebaut. Neben den Dialysegeräten, die einen Anteil von 80 Prozent ausmachten, umfasste sie Infusionsgeräte, Ernährungspumpen, Analysegeräte und Zellseparatoren. Außerdem entwickelten die Fresenius-Forscher synthetische Dialysemembranen aus Polysulfon, deren Eigenschaften besonders biokompatibel waren und einen klaren Vorteil gegenüber den bisherigen Membranen aus Cuprophan hatten.

Der Injektomat, eine mikroprozessorgesteuerte programmierbare Spritzenpumpe, war 1984 marktreif. Ein Jahr später sorgte das Ionometer für Aufsehen. Es wurde komplett von Fresenius entwickelt und im Werk Schweinfurt hergestellt. Es diente der selektiven Messung von Elektrolyten wie Natrium, Kalium und Calcium im Blut oder Blutserum, der Bestimmung des Hämatokritwertes, also des Anteils der zellulären Bestandteile am Volumen des Blutes, und der Berechnung des Hämoglobinwertes. Das neuartige Ionometer hatte ein Gewicht von nur 5,3 kg; vergleichbare Geräte wogen das Zehnfache. Damit wurde die Bedside-Diagnostik möglich, also die Messung direkt beim Dialyse- oder Intensivpatienten, während bislang immer Labore eingeschaltet werden mussten.[36]

ERARBEITETER ERFOLG

1987 feierte Fresenius sein 75-jähriges Bestehen. Um Fragen des Protokolls für die Jubiläumsfeier kümmerte sich Else Kröner persönlich. Daher regte ihr gegenüber der Betriebsrat an, dass aus Gründen der Gleichbehandlung auch die Mitarbeiter im Außendienst sowie in den Außenlagern an den Jubiläumsfeiern teilnehmen sollten. Else Kröner war davon allerdings nicht sehr angetan. Sie antwortete: »Man wird sich nicht dagegen wehren können.«[37]

75 Jahre lang hatte das Unternehmen erfolgreich gearbeitet, und das war ein guter Anlass, zu feiern. Am 30. Oktober fand im Hotel Maritim in Bad Homburg ein Festakt mit mehr als 300 geladenen Gästen statt, die Else Kröner mit einer Ansprache begrüßte. Der Oberurseler Bür-

germeister Rudolf Harders würdigte in einer Rede den Beitrag, den die Firma für die Stadtentwicklung geleistet hatte, und dankte der Firmenleitung für die lange vertrauensvolle Zusammenarbeit. Vertreter aus der Pharmazeutischen Industrie und von Ärzteverbänden sprachen ebenfalls ihren Dank für das Engagement des Unternehmens und speziell von Else und Hans Kröner aus. Einen Höhepunkt der Feier stellte die Auszeichnung Hans Kröners mit dem Bundesverdienstkreuz Erster Klasse durch den hessischen Staatssekretär Hans Weiß dar. Nicht nur die Arbeit von Hans Kröner für die Fresenius AG sollte damit geehrt werden, sondern auch sein soziales Engagement. Schließlich hatte Kröner viel für die Entwicklungs- und Katastrophenhilfe gespendet. Weiß wies ausdrücklich auf die Verdienste von Else Kröner hin, die zusammen mit Hans Kröner 1973 bereits mit dem Verdienstkreuz am Bande des Verdienstordens der Bundesrepublik Deutschland ausgezeichnet worden war. Hans Kröner erhielt die erneute Auszeichnung nur deshalb alleine, weil er im Jubiläumsjahr Vorstandsvorsitzender war.[38]

Else Kröner konnte zu Recht stolz auf ihr Lebenswerk sein. Aus einer mittelständischen Firma war ein erfolgreiches Weltunternehmen geworden. Hans Kröner, der seit Anfang der 1960er Jahre und vor allem seit seinem offiziellen Eintritt in das Unternehmen 1972 entscheidend zum Erfolg beigetragen hatte, betonte in einer Rede im Vorfeld des Jubiläums auf der Außendiensttagung am 24. September 1987: »Wichtiger als das Kapital waren aber immer die Menschen, die in diesem rasch wachsenden Unternehmen ihre Aufgabe zu erfüllen bereit waren.«[39] Denn »wenn sich eine positive Entwicklung abzeichnet, ist es ein Beweis dafür, daß die Absicht, ein Unternehmen auf eine breitere Grundlage zu stellen, auch voraussetzt, daß wir Menschen finden, die kreativ und in eigener Verantwortung in der Lage sind, Ideen in die Tat umzusetzen.«[40] Auf der Jubiläumsfeier selbst fasste Hans Kröner die Leistung seiner Frau am Ende seiner dortigen Rede mit den Worten zusammen »Der Fortbestand des Unternehmens wäre auch ohne meine Frau nicht möglich gewesen, die sich für das Unternehmen über vier Jahrzehnte eingesetzt hat, und der ich für Zuversicht und Nachsicht danke.«[41]

Doch niemand wusste so gut wie Hans Kröner, dass Erfolge fortwährend und immer wieder von Neuem erarbeitet werden mussten. So bereiteten dem Unternehmen im Jahr 1986 steigende Personalkosten Probleme, obwohl einige seiner Bereiche nicht einmal ausreichend besetzt waren. Else Kröner wies wiederholt auf die Verschuldung des Gesamtunternehmens hin, die im Vergleich zu Konkurrenzfirmen zu einer verschlechterten Handlungsgrundlage führe.

Im Jahr 1987 stiegen die Personalkosten um 30 Millionen DM. 598 Mitarbeiter waren neu angestellt worden, wobei immer noch 120 Stellen offen blieben, weil keine passenden Fachkräfte gefunden werden konnten.

1988 nahm der Ertrag des Unternehmens nicht in gleichem Maße wie der Umsatz zu. Der Aufsichtsrat von Fresenius war der Ansicht, dass es in den folgenden Jahren nicht mehr möglich sein würde, steigende Kosten durch Umsatzzuwachs zu kompensieren. Insgesamt, hieß es, sei das Bewusstsein für Einsparungen und Effizienz verloren gegangen.[42]

Auf den Erfolgen, die 1987 gefeiert wurden, konnte man sich also nicht ausruhen. Das Unternehmen musste seine Position auf dem schwierigen pharmazeutischen und medizintechnischen Markt behaupten. In der Bundesrepublik, dem weltweit drittgrößten Produzenten von Arzneimitteln hinter den USA und Japan, gab es in den 1980er Jahren insgesamt rund 1.000 Hersteller, wobei die hundert größten Unternehmen, darunter Hoechst, Bayer und Boehringer Ingelheim, vier Fünftel des Marktes bestimmten.

Der Bereich der Pharmazeutika, das war Else und Hans Kröner klar, ist generell durch einen sehr hohen Forschungsaufwand charakterisiert. So wurde von 6.000 neuen Wirkstoffen durchschnittlich nur ein einziger – nach eingehender Prüfung von Wirksamkeit und Sicherheit – tatsächlich zugelassen. Für die Entwicklung eines neuen Medikaments mussten durchschnittlich etwa 90 Millionen DM investiert werden. Nachfrage und Absatzentwicklung waren von den Einkommensverhältnissen, den rechtlichen Bestimmungen und der Organisation des Sozial- und Krankenversicherungssystems abhängig. Gerade im Gesundheitswesen wurden jedoch Kosteneinsparungen immer wichtiger, wobei Versicherte immer mehr Selbstbeteiligungen bei ärztlicher Behandlung und Medikamenten leisten mussten. Dies rief verstärkten Wettbewerb hervor und begünstigte die Hersteller von Nachahmerpräparaten, so genannten Generika.[43]

Die ersten Zeichen dafür, dass auch Fresenius von diesen Entwicklungen betroffen war, hatte es schon Ende der 1970er Jahre gegeben. Else Kröner beobachtete dies genau, studierte zu diesen Themen die Presse und versandte einschlägige Berichte an die Mitglieder der Unternehmensführung.

GESUNDHEITSREFORM

1984 fiel im Bundesministerium für Arbeit und Soziales die Entscheidung, dass mit einer Gesetzesinitiative die Ausgaben der Gesetzlichen Krankenkassen gesenkt werden sollten.[44] Ziel der Reform war es, die Beitragssätze der Gesetzlichen Krankenkassen auf jeden Fall stabil zu halten, die Versicherten also nicht für den Ausgabenüberhang aufkommen zu lassen, sondern auf anderen Wegen die Ausgaben zu verringern und die Einnahmen der Gesetzlichen Krankenkassen zu erhöhen. Ein möglicher Weg, die Ausgaben zu verringern, bestand darin, die Kosten für Pharma- und Medizinartikel zu reduzieren.[45]

Als die Reformpläne bekannt wurden, schaltete sich sogleich der Bundesverband der Pharmazeutischen Industrie in die Diskussion ein. Auch der Vorstand der Fresenius AG zeigte sich wegen der geplanten Strukturreform besorgt. Fresenius betrafen die geplanten Änderungen im Arzneimittelbereich. Zum einen ging es um einen Solidarbeitrag der Pharmaindustrie. Diese Regelung sah vor, durch rückwirkende, lineare Preissenkungen und Preisfestschreibungen bei Arzneimitteln 1,7 Milliarden DM auf Kosten der Pharmaunternehmen einzusparen. Eine weitere geplante Maßnahme war die Einführung einer Positivliste. Positivlisten führen Medikamente auf, die als wirtschaftlich gelten und daher von den Gesetzlichen Krankenversicherungen bezahlt werden. Bisher hatte es nur eine Negativliste gegeben, d. h. eine Aufstellung von Arzneimitteln, deren Kosten nicht übernommen wurden. Außerdem war die Einführung einer Festbetragsregelung für Medikamente im Gespräch.[46]

In einem Bericht über mögliche Auswirkungen der Reform äußerte der Fresenius-Vorstand seine Bedenken, dass die ohnehin seit Mitte der 1970er Jahre zurückgegangenen Erlöse aus dem Krankenhausgeschäft noch weiter beeinträchtigt werden könnten.[47] Auch in den Bereichen Medizintechnik und Intensivmedizin hätte es zu Preiseinbußen kommen können.[48] Daher sprach sich der Vorstand gegen den geplanten Solidarbeitrag der Pharmaindustrie aus.[49] Ein Preisstopp sei ebenfalls wenig sinnvoll, da er vor allem mittelständische Unternehmen treffe.[50]

Auch das Kernstück der Reform, die Festbetragsregelung für Arzneimittel, beurteilte der Fresenius-Vorstand kritisch. Bisher mussten die Krankenkassen die von den Pharmaherstellern vorgegebenen Preise für Arzneimittel fast in voller Höhe erstatten – abzüglich des Eigenanteils der Patienten. Nun sollten die Krankenkassen auf die Preise auf dem Arzneimittelmarkt Einfluss nehmen können, indem der Bundesausschuss der Ärzte und Krankenkassen einen Festbetrag festsetzen konnte, der die Höchstgrenze der Leistungserbringung durch die Kassen vorgab. Durch diese Maßnahme sollten zwei Milliarden DM eingespart werden.[51] Einerseits führe diese Regelung, so der Fresenius-Vorstand, für das Gros der Versicherten in die Billigmedizin, und andererseits sei ein »Preisdiktat des Bundesausschusses« nicht mit den Prinzipien der freien Marktwirtschaft vereinbar. Außerdem werde mit der Festbetragsregelung eine »Quasi-Positiv-Liste« eingeführt.[52]

Gründe für die schlechte finanzielle Lage der Gesetzlichen Krankenversicherungen sah der Fresenius-Vorstand weniger in den hohen Preisen für Arzneimittel als vielmehr im Missbrauch des Gesundheitssystems durch die Versicherten. Der Einzelne sollte zu verantwortlicherem Handeln bewegt werden und der Wettbewerb zwischen den Krankenkassen erhalten bleiben.[53]

Man müsse vor allem beachten, so der Fresenius-Vorstand, dass die Kosten für Neuentwicklungen sehr hoch seien. In einer relativ kurzen Patentlaufzeit von 20 Jahren, die durch Prüfungen und Verzögerungen bei der Registrierung der Produkte tatsächlich nur zehn Jahre betrüge, könne man nur schwer die Aufwendungen wieder erwirtschaften. Zu früh kämen billige Nachahmerprodukte auf den Markt. Selbst größere Pharmakonzerne könnten ihre Forschungs- und Entwicklungskosten nicht mehr decken. Im Fresenius-Vorstand fürchtete man, unter den beschriebenen Bedingungen in Zukunft keine neuen Geräte mehr entwickeln zu können.[54]

Fresenius war angesichts der geplanten Reform um die Wirtschaftlichkeit des bis dahin noch mittelständischen Unternehmens besorgt. Statt der Erhöhung des verwaltungstechnischen Aufwands im Gesundheitswesen trat die Unternehmensleitung für eine Stärkung marktwirtschaftlicher Prinzipien zwischen den Krankenkassen ein und lehnte die Tendenz ab, in erster Linie die Pharmaindustrie für die schlechte finanzielle Situation der Krankenkassen verantwortlich machen zu wollen.

An Fragen der Gesundheitspolitik und speziell der Gesundheitsreform war Else Kröner naturgemäß immer sehr interessiert. Sie überlegte etwa 1981, wie Ärzte mit bestimmten Medikamenten angesichts des Ergänzungsgesetzes zum Kostendämpfungsgesetz von 1977 umgehen würden: »Das Kostendämpfungsgesetz wird viele Ärzte veranlassen, statt Plasmasteril bzw. Haes-Steril 10% in gewissen Fällen Gelatinelösung einzusetzen.« Deshalb empfahl sie zu prüfen, ob Fresenius eine solche Lösung ins Programm aufnehmen sollte.[55] Auf dem Höhepunkt der Auseinandersetzungen über die Gesundheitsreform regte sie an, mit dem Minister für Arbeit und Sozialordnung Norbert Blüm direkt in Kontakt zu treten. So schrieb sie an die Vorstände Dr. Specker und Dr. Schmidt: »Ich glaube, daß es darauf ankommt, daß man mehr Kontakte zu Herrn Minister Blüm und seiner Umgebung hat. Man sollte wissen, was er denkt und wie er handeln wird. Herr Dr. Rautsola hat in seinem Arbeitszimmer eine Urkunde von Herrn Blüm. Er hat einmal über ein gesundheitspolitisches Thema gearbeitet. Vielleicht ist das ein Weg. Bitte kontaktieren Sie ihn.«[56]

Am 1. Januar 1989 trat die Reform in Kraft. Einen Solidarbeitrag für die Pharmaindustrie gab es nicht, und die geplante Festbetragsregelung wurde abgeschwächt. Mit der endgültigen Formulierung, die festlegte, welche Arzneimittel unter die Festbetragsregelung fielen, wurden nur noch 50 bis 60 Prozent des Arzneimittelmarktes abgedeckt, anstelle der anvisierten 90 Prozent.[57] Zwar bedeutete die Reform eine Belastung für die Pharmaindustrie, doch im Nachhinein konnte sie Verluste, die durch die Festbetragsregelung entstanden, mittels Preiserhöhungen auf Medikamente, die nicht von der Maßnahme erfasst wurden, kompensieren.[58] Auch zu einer Einführung einer Positivliste kam es nicht. Stattdessen wurde die Negativliste erweitert.[59]

1 Fresenius-Firmenarchiv, Ordner 42 Strukturreform: Auswirkungen der Strukturreform auf die Preisentwicklung, auf die Erlösentwicklung im Unternehmen, allgemeine Auswirkungen, weitere Überlegungen. 2 Archiv EKFS, Else Kröner Tageskopien, 26.04.1982, Rückschau. 3 Zeitzeugengespräch Walter Fuchs, 04.12.2008; Zeitzeugengespräch Dr. Matthias Schmidt, 02.12.2008; Zeitzeugengespräch Friedrich Podzemny, 27.01.2009. 4 Archiv EKFS, Else Kröner Tageskopien, 22.02.1980. 5 Kröner, Hans: Rückschau und Ausblick [1981], S. 11 ff. 6 Dr. Manfred Specker, 1981 bis 1986 Vorstandsmitglied der Fresenius AG und Leiter der Sparte Pharma, danach Generalbevollmächtigter/ Sonderbeauftragter der Fresenius AG, 1998–2001 Verwaltungsrat der EKFS, ab 1995 Vorstand der Fresenius-Stiftung; Quelle: Bericht zur Fresenius-Stiftung o. J.; Zeitzeugengespräch Manfred Specker, 23.05.2009. 7 Registergericht Bad Homburg, HRB 2617 (10660), Fresenius Aktiengesellschaft, Bd. 1. Die Umwandlung wurde über die Chemisch-pharmaceutische Verwaltungsgesellschaft mit beschränkter Haftung realisiert. 8 Zeitzeugengespräch Manfred Specker, 23.05.2009. 9 Archiv EKFS, Else Kröner Tageskopien, 08.02.1982. 10 Fresenius AG, Geschäftsbericht 1982, S. 10. 11 Zeitzeugengespräch Manfred Specker, 23.05.2009; Zeitzeugengespräch Wolfgang Rietzschel, 03.12.2008. 12 Archiv EKFS, Else Kröner Tageskopien, 08.02.1982. 13 Archiv EKFS, Else Kröner Tageskopien, 02.08.1982. 14 Fresenius. Pharma, Medizin, Klinikbedarf, Geschäftsbericht 1982. 15 Auswertung der Protokolle der Aufsichtsratssitzungen 1982 bis 1991. 16 Firmenarchiv Fresenius, Protokolle der Geschäftsleitungssitzungen. 17 Archiv EKFS, Else Kröner Tageskopien, 08.03.1982. 18 Archiv EKFS, Else Kröner Tageskopien, 26.04.1982. 19 Archiv EKFS, Else Kröner Tageskopien, 16.09.1982. 20 Archiv EKFS, Else Kröner Tageskopien, 05.11.1982. 21 Archiv EKFS, Else Kröner Tageskopien, 09.11.1982. 22 Archiv EKFS, Else Kröner Tageskopien, passim. 23 Archiv EKFS, Else Kröner Tageskopien, u.a. 14.01., 19.01., 21.02., 01.03.1983. 24 Archiv EKFS, Else Kröner Tageskopien, z.B. 08.04.1983 Japan. 25 Archiv EKFS, Else Kröner Tageskopien, 18.01.1983. 26 Fresenius AG: Verkaufsangebot und Börseneinführungsprospekt, Bad Homburg 1986. 27 »Hoher Marktanteil bei Dialysegeräten«, in: Handelsblatt, 5. Dezember 1986. 28 Fresenius AG: Verkaufsangebot und Börseneinführungsprospekt, Bad Homburg 1986. 29 Ebenda. 30 Fresenius AG: Geschäftsbericht 1986. 31 Fresenius Report Nr. 4, 1986, S. 24 f., Fresenius Report Nr. 5, 1987, S. 6. 32 Fresenius Firmenzeitschrift Nr. 4, 1986, S. 9; Fresenius Report Nr. 13, 1990, S. 14 f.; IfAp Service-Institut für Ärzte und Apotheker GmbH (Hg.): 50 Jahre IfAp, S. 222. 33 Fresenius-News, Nr. 10, Januar 1988, S. 3, Fresenius Firmenarchiv. 34 Vortrag zur Entwicklung der Sparte Pharma der Fresenius AG anlässlich des Analysten-Gesprächs am 5.8.1987; Fresenius Report 5, 1987, S. 4. 35 MTS Medizin-Technische Systeme Schweinfurt GmbH – ein Unternehmen der Fresenius AG, Info-Blatt ca. 1995; Zeitzeugengespräch Manfred Zimmermann, 03.06.2009. 36 Fresenius Report Nr. 11, 1989, S. 28. 37 Archiv EKFS, Else Kröner Tageskopien, 05.05.1987. 38 Fresenius Report, Nr. 7, 1988, S. 6; Von der Apotheke zur Weltfirma, in: Taunuszeitung, 31.10.1987; Hans Kröner erhielt das Ver-

dienstkreuz 1. Klasse, in: Taunus Kurier, 04.11.1987; Zeitzeugengespräch Manfred Specker, 23.05.2009. 39 Kröner, Hans: 75 Jahre Fresenius 1912–1987. Bericht über das Unternehmen zur Außendiensttagung am 24.9.87, S. 20. 40 Ebd., S. 15. 41 Firmenarchiv Fresenius, Ordner 75 Jahre Fresenius: Rede zum 75-jährigen Firmenjubiläum, 1987. 42 Firmenarchiv Fresenius, Korrespondenz 1988-1990: Auszüge aus Referaten und Protokollen aus Aufsichtsratssitzungen seit 10. April 1986, zusammengestellt von Hans Kröner, um die Schwierigkeiten des Unternehmens deutlich zu machen, interne Mitteilung vom 02.10.1990. 43 Streck, Wolf Rüdiger: Chemische Industrie. Strukturwandlungen und Entwicklungsperspektiven, Berlin 1984, S. 219–225. 44 Perschke-Hartmann, Christiane: Die doppelte Reform. Gesundheitspolitik von Blüm zu Seehofer, Opladen 1994, S. 45. 45 Ebd., S. 56. 46 Ebd., S. 104–120. 47 Fresenius-AG Vorstand: Auswirkungen der Strukturreform im Gesundheitswesen, insbesondere der Bemühungen um Kostendämpfung auf ein mittelständisches Unternehmen (Fresenius), Überlegungen zur Auswirkung auf die Gesamtbranche, insbesondere der Erlösentwicklung, 9. März 1988, S. 2. 48 Ebd., S. 3. 49 Ebd., S. 5. 50 Ebd. 51 Perschke-Hartmann: Die doppelte Reform, S. 211 f. 52 Firmenarchiv Fresenius, Strukturreform im Gesundheitswesen: Dr. M. Eickhoff, Referentenentwurf vom 6. März 1988, S. 4. 53 Fresenius-AG Vorstand: Auswirkungen der Strukturreform im Gesundheitswesen, S. 11. 54 Ebd., S. 12 f. 55 Archiv EKFS, Else Kröner Tageskopien, 27.02.1981. 56 Archiv EKFS, Else Kröner Tageskopien, 04.02.1988. 57 Perschke-Hartmann: Die doppelte Reform, S. 117. 58 Ebd., S. 226. 59 Ebd., S. 120.

XI.
GESELLSCHAFTLICHES ENGAGEMENT UND STIFTUNGEN

HUMANITÄRE HILFE DURCH DAS UNTERNEHMEN

DER ERFOLG VON Fresenius über die Jahrzehnte und auch die zunehmende finanzielle Unabhängigkeit, trotz phasenweiser Engpässe, versetzten Else Kröner in die Lage, anderen Menschen großzügig helfen zu können. Für Else Kröner war es immer ein Anliegen gewesen, Menschen in Not zu helfen. Ihr Einsatz im Unternehmen war nicht zuletzt von dem Gedanken getragen, etwas aufzubauen, was den Menschen zugute kommt. So sollten die Überschüsse, die Fresenius erwirtschaftete, nicht nur reinvestiert, sondern auch für den »Dienst an den Mitmenschen« genutzt werden.

Darin wurde sie von Hans Kröner voll und ganz unterstützt. Gerade für Deutsche, die die Zeit des Nationalsozialismus erlebt hatten, erklärte Hans Kröner, sei humanitäres Handeln eine moralische Verpflichtung.[1] Beiden bot das Unternehmen dafür ein großes Potential. In einer kleinen Schrift mit dem Titel »Rückschau auf 60 Jahre« schrieb Hans Kröner, dass »eine außerhalb wirtschaftlicher Erwägungen liegende Motivation« für Else Kröner und ihn darin bestanden habe, sich »nach den verlorenen Jahren des Zweiten Weltkriegs und seinen großen Opfern ... für eine Aufgabe einzusetzen, die der Erhaltung von Leben diente«.[2] Dies sei keineswegs auf Deutschland zu beschränken, sondern gelte auch für andere Länder: »So begannen schon frühzeitig Überlegungen, eigenes Knowhow anderen, vor allem wenig entwickelten Ländern, zur Verfügung zu stellen. Es bestanden gute Chancen, diese Nationen mit Fachwissen bei der Errichtung von Pharmabetrieben zu unterstützen und damit auch dem moralischen Ansehen des eigenen Landes nach den Rückschlägen des Krieges einen Dienst zu erweisen.«[3]

In diesem Sinne hat das Unternehmen im In- und Ausland humanitäre Projekte unterstützt und seine pharmazeutischen Produkte in Krisengebieten kostenlos zur Verfügung gestellt. So etwa im Februar 1976 in Guatemala, als der mittelamerikanische Staat von einem schweren Erdbeben heimgesucht worden war, bei dem etwa 23.000 Menschen den Tod fanden und 75.000 verletzt wurden. Fresenius spendete damals Arzneimittel im Wert von 30.000 DM.[4] Der einmal aufgebaute Kontakt nach Guatemala ermöglichte 1979 die Spende eines Hämoperfusionsgerätes aus eigener Produktion. Das Gerät wurde im Februar des Jahres in Guatemala dem Gesundheitsminister übergeben. Wenig später besuchte eine guatemaltekische Delegation Bad Homburg, um sich bei Else Kröner persönlich dafür zu bedanken.[5]

In ähnlicher Weise stellte Fresenius nach dem Reaktorunglück von Tschernobyl Infusionslösungen, Arzneimittel und medizinische Geräte zur Verfügung. 1987 beteiligte sich die Firma an Hilfsgütertransporten nach Polen, wobei sich die Ökumenische Polenhilfe Seelscheid um den Transport der Arzneimittel und medizinisch-technischen Artikel kümmerte. In einem Dankesschreiben der Polenhilfe Seelscheid ist von dem harten Winter 1987 die Rede, und speziell zur Versorgung mit Arzneimitteln heißt es: »Nur wer selbst diese katastrophalen Zustände gesehen hat, kann glauben, dass die Hilfe aus Deutschland oft der letzte Rettungsanker ist, und dass, wie von polnischen Ärzten mitgeteilt wurde, schon oft Menschenleben durch Hilfstransporte mit Medikamenten gerettet wurden.«[6]

Medikamentenlieferungen gingen Anfang 1988 auch nach Gambia und in den Niger, und nach einem schweren Erdbeben in Armenien wurde 1988 eine firmeninterne Spendenaktion durchgeführt.[7]

DIE FRESENIUS-STIFTUNG

Eine spezielle Möglichkeit zu helfen, sahen Hans und Else Kröner darin, den wissenschaftlichen Austausch unter Medizinern zu fördern, ihnen eine Plattform zu bieten, ihr Wissen weiterzugeben und damit die Forschung voranzubringen. Als Medium für den Wissensaustausch boten sich zunächst wissenschaftliche Fachtagungen und Kongresse an. Else und Hans Kröner entschlossen sich daher, mit ihrem Unternehmen medizinwissenschaftliche Veranstaltungen zu unterstützen.

Im Dezember 1972 schufen Else Kröner und ihr Mann einen institutionellen Rahmen für ihre Wissenschaftsförderung: Sie gründeten die gemeinnützige Fresenius-Stiftung. Laut Stiftungszweck sollte sie mit einem Kapitalgrundstock von 100.000 DM »ausschließlich und unmittelbar gemeinnützigen Zwecken dienen, insbesondere durch Förderung der Medizin im praktischen und wissenschaftlichen Bereich einschließlich der wissenschaftlichen Dokumentation«.[8] Die Stiftung übernahm zunächst die Aufgabe, zwei Schriftenreihen herauszugeben, mit den Titeln »Anästhesie, Notfallmedizin, Intensivbehandlung, Schmerzbehandlung« und

»Aktuelle Nephrologie«. Die Zeitschriften berichteten über die neuesten Entwicklungen in diesen Medizinfeldern.[9] Für die beiden Periodika recherchierten klinische Experten im Auftrag der Stiftung in internationalen Fachzeitschriften wichtige neue Erkenntnisse zu Diagnostik, Behandlungsverfahren, Arzneimittelanwendung und Technik in der Anästhesie und Nephrologie. Themen wie Infusions- und Ernährungstherapie, Blut- und Volumenersatz, die Behandlung von Schock- und Komapatienten sowie Unfallopfern fanden ebenso Interesse wie die Therapie bei akutem Nierenversagen und chronischer Niereninsuffizienz, Fortschritten in der Dialyse, Nierentransplantation und Immunologie. Das Redaktionsteam erstellte in übersichtlicher Form Abstracts der relevanten Fachbeiträge – bei ausländischen Veröffentlichungen in Übersetzung – mit welchen sich Ärzte, die nur wenig Zeit für ein ausführliches Literaturstudium hatten, schnell über aktuelle Entwicklungen informieren konnten. Die fachlichen Artikel wurden um Kongressberichte und Tagungsankündigungen ergänzt. Die Zeitschriften erschienen viermal im Jahr. Sie waren rein wissenschaftlich ausgerichtet und frei von jeglicher Werbung.

Die Fresenius-Stiftung gab die Zeitschriften zum Selbstkostenpreis an Fresenius ab, von wo sie kostenlos und länderübergreifend an interessierte Fachärzte verteilt wurden. Schnell erwarben sich die Schriftenreihen in Fachkreisen einen guten Ruf. Die Überblicke über den internationalen Stand der Forschung machten es nicht zuletzt vielen Ärzten in Osteuropa möglich, Anschluss an die internationalen Entwicklungen in ihren Fachgebieten zu halten. Nach fast 30 Jahren stellte die Stiftung beide Reihen ein, weil sich die Kostenstrukturen im Vergleich zu den ersten Jahren deutlich verändert hatten und Druckwerke zunehmend von Onlinepublikationen ersetzt wurden. »Anästhesie« erschien letztmalig 1999. Für die »Aktuelle Nephrologie« übernahm Fresenius Medical Care im Jahr 2000 die Herausgeberschaft. In einem überarbeiteten, zeitgemäßen Layout wird sie bis heute weitergeführt.

Die Fresenius-Stiftung publizierte Mitte der 1970er Jahre neben den Schriftenreihen den »Giftindex«, der dem speziellen Bereich der Dialyse diente. In der umfangreichen Lose-Blatt-Sammlung wurden alle toxischen Substanzen aufgelistet, die nach damaligem Stand des Wissens durch Hämofiltration aus dem Körper entfernt werden konnten.[10]

In den späten 1970er Jahren erweiterten Else und Hans Kröner die Zielsetzung der Fresenius-Stiftung und machten sie auch zu einem Förderinstrument für humanitäre und medizinische Initiativen. So lobten sie in Kooperation mit dem Berufsverband der Deutschen Kinderärzte zwei Preise aus. 1982 inaugurierten sie den mit 10.000 DM dotierten »August-Steffen-Preis«, eine Auszeichnung, die nach dem Stettiner Arzt und Promotor der fachlichen Eigenständigkeit der Kinderheilkunde August Steffen benannt wurde.[11] Der Preis wurde Pädiatern zugesprochen, die durch »ärztliches und soziales Engagement, wissenschaftliche Leistung und ein vorbildliches Leben als Pädiater« hervorgetreten sind. Daneben finanzierte die Stiftung ab 1988 zusammen mit dem Berufsverband der Deutschen Kinderärzte den mit einer Summe von 8.000 DM versehenen Preis »Pädiater für die Dritte Welt«. Mit ihm wurden Kinderärzte unterstützt, die bereit waren, in einem Entwicklungsland kinderärztlichen Dienst zu tun. Von 1988 bis 1996 wurde der »Förderpreis der Fresenius-Stiftung für besondere Verdienste um die ärztliche Fortbildung und Kongressgestaltung« gestiftet, der in der Eröffnungsveranstaltung der MEDICA in Düsseldorf mit einer Laudatio des Vorsitzenden der Fresenius-Stiftung gewürdigt und mit einer Ausstattung von 10.000 DM verliehen wurde.[12] Preisträger waren exponierte Persönlichkeiten der Medizin. Für verschiedene bundesdeutsche Krankenhäuser wurden Notarztwagen und technische Ausrüstungen gespendet sowie Finanzmittel für Forschungsvorhaben bereit gestellt.[13]

Im Juni 1995 bestimmte Hans Kröner als einziger noch lebender Stifter den Fresenius-Mitarbeiter Dr. Manfred Specker zu seinem Nachfolger als Vorstand der Fresenius-Stiftung. Dieser übt das Amt laut Stiftungsverfassung und Stiftungszweck bis heute aus. Von ihm wurde in enger Abstimmung mit Hans Kröner 1992 das »Forschungsstipendium der Fresenius-Stiftung« initiiert, das bis heute jährlich von der Deutschen Gesellschaft für Anästhesiologie und Intensivmedizin (DGAI) als Preis der Wissenschaftlichen Arbeitstage in der Dotierung von 15.000 Euro ausgelobt und verliehen wird. 1997 wurde mit der Deutschen Interdisziplinären Vereinigung für Intensiv- und Notfallmedizin (DIVI) der mit 10.000 DM dotierte »Förderpreis Intensivmedizin der Fresenius-Stiftung« vereinbart, der 2001 durch den Else Kröner Memorial Award, gestiftet von der Else Kröner-Fresenius-Stiftung und mit 25.000 Euro dotiert, abgelöst wurde.[14]

STIFTUNG »PATIENTEN HEIM VERSORGUNG«

Ein Jahr nach Gründung der Fresenius-Stiftung riefen Else und Hans Kröner eine weitere Stiftung ins Leben. Die gemeinnützige Stiftung »Patienten Heim Versorgung« sollte der organisatorischen und logistischen Unterstützung der Heimdialyse dienen. Der Stiftung lag der Gedanke zugrunde, dass sich viele Nierenkranke der für sie notwendigen Blutreinigung nicht zwingend in einer Klinik unterziehen mussten, sondern diese mit entsprechenden Geräten auch zu Hause vornehmen und in dieser Hinsicht unterstützt werden konnten. Über diese Heimdialyse hinaus erweiterte die Stiftung bald ihr Spektrum, denn für viele Patienten kam weder eine Dialyse in häuslicher Umgebung noch in einer Klinik in Frage. Daher eröffnete die PHV-Stiftung 1974 ein erstes ambulantes Dialysezentrum. Bis heute sind bundesweit 85 Zentren hinzugekommen, dazu eines in der Schweiz und eines in Österreich. Die thematische Nähe zum Dialyse-Schwerpunkt der Fresenius-Firmengruppe konnte allerdings die Gemeinnützigkeit der Stiftung PHV gefährden, weshalb sich das Stifterehepaar zum 31. März 1976 aus der PHV-Stiftung zurückzog.

Die Stiftung sieht auch heute ihre Hauptaufgabe darin, alle zur Dialyse notwendigen Dienstleistungen sowie sämtliche dazu erforderlichen Materialien bereitzustellen, wobei vor allem die Heimdialyse gefördert werden soll. Es erwies sich als sinnvoll, überregionale Dialysetrainingszentren zu schaffen. Denn jeder Patient muss, bevor er mit der Heimdialyse beginnen kann, erlernen, wie er mit dieser neuen Situation am besten umgehen kann. Für Hämodialysepatienten kann auf diese Weise eine Schulung bis zu drei Monate dauern, bei Peritonealdialysepatienten mehrere Tage, in denen zu erlernen ist, was beim Umgang mit dem mit der Bauchhöhle verbundenen Katheter zu beachten ist.

Der Sitz der Stiftungsverwaltung befindet sich in Bad Homburg. Von hier werden alle Zentren gesteuert. Mittlerweile arbeiten in den Zentren mehr als 1.900 Mitarbeiter, die über 6.600 Patienten jährlich versorgen. Die Zahl der kooperierenden Ärzte stieg auf über 150. Für diese war das Angebot, in einem Verbund bei geringem Risiko freiberuflich tätig zu sein, sehr attraktiv. Als Erfolgsfaktor neben einer guten fachlichen Qualifikation des Personals und der neuesten Medizintechnik sowie einer regelmäßig durchgeführten Qualitätssicherung gilt eine partnerschaftliche Zusammenarbeit nicht nur mit Ärzten und Patienten, sondern auch mit den Krankenkassen und Krankenhäusern. So kann die PHV alle Möglichkeiten einer Nierenersatztherapie anbieten, die die moderne Medizin kennt.[15]

ELSE KRÖNER IM ZONTA-CLUB

Neben der Unterstützung dieser medizinisch-humanitären Initiativen war es Else Kröner als Unternehmerin wichtig, gesellschaftliche Verantwortung zu übernehmen. Insofern deckten sich ihre Interessen mit denen des international tätigen Zonta-Clubs, einem »weltweiten Zusammenschluss berufstätiger Frauen, die sich zum Dienst am Menschen verpflichtet haben«, dem sie 1973 beitrat. Das primäre Anliegen des Zonta-Clubs, einer überparteilichen, überkonfessionellen und weltanschaulich neutralen Frauenvereinigung, ist es, die Stellung der Frau in ihrer Rechtsstellung, in Politik, Wirtschaft und Beruf zu verbessern. Der Club setzt sich für die

Chancengleichheit der Frau, für die Verbesserung ihrer Bildungschancen, für ihre Gesundheitsförderung und für Menschenrechte ein. Der Club vergibt Stipendien für Wissenschaftlerinnen und verschiedene Förderpreise. Außerdem unterstützt er mit Spenden Hilfsprojekte in Entwicklungsländern.

Zonta wurde 1919 in Chicago als erste weibliche Service-Organisation gegründet. Der Name Zonta ist der Symbolsprache der Sioux-Indianer entlehnt und bedeutet »ehrenhaft handeln, vertrauenswürdig und integer sein«. Die Gründerinnen wählten ihn als Anspruch an das eigene Handeln. 1931 wurde der erste deutsche Club in Hamburg gegründet.[16] Zonta besitzt konsultativen Status bei der UN, UNESCO und UNICEF.[17] Weltweit gibt es regionale Clubs, in Deutschland sind es heute etwa 60, deren Mitglieder sich in den verschiedenen Club-Bezirken einmal im Monat in privatem Rahmen zusammenfinden.

Else Kröner nahm regelmäßig an den Clubtreffen in Bad Homburg teil und unterstützte den Club mit Geldspenden. Ihre Hilfe bot sie beispielsweise auch an, als eine größere Lieferung an Sachspenden ins Flüchtlings- und Übergangslager Friedland gebracht werden sollte: Für den Transport stellte Else Kröner unbürokratisch Lastwagen ihres Unternehmens zur Verfügung.

Die Mitglieder trafen sich im Turnus zum jour fixe in einer der Privatwohnungen bzw. -häuser. Bei Else Kröner Am Rabenstein fanden sich so hin und wieder 10 bis 20 Zonta-Mitglieder ein, um über die Belange des Clubs zu sprechen und den persönlichen Kontakt untereinander zu pflegen.

Prof. Barbara Dölemeyer, die dem Club seit 1974 angehört, erinnert sich noch daran, dass Else Kröner oft über ihre Sorgen im Unternehmen und mit den Adoptivkindern sprach. Als Historikerin hat sich Prof. Dölemeyer sehr für die Unternehmensgeschichte von Fresenius interessiert und mit Else Kröner oft über das Thema diskutiert.[18]

HILFE FÜR KINDER

Else Kröner hatte mehrere Patenschaften für Kinder in der Dritten Welt übernommen.[19] Immer wieder waren es vor allem kranke, notleidende Kinder und Waisen, denen Else Kröner helfen wollte. So organisierte sie beispielsweise Ende der 1960er Jahre eine Spendenaktion, die der Finanzierung des Kinderzentrums galt, das in München-Großhadern gebaut werden sollte. Das Kinderzentrum entstand 1967 auf Initiative des renommierten Kinderarztes Prof. Dr. Theodor Hellbrügge, der auf dem Gebiet der Sozialpädiatrie und der Montessori-Heilpädagogik arbeitete. Er startete verschiedene Initiativen zur Förderung der Fortbildung von Kinderärzten, gründete unter anderem die Zeitschriften »Der Kinderarzt« und »Kinderkrankenschwester« und veranstaltete pädiatrische Fortbildungskongresse. Im Münchner Kinderzentrum finden seither Diagnostik, Therapie und – zusammen mit Wissenschaftlern der Ludwig-Maximilians-Universität – Forschung auf dem Gebiet der kindlichen Entwicklungsstörungen und Sozialpädiatrie statt. Dem Zentrum liegt ein ganzheitlicher medizinischer Ansatz zugrunde, so dass dort Kinderärzte, Neurologen, Logopäden, Sozialpädagogen, Erzieher und Psychologen grundsätzlich interdisziplinär zusammenarbeiten. Die gemeinsame Erziehung von gesunden und mehrfach behinderten Kindern erfolgt an der hauseigenen Montessori-Schule und im Integrationskindergarten, die beide von der »Aktion Sonnenschein« unterhalten werden. Hellbrügge hatte die »Aktion Sonnenschein – Hilfe für das mehrfach behinderte Kind e.V.« 1968 gegründet.

Um den Bau des Kinderzentrums und die Arbeit der »Aktion Sonnenschein« zu unterstützen, knüpfte Else Kröner seinerzeit Kontakte zum Hermann-Gmeiner-Fond und konnte nach Sammelaktionen in Arztpraxen und in ihrem Unternehmen etwa 40 bis 50.000 DM an Spenden zur Verfügung stellen.[20] Für seinen Einsatz auf dem Gebiet der Pädiatrie erhielt Prof. Dr. Hellbrügge 1989 zudem den Förderpreis der Fresenius-Stiftung für außergewöhnliche Verdienste um die ärztliche Fortbildung und Kongressgestaltung.[21]

Über den Hermann-Gmeiner-Fond wurde das Interesse Else Kröners für die SOS-Kinderdörfer geweckt. Sie war von der Initiative Hermann Gmeiners begeistert und fasste den Plan, das große Grundstück in Schmitten für den Bau eines SOS-Kinderdorfs zur Verfügung zu stellen.[22] Der Hermann-Gmeiner-Fond nahm das Angebot nach langem Abwägen jedoch nicht an, da das Grundstück zwar wunderschön gelegen war, sich jedoch für die Einrichtung eines Kinderdorfs als nicht geeignet erwies. Vor allem für Jugendliche zwischen 14 und 18 Jahren hätten sich zu weite Wege zu Schule, Lehrstelle oder Arbeitsplatz ergeben. Außerdem gab es in dieser Abgeschiedenheit zu wenige Freizeitangebote.[23]

Else Kröner stellte daraufhin Kontakte zu Bürgermeistern im Raum Frankfurt her, um für den Hermann-Gmeiner-Fond ein geeignetes Areal für ein Kinderdorf zu finden. Außerdem unterstützte sie zusammen mit ihrem Unternehmen den Verein mit Medikamenten- und Geldspenden. 1980 leistete das Unternehmen eine Spende von rund 45.000 DM. Die Belegschaft übernahm zudem eine Patenschaft für ein SOS-Kinderdorf in Bangladesch. Finanziert wurde dies aus dem Erlös einer Tombola, die auf einer Betriebsfeier veranstaltet worden war, sowie mittels Sammeldosen in den Kantinen.[24]

DIE GRÜNDUNG DER ELSE KRÖNER-
FRESENIUS-STIFTUNG

In den späten 1970er Jahren gingen Else und Hans Kröner daran, ihre Nachfolge zu regeln und Überlegungen darüber anzustellen, wer Fresenius nach ihrem Tod einmal übernehmen sollte.[25] Hans Kröner hatte damals das Pensionsalter erreicht und Else Kröner das 50. Lebensjahr überschritten. Die Firmen der Familie oder Familienmitgliedern zu übertragen, erschien ihnen aus mehreren Gründen als problematisch. Zum einen hätte die anfallende Erbschaftsteuer der Familie und auch der Fresenius-Firmengruppe in dem Maße Kapital entzogen, dass ihr Bestand gefährdet gewesen wäre. Zum anderen musste im Falle einer Übertragung auf die Familie genau abgewogen werden, wer in der Lage war, im Unternehmen eine entscheidende Rolle zu spielen. Eine Frage wäre auch gewesen, wie man Verantwortungen und Anteile verteilen würde. Ihnen standen damals die Beispiele einiger Firmen warnend vor Augen, die aufgrund von Erbschaftsstreitigkeiten in Familien aufgerieben worden waren.[26] Daher entschieden sie sich gegen eine Familien-Lösung und beschlossen, eine so genannte Unternehmensträger-Stiftung zu gründen, der Else Kröner ihre Anteile am Unternehmen übertragen konnte.[27]

Selbst eine Familienstiftung zur Versorgung der Nachkommen war für sie nicht in Frage gekommen, denn eine derartige Stiftung hätte nach dem damals geltenden Steuerrecht 60 Prozent Erbschaftsteuer entrichten müssen – und das nicht nur einmal, sondern nach Ablauf von jeweils 30 Jahren immer wieder.[28] Daher entwarf Else Kröner mit Hilfe von Beratern eine gemeinnützige Stiftung mit einer medizinisch-humanitären Ausrichtung, denn eine Stiftung mit gemeinnütziger Zielsetzung war von der Erbschaftsteuer befreit. Mit einer solchen Stiftung konnte Else Kröner gleich zwei Ziele verfolgen. Sie konnte ihr Lebenswerk in seiner Gesamtheit erhalten, und sie schuf eine Einrichtung, die in ihrem Sinne Menschen helfen konnte.

Im Mai 1981, als sie ihr Testament aufsetzte, war die Stiftung zwar noch nicht gegründet, wurde aber im Testament schon erwähnt. Da im Falle ihres Todes die Stiftung gegründet werden sollte, waren im Testament die Grundzüge der Stiftung dargelegt. Es dauerte noch zwei Jahre, bis es zur Gründung kam. Am 19. Mai 1983 genehmigte der zuständige Regierungspräsident in Darmstadt die gemeinnützige Else Kröner-Fresenius-Stiftung (EKFS). Im Andenken an Dr. Eduard Fresenius, dem sie so viel verdankte, hatte Else Kröner auch seinen Namen in den Stiftungsnamen aufgenommen.

Zunächst war die Stiftung mit einem Kapital von 50.000 DM ausgestattet. Das war recht wenig, aber in ihrem Testament hatte Else Kröner

[oben] Im Dezember 1978 fand bei Fresenius in Oberursel ein Empfang statt, bei dem der guatemaltekische
Botschafter, Dr. Roberto Zecena, seinen Dank für die
großzügige Spende von Arzneimitteln im Wert von
30.000 DM nach der Erdbeben-Katastrophe im Jahr
1976 aussprach. Else Kröner neben dem Botschafter
von Guatemala.

[unten] Zu diesem Anlass überreichte der guatemaltekische Botschafter Else Kröner als besonderes Gastgeschenk
einen Rock aus seinem Land. Hans Kröner erhielt eine
Ehrenurkunde.

Else Kröner

Am Rabenstein 23 20. 5. 1981
6380 Bad Homburg v. d. H.
Telefon 0 61 73/60-62 01

I

Testament

Ich, Else Kröner geb. Fernau geb. am 15. 5. 1925
bestimme hiermit für den Fall meines
Todes was folgt:

I

Als meinen alleinigen Erben setze ich meinen
Ehemann Hans Kröner
Mein Ehemann ist als Vorerbe berufen. Er ist
von allen gesetzlichen Beschränkungen des
Vorerben befreit soweit Befreiung überhaupt
erteilt werden kann.

II

1) Zum Ersatzerben und zum Nacherben meines
Ehemannes setze ich die Else Kröner - Fresenius
Stiftung
2) Der Nacherbfall tritt ein mit dem Tod
meines Ehemannes Hans Kröner
3) Die Else Kröner - Fresenius Stiftung werde ich
als bald unter Lebenden errichten. Höchst vor-

Die ersten Seiten des handschriftlichen Testaments der Stifterin Else Kröner aus dem Jahr 1981, mit dem sie ihr Vermögen der zu gründenden Else Kröner-Fresenius-Stiftung vermachte.

verglich für den Fall, dass im Zeitpunkt meines Todes die Stiftung noch nicht entstanden oder noch nicht errichtet sein sollte nehme ich hiermit das Stiftungsgeschäft von Todes wegen vor:

a) Ich errichte hiermit eine Stiftung des privaten Rechts der Bundesrepublik Deutschland nach Maßgabe des Hessischen Stiftungsgesetzes. Die Stiftung soll als selbstständige juristische Person rechtsfähig sein. Ich beantrage daher hiermit bereits jetzt die erforderliche staatliche Genehmigung.

b) Die Stiftung trägt den Namen

„Else Kröner - Fresenius - Stiftung"

Sie hat ihren Sitz in Bad Homburg vor der Höhe.

c) Die Stiftung wird selbstlos tätig, dient ausschließlich und unmittelbar gemeinnützigen und mildtätigen Zwecken, insbesondere der Förderung der medizinischen Wissenschaft, und zwar vorrangig auf den Gebieten der Erforschung und der Behandlung von Krankungen, einschließlich der Entwicklung von

Else Kröner

Am Rabenstein 23   20. 5. 1981
6380 Bad Homburg v. d. H.
Telefon 0 61 71/60-62 01

von Fröten und Präparaten, beispielsweise
von künstlichen Nieren. Die Stiftung dient
ferner der Förderung der Ausbildung von Ärzten
oder sonstigen, in der Krankenbehandlung
oder Krankenpflege, vornehmlich auf dem
Gebiet der Dialyse tätigen Personen; weiter
der Förderung der Bildung und Erziehung
besonders begabter Schüler und Studenten,
der Förderung von Unfallgeschädigten und
der Altenhilfe sowie der Unterstützung von
Personen, die infolge ihres geistigen,
körperlichen oder seelischen Zustandes auf
die Hilfe anderer besonders angewiesen sind.
Soweit steuerrechtlich unschädlich, soll die
Stiftung den zulässigen Teil ihres Einkommens dazu verwenden, um in angemessener
Weise meinen Ehemann Hans Kröner, falls
er nicht Erbe werden sollte, sowie meine und
meines Ehemannes Adoptiv-Kinds und natürlichen Kinder, auch deren Abkömmlinge
und Adoptiv-Abkömmlinge, möglichst auch

*Sitz der Else Kröner-Fresenius-Stiftung in Bad Homburg
im Jahr 2010. .*

[linke Seite] *Else Kröner half, wo sie konnte. Über ihr Unternehmen organisierte sie Medikamenten- und Nahrungsmittelspenden nach Afrika, wie im Januar 1988 nach Gambia.*

[oben] *Nahrungsmittel und Medikamente gingen 1988 auch in den Niger.*

STIFTUNGSURKUNDE

GEMÄSS § 80 DES BÜRGERLICHEN GESETZBUCHS
IN VERBINDUNG MIT § 3 ABS.1 DES HESSISCHEN
STIFTUNGSGESETZES VOM 4.APRIL 1966 (GVBL.I
S. 77) IN DER FASSUNG VOM 1.4.1978 (GVBL.I
S. 109) GENEHMIGE ICH HIERMIT DIE MIT
STIFTUNGSGESCHÄFT VOM o7. April 1983
ERRICHTETE Else Kröner-Fresenius-Stiftung
MIT DEM SITZ IN Bad Homburg v.d.Höhe.

DARMSTADT, DEN 24. Mai 1983

DER REGIERUNGSPRÄSIDENT
IN DARMSTADT

(Dr. Wierscher)

Im Mai 1983 wurde die Else Kröner-Fresenius-Stiftung mit einer Urkunde des Darmstädter Regierungspräsidenten für rechtskräftig erklärt.

verfügt, dass ihr gesamtes Vermögen nach ihrem Tod auf die Stiftung übergehen sollte. Vorerbe war ihr Mann, aber es war vereinbart, dass Hans Kröner auf die Erbschaft verzichten sollte, damit ihr gesamtes Vermögen direkt – und ohne Verluste durch die Erbschaftsteuer – auf die neue Stiftung übergehen konnte.[29]

Else Kröner hatte die Fördertätigkeit, die ihre Stiftung verfolgen sollte, sehr weit gespannt. In ihrem Testament schrieb sie: »Die Stiftung wird selbstlos tätig, dient ausschließlich und unmittelbar gemeinnützigen und mildtätigen Zwecken, insbesondere der Förderung der medizinischen Wissenschaft und zwar vorrangig auf den Gebieten der Erforschung und der Behandlung von Erkrankungen, einschließlich der Entwicklung von Geräten und Präparaten, beispielsweise von künstlichen Nieren.«[30] Die Stiftung sollte aber nicht nur die medizinische Wissenschaft fördern. Angedacht war zudem die Unterstützung der Ausbildung von Ärzten und Pflegepersonal, die Förderung von begabten Schülern und Studenten und die Unterstützung pflegebedürftiger Personen. Allerdings konnte die Aufsichtsbehörde nach dem Hessischen Stiftungsgesetz eine Stiftung nur dann genehmigen, wenn »die Verwirklichung des Stiftungszwecks« mit dem Erlös aus dem Stiftungskapital »nachhaltig gesichert« schien.[31] Der umfassende Stiftungszweck der Else Kröner-Fresenius-Stiftung ließ sich deshalb zunächst nicht in vollem Umfang verwirklichen und Else Kröner schränkte ihn vorerst auf die Förderung medizinischer Forschung ein. Mit dem Erbfall, der dann zur Erhöhung des Stiftungskapitals führen würde, sollte der Stiftungszweck auf den ursprünglich vorgesehenen Umfang erweitert werden.

Die neu gegründete Stiftung hatte zwei Gremien.[32] Der Verwaltungsrat hatte die Aufgabe, den Vorstand zu bestellen und die Geschäftsführung zu beaufsichtigen. Darüber hinaus entschied er über die Verwendung der Erträge und über das Vermögen der Stiftung, und er beschloss alljährlich über die Entlastung des Vorstands. Der Vorstand übernahm die Geschäftsführung der Stiftung.

Else Kröner stand dem Verwaltungsrat vor und hatte damit die maßgebliche Position in der Stiftung inne. Als weitere Verwaltungsratsmitglieder berief sie ihre juristischen Berater Dr. Alfred Stiefenhofer und Dr. Reinhard Goerdeler. Zum Stiftungsvorstand wählten die Mitglieder des Verwaltungsrats einstimmig Hans Kröner.

Es mussten förderungswürdige medizinische Forschungsprojekte gefunden werden, auch wenn als Erträge aus dem Stiftungskapital nur Summen von rund 2.000 bis 5.000 DM zur Verfügung standen. Ausschreibungen schienen wenig zweckmäßig, weshalb die Stiftung zunächst Projekte förderte, die Else und Hans Kröner aus ihrem großen Bekanntenkreis angetragen wurden. So kam die Unterstützung eines ersten Projekts 1985 durch einen Hinweis von einem Mitarbeiter Hans Kröners zustande.

Dabei handelte es sich um ein Projekt von Dr. Monika Neuhäuser, die am Physiologisch-Chemischen Institut der Johannes-Gutenberg-Universität in Mainz die Bedeutung von verzweigten Aminosäuren in der parenteralen Ernährung untersuchte.[33] Dr. Neuhäuser erhielt für ihre Forschungen 5.000 DM. Nachdem sie sich bei einem Forschungsaufenthalt in Stockholm mit der Technik der parenteralen Nährstoffzufuhr bei Versuchstieren vertraut gemacht hatte, etablierte sie in Deutschland ein experimentelles Rattenmodell mit dem Ziel, verschiedene Aminosäurederivate und Aminosäurelösungen unterschiedlicher Zusammensetzung hinsichtlich ihrer Verwertbarkeit zu untersuchen. Die Aminosäurederivate waren von Bedeutung, weil bestimmte Aminosäuren schlecht löslich oder nicht sehr stabil sind und deshalb bei der parenteralen Ernährung nicht gut direkt eingesetzt werden können. Besser lösliche Derivate boten hier einen Ausweg. Neuhäuser untersuchte, ob solche Derivate vom Organismus überhaupt in den Stoffwechsel integriert werden. Anhand von Stickstoffbilanzen sowie der Bestimmung von Aminosäurekonzentrationen im Blut, in Geweben und im Urin konnte sie zeigen, inwieweit die getesteten Aminosäurederivate genutzt und mit welcher Effizienz Aminosäurelösungen in Abhängigkeit von ihrer Zusammensetzung verwertet werden.[34]

Mit der gleichen Summe von 5.000 DM dotiert war auch der Zuschuss, den 1986 Prof. Gunter Hempelmann aus Gießen für eine Studie zum »Einfluß eines Zusatzes kolloidaler Lösungen auf die Resorption und Wirkdauer von Lokalanästhetika« erhielt.[35] Ziel der Arbeiten, die Hempelmann 1986 aufnahm, war es, geeignete Zusätze für Anästhetika zu finden, die deren Resorption verzögern können. Im klinischen Alltag ist es wünschenswert, die Aufnahme von Lokalanästhesie-Lösungen aus dem Gewebe in die Blutbahn zu verzögern. Das gelingt etwa durch den Zusatz von Adrenalin. Der Adrenalin-Zusatz erlaubt nicht nur die Arbeit in einem relativ blutarmen Operationsfeld, sondern die mit einer Vasokonstriktion verbundene Resorptionsverzögerung vermindert die Blutspiegel der Lokalanästhetika und verlängert damit zusätzlich die Wirkdauer der lokalen Betäubung. Da sowohl die eigentlichen Lokalanästhetika als auch Adrenalin nach systemischer Resorption über ein erhebliches Nebenwirkungspotential verfügen, waren klinische Prüfungen erforderlich. Mit den Geldern der Else Kröner-Fresenius-Stiftung finanzierte Prof. Hempelmann intravenöse Regionalanästhesien an Probanden.

1987 folgte eine Förderung von Dr. Josef Holzki aus Köln für Untersuchungen zum »Aminosäurestoffwechsel bei parenteral ernährten pädiatrischen Patienten«. Die Stiftung unterstützte die Forschung mit 7.000 DM.[36]

Anfangs wurden also nur kleinere Beiträge zur medizinischen Forschung bereitgestellt, und zwar für Projekte aus den Bereichen Ernährungsmedizin und Anästhesiologie. Selbstverständlich konnte mit diesen Projekten noch kein eindeutiges Profil der Stiftung herausgearbeitet werden; auch war durch diese kleineren Projekte die Stiftung nicht an die Öffentlichkeit getreten. Dennoch: Die Grundlage für eine Stiftung mit medizinwissenschaftlicher und auch medizinisch-humanitärer Ausrichtung war geschaffen, Else Kröner hatte ihre Nachfolge geregelt und, wie die weitere Entwicklung der Stiftung ab den 1990er Jahren zeigen wird, es war eine Einrichtung gegründet worden, welche die für die Stifterin charakteristischen Ambitionen, die medizinische Forschung voranzubringen, gesellschaftlich zu wirken und Menschen zu helfen, auch nach ihrem Tod fortführte – und das in einem Umfang, wie sie sich das nicht hätte vorstellen können.

Aufgrund der vielfältigen gemeinnützigen Aktivitäten wurden bei Ehrungen von Else und Hans Kröner jeweils nicht nur die wirtschaftlichen Erfolge, sondern auch ihr der Allgemeinheit dienendes Engagement gewürdigt. Das im Januar 1973 verliehene Verdienstkreuz am Bande des Verdienstordens der Bundesrepublik Deutschland hatten beide auch aufgrund ihrer humanitären Leistungen erhalten.[37] Im Januar 1988 ehrte die Stadt Oberursel das Ehepaar Kröner mit der Ehrenmedaille der Stadt.[38] Bei der Verleihungszeremonie wurde an die Entwicklungshilfe der Firma Fresenius bei Naturkatastrophen im Ausland, an die Stiftung von Unfallwagen und medizinischen Geräten sowie die großzügige Ausstattung und Versorgung von SOS-Kinderdörfern erinnert.[39] Auf ausdrücklichen Wunsch von Else und Hans Kröner fand die Ehrung in kleinem Rahmen und mit geringer Publizität statt. Beide wollten keinesfalls im Mittelpunkt stehen. Ihnen war nur wichtig, was sie bewirkt hatten und was sie weiter bewirken konnten.

1 Kröner, Hans: Erinnerungen und Gedanken. o. O, o. J. S. 123 ff; Kröner, Hans: Rückschau auf 60 Jahre. o. O. [1985], S. 11; Kröner, Hans: Erinnerung an Else Kröner aus Anlaß des zehnten Todestages. o. O. [1998], S. 10. 2 Ebd., S. 11. 3 Ebd. 4 Im Dezember 1978 fand ein Empfang bei Fresenius statt, bei dem der guatemaltekische Botschafter Roberto Zecena eine Dankesurkunde an Hans Kröner überreichte. Vgl.: Erdbeben-Opfern rasch geholfen, in: Taunus-Zeitung, 21.12.1978. 5 Fresenius Firmenarchiv, Ordner Hilfsaktionen. 6 Ebd. 7 Fresenius Report, Nr. 18, 1995, S. 32. 8 Fresenius Firmenarchiv, Fresenius-Stiftung: Bericht zur Fresenius-Stiftung; Zeitzeugengespräch Manfred Specker, 23.05.2009. 9 Aktuelle Nephrologie: Zeitschriften- u. Kongressreferate, Fragen d. klin. Praxis, Übersichtsreferate, Fresenius Medical Care, Lengerich, 1.1973; Anästhesie, Wiederbelebung, Intensivbehandlung: Zeitschriften- u. Kongressreferate, Fragen d. klin. Praxis, Übersichtsreferate, hrsg. v. d. Fresenius-Stiftung Bad Homburg v. d. H., 1.1973 bis 20.1992,1. Dann: Anästhesie, Notfallmedizin, Intensivbehandlung, Schmerzbehandlung, hrsg. v. d. Fresenius-Stiftung Bad Homburg v. d. H., 20.1992,2 bis 26.1998,4; damit Erscheinen eingestellt. 10 Seyffart, Günter: Giftindex. Dialyse und Hämoperfusion bei Vergiftungen (herausgegeben durch die Fresenius-Stiftung), Bad Homburg 1975. 11 Vgl. Näheres zur Biografie August Steffen: Manzke, Hermann: Sanitätsrat Dr. August Steffen (1825–1910). Nestor und Spiritus rector der Kinderheilkunde in Deutschland und Mitteleuropa, Kiel 2005. 12 Pressemitteilung Fresenius 21.11.1995; Schreiben Fresenius-Stiftung/MEDICA 26.06.1997/17.06.1997. 13 Für ihr Engagement sollte Else Kröner im Jahr 1988 die Ehrenurkunde des Berufsverbandes der Deutschen Kinderärzte verliehen werden. Durch ihren plötzlichen Tod war dies nicht mehr möglich. Auf der 64. Tagung des Verbandes in Würzburg dankte der Präsident, Dr. Werner Schmidt, Else Kröner postum »für eine jahrelange, wohlwollende Förderung« der Verbandsarbeit. Stellvertretend übergab er die Urkunde an Gerd Thomas. Fresenius-Report 7, Oktober 1988, S. 9; Fresenius-Firmenarchiv, Ordner 29 Ehrungen: Urkunde und Rede zur Verleihung. 14 Zeitzeugengespräch Manfred Specker, 23.05.2009. 15 Interne Mitteilung von Hans Kröner, 21.8.1989, Fresenius-Firmenarchiv und http://www.phv-dialyse.de (abgerufen am 25.06.2010). 16 Zonta International: http://www.zonta-union.de/dasistzonta.htm (abgerufen am 13.05.09). 17 Zonta International: http://www.zonta-union.de/chronologie.htm (abgerufen am 13.05.09). 18 Zeitzeugengespräch Barbara Dölemeyer, 08.10.2009. 19 Zeitzeugengespräch Gesa und Detlef Kröner, 21.11.2008. 20 Zeitzeugengespräch Gerd Thomas, 22.12.2008. 21 Fresenius Report Nr. 11, 1989, S. 12; Kinderzentrum München gemeinnützige GmbH, http://www.kinderzentrum-muenchen.de/home.html (abgerufen am 11.02.09); Aktion Sonnenschein, http://www.aktionsonnenschein.de/geschichte/geschichte.html (abgerufen am 11.02.09). 22 Archiv EKFS, Else Kröner Tageskopien, 26.03.1979. 23 Archiv EKFS, Else Kröner Tageskopien, 08.06.1979. 24 Kindern das Leben retten. Oberurseler Unternehmen unterstützt SOS-Kinderdörfer, in: Taunus-Zeitung, 27.08.1980. 25 Archiv EKFS, Else Kröner Tageskopien, Hintergrundinformationen von Hans Kröner zur Stiftungsgründung, 14.10.1988. Auch Maier, F.: Erben im Abseits. Top Business; Feb 1992, S. 54. 26 Ebd. 27 Archiv EKFS, Nachlass Else Kröner, Stiftung. 28 Nach dem damals gültigen Erbschaftsteuergesetz §§ 1(I) Ziff. 4, 9 (I) Ziff 4. 29 Archiv EKFS, Testament Else Kröner 1981. 30 Archiv EKFS, Testament Else Kröner 1981. »Die Stiftung dient ferner der Förderung der Ausbildung von Ärzten oder sonstigen, in der Krankenbehandlung oder Krankenpflege, vornehmlich auf dem Gebiet der Dialyse tätigen Personen; weiterhin der Förderung der Bildung und Erziehung besonders begabter Schüler und Studenten, der Förderung von Unfallgeschädigten und der Altenhilfe, sowie der Unterstützung von Personen, die infolge ihres geistigen, körperlichen oder seelischen Zustands auf die Hilfe anderer besonders angewiesen sind.« 31 Hessisches Stiftungsgesetz § 3 Abs. 2 in Verbindung mit § 6. 32 Archiv EKFS, Verfassung der Else Kröner-Fresenius-Stiftung. 33 Archiv EKFS, Beschluss des Verwaltungsrates der EKFS in der Sitzung vom 22.08.1985. 34 Neuhäuser-Berthold, M./Böhler, S./Berthold, D./Bässler, K. H.: Infusionslösungen mit hohem Anteil an verzweigtkettigen Aminosäuren (VKAS) und hochprozentige Aminosäurelösungen im experimentellen Tiermodell. Infusionstherapie 1987, 14. S. 262–66. 35 Archiv EKFS, Tätigkeitsbericht der EKFS für das Geschäftsjahr 1986, S. 1. 36 Archiv EKFS, Tätigkeitsbericht der EKFS für das Geschäftsjahr 1987, S. 1 f. 37 Archiv EKFS, Verleihungsurkunde in Anerkennung der um Staat und Volk erworbenen besonderen Verdienste für Frau Else Kröner/Bad Homburg. Bonn, den 23. Januar 1973. Dazu: Ein Leben – geprägt im Dienst der Gesundheit der Mitmenschen. Bundesverdienstkreuz für Else und Hans Kröner, in: Taunus-Zeitung, 22.12.1973. 38 Archiv EKFS, Urkunde über die Verleihung der Ehrenmedaille der Stadt Oberursel. Aufgrund der Ehrenordnung der Stadt Oberursel gemäß Beschluss des Magistrats vom 9. November 1987 … »für langjähriges verdienstvolles Wirken als Unternehmer in der gewerblichen Wirtschaft«. Oberursel, den 18. Januar 1988. 39 Im Dienst der Wirtschaft und der Bürger-Gemeinschaft. Oberursel lobt ,vorbildliche' Freseniusvorstandsmitglieder, in: Frankfurter Nachrichten/Taunus Nachrichten, 25.2.1988.

XII.
ELSE KRÖNER IN DEN JAHREN
1987 UND 1988

IM UNTERNEHMEN

DIE AKTIVITÄTEN UND das Engagement im Unternehmen, die sich in ihrer Korrespondenz widerspiegeln, setzte Else Kröner in den Jahren 1987 und 1988 ungebrochen fort. Durch die Aufsicht über die Aktivitäten des Vorstands war sie weiterhin »mitten im Geschäft« und kümmerte sich wie eh und je um die Dinge, die ihr besonders wichtig waren.

Die größte Bedeutung maß sie dem persönlichen Kontakt zu den Kunden bei, selbst wenn sie bei der Größe, die Fresenius inzwischen erlangte hatte, nur noch einen kleinen Teil davon pflegen konnte. Sie korrespondierte mit Klinikdirektoren, traf sich mit ihnen und hielt Kontakt zu Apothekern. Und als das Bundesverteidigungsministerium wegen der Entwicklung eines Gerätes zur feldmäßigen Herstellung von Infusionslösungen an die Firma herantrat, nahm sie Anfang Dezember 1986 zusammen mit Mitarbeitern aus der Entwicklungsabteilung an den Gesprächen mit Vertretern des Ministeriums teil.[1] Den Gästen wurde die Gerätekonzeption erläutert und anhand eines Labormodells die Funktionsweise demonstriert. Die Konzeption ließ nach Auffassung der militärischen Besprechungsteilnehmer eine interessante wehrmedizinische Anwendung erwarten. Damals konnte vereinbart werden, dass der einzige Labor-Prototyp der Bundeswehr in der Sanitätseinrichtung Osnabrück zu Testzwecken überlassen wurde.

Für die Einschätzung der Vorstandsaktivitäten war für Else Kröner auch die Beobachtung des pharmazeutischen und medizintechnischen Marktes wichtig. Systematisch ließ sie von ihren Mitarbeitern daher alle Informationen über einschlägige Unternehmen sammeln. Außerdem nutzte sie selbst jede Gelegenheit, um sich in dieser Hinsicht auf dem Laufenden zu halten, so beispielsweise den Empfang anlässlich des Ausscheidens des Geschäftsführers der Deutschen Wellcome, um sich über das Unternehmen auf den neuesten Stand zu bringen.[2] Als sie im Juni

XII. ELSE KRÖNER IN DEN JAHREN 1987 UND 1988

1987 die Hauptversammlung der ALTANA AG besuchte, verfasste sie darüber einen ausführlichen Bericht, von dem sie hoffte, dass sie damit ihren Mitarbeitern und dem Vorstand Denkanstöße für die Weiterentwicklung des eigenen Unternehmens geben konnte. Auf jeden Fall erwartete sie von ihnen »Hinweise [darauf], welche Fragen auch bei uns gestellt werden könnten.«[3]

Eine Aufgabe Else Kröners war, die verschiedenen Auslandsniederlassungen zu besuchen und, mit Blick auf die Expansions-Strategie des Vorstands, den Markt für Pharmazeutika und Medizintechnik in den jeweiligen Ländern zu prüfen. So war sie unter anderem in Wien, wo sie die Fresenius-Tochtergesellschaft Fresenius Pharmazeutika besuchte und sich um eine Kooperation mit der österreichischen Firma Viennamed bemühte.[4] Österreich wurde zu dieser Zeit für Fresenius besonders wichtig, weil Krankenhäuser in Wien bei Infusionen von Glasflaschen auf PVC-Flaschen umsteigen wollten. Auch die neue Universitätsklinik, die 1988 eröffnet wurde, sollte von Anfang an mit PVC-Behältern arbeiten.[5]

Im Februar 1987 wurde im Fresenius-Vorstand eine Erweiterung der Lizenzzusammenarbeit mit ROWA in Irland diskutiert, die Else Kröner grundsätzlich befürwortete, für die sie sich aber erst einmal die Umsatzzahlen zustellen ließ, die mit den Produkten erreicht worden waren, die bereits von ROWA in Lizenz hergestellt und vertrieben wurden.[6] Zur Benelux-Niederlassung, die sich im Aufbau befand, merkte sie Folgendes an: »Ich habe vor vielen Jahren, da ich glaubte, daß wir eher zu einer eigenen Niederlassung kommen, ein Appartement gekauft in Brüssel. Es liegt sehr schön am Atomium. Für einen Mitarbeiter von Fresenius sicherlich geeignet, für ein Büro zu klein.«[7] In Spanien wiederum war es der persönliche Kontakt zu einem Mediziner, der die Verbindung zu einer Firma herstellte, mit der sich die Exportbemühungen von Fresenius auf der Iberischen Halbinsel erfolgreich gestalten sollten.[8] Außerdem hielt Else Kröner ständigen Kontakt zum Japan-Büro von Fresenius. Im März 1987 leitete sie den dortigen Mitarbeitern unter anderem eine Broschüre des Fresenius-Produkts Champ zu, in der Hoffnung, dass sich hier Anknüpfungspunkte ergeben würden.[9]

Zugleich galten die ausländischen Aktivitäten auch als mögliche Quelle neuer Produkte für Fresenius. Else Kröner hielt immer Ausschau nach Ansätzen, neue Produkte entwickeln zu können. »Nach wie vor«, schrieb sie so zum Beispiel, »suchen wir neue Produkte auf dem Gebiet der Serologie, Firmen, die mit Klonen arbeiten, evtl. Firmen, die auf dem Gebiet der Antibiotika bereits länger tätig sind und neue Antibiotika herstellen können.« Dabei spielten die Aktivitäten der Konkurrenz immer eine wichtige Rolle. So etwa von den Pharmazeutischen Werken Pfrimmer aus Nürnberg. Einem Mitarbeiter rief Else Kröner in Erinnerung, dass

Pfrimmer die Herzlösung Corafusin auf den Markt gebracht hatte, der Umsatz mit dieser Lösung aber kaum gestiegen sei. »Ich könnte mir vorstellen«, bemerkte sie dazu, »daß bei gewissen Indikationen trotzdem ein Markt vorhanden ist, da auch die Fa. Leopold bzw. Stickstoffwerke Linz eine solche Lösung im Programm haben.« Die Fresenius-Produktpalette sollte ihrer Meinung nach entsprechend erweitert werden.[10]

Daneben kümmerte sie sich wie gehabt um das Personalwesen. Im Februar 1987 schrieb sie zum Beispiel: »Nach wie vor kann man keinen vollständigen Überblick bekommen, wie viele Menschen über Plan eingestellt wurden, da die Liste der offenen Stellen zum Teil Mitarbeiter beinhaltet, die bereits beim Unternehmen sind und zum Teil noch ausgebildet werden, aber eingebaut werden müssen, bzw. man sich von Personen trennen muß, die für die Aufgabe nicht geeignet sind.«[11]

Im Fall von Pharmaplan konfrontierte sie den Vorstand dann auch schon einmal mit Informationen, die ihr mündlich zugetragen wurden, und zu denen sie nähere Informationen wünschte: »In der Zwischenzeit habe ich gehört,« schrieb sie, »daß zu viele Herren hinzugekommen sind bei Pharmaplan, daß man nicht genug Aufträge hat und plant, sie zur technischen Einarbeitung bei Fresenius zu beschäftigen.« Da drängte sich ihr die Frage auf, was anschließend mit ihnen geschehen sollte.

Dann wieder brachte sie sich in Einzelfällen persönlich ein. Das war zum Beispiel bei der Regelung der Nachfolge von Dr. Erika Steiff der Fall. Hier war es zunächst nicht leicht, eine geeignete Person für ihre Stelle zu finden. Dr. Steiff hatte 1957 die biologische Kontrollabteilung eingerichtet, die sie bis zuletzt leitete. Außerdem betreute sie die Serologie, wurde 1977 Herstellungsleiterin für Infusionslösungen und hatte später die Kontrollleitung im Labor in München-Gräfelfing inne.[12] In allen Bereichen der chemischen Qualitätskontrolle herrschte ein Mangel an Laborantinnen. Else Kröner fragte, ob man hier »durch Anschaffung von Geräten ... diese Daueranforderung reduzieren« könne. Es fehlte auch an Apothekern und Lebensmitteltechnikern. Sie empfahl, einen Trainee einzusetzen.[13]

Dass das unternehmerische Denken bei Else Kröner ständig wach war, zeigt eine Beobachtung, die sie beim Einkaufen machte, das sie trotz Haushälterin bisweilen noch selbst erledigte. Im Frühjahr waren ihr auf diese Weise im Supermarkt Bad Heilbrunner MultiVitamin Brausetabletten, Primus Ballaststoff-Riegel und andere Produkte von Konkurrenten auf dem Ernährungssektor aufgefallen. Sofort gab sie die Information an einen Mitarbeiter weiter: »Ich habe«, schrieb sie, »diese Artikel beim HL-Markt gefunden. Sicherlich kennen Sie sie schon. Es ist erstaunlich, wie viele Firmen schon das Geschäft mit Handelsketten machen. Wir müssen uns also beeilen, daß wir nicht die letzten sind.«[14]

Was die Einsatzmöglichkeiten von Fresenius-Produkten betraf, konnte es auch zu Zufallsbeobachtungen kommen, die sie auf ungewöhnliche Gebiete führten. So hatte eine Bekannte Else Kröner darauf aufmerksam gemacht, dass »Fresubin sehr geeignet ist, um einen Hund, der Durchfälle hatte und sehr kraftlos war, bestens wieder in Form zu bringen«. Dazu Else Kröners Kommentar: »Der Tierarzt hatte Nutrical verordnet, vertrieben durch eine Fa. Albrecht in Aulendorf, hergestellt von einer Firma in New York. Dieses Produkt hat dem Hund nicht geschmeckt. Wir sollten ernsthaft nachdenken, ob wir über unsere Vertriebspartner hier grössere Aktivitäten veranlassen.«[15]

So wie Else Kröner die Konkurrenz beobachtete, so achtete sie umgekehrt darauf, dass ihr Unternehmen von der Konkurrenz nicht zu stark ins Visier genommen wurde. Ihr Misstrauen war in diesem Punkt sehr groß. Anfang 1987 beschäftigte sie die Frage, ob sich ohne Wissen von Fresenius-Mitarbeitern eventuell Vertreter eines Konkurrenzunternehmens auf dem Firmengelände aufgehalten hatten.[16] Um dem vorzubeugen, forderte sie, dass »in Zukunft … bei Fresenius Besuch nur durch den Haupteingang Einlaß findet, mit Meldezettel für die Abteilungen An- und Abmeldung«.

Ein weiteres Feld ihrer Interessen war nach wie vor die äußere und innere Kommunikation des Unternehmens: sei es, dass es um die Neugestaltung des Firmenzeichens oder die Inhalte der Firmenzeitschrift ging.[17] Bei der Mitarbeiterzeitschrift ließ sie sich von einer entsprechenden Schrift der Dresdner Bank inspirieren. Sie sollte neben Rückblicken und Ausblicken auch Berichte über Wechsel in der Unternehmensführung, Beschreibungen von neuen Niederlassungen oder neuen Vertretungen enthalten. Außerdem war darin ihrer Meinung nach dem Betriebsrat ein Forum zu bieten, und es sollten Vorschläge von Mitarbeitern zur Verbesserung des Unternehmens publiziert werden. Bei Hans Kröner fragte sie in diesem Zusammenhang nach: »Warum fordert man den Export, den man fördern will, nicht auf, mehr über das Arbeitsgebiet zu bringen. Jeder Mitarbeiter in dieser Abteilung sollte vielleicht mit seiner eigenen oder einer Firmenkamera bei Auslandsaufenthalten ein Bild schießen.« Und sie monierte: »Pharmaplan und die Messeaktivitäten müßten mehr in Erscheinung treten.«[18]

Immer wieder befasste sie sich aber auch mit Einzelfragen wie zum Beispiel jenen der Lagerung. Sie holte auf diesem speziellen Gebiet Informationen ein, stellte Kontakte her und arbeitete dem Vorstand unterstützend zu. So 1987, als die Lagerkapazitäten erhöht werden sollten. Hierzu gab es Anfang des Jahres Arbeitskreissitzungen.[19] Else Kröner forderte, dass die Automatisierung in die Planungen mit aufgenommen wurde.[20] Das Lagerwesen war unter anderem Thema der Niederlassungstagung im

März 1987. Neben Lagerneubau, Automatisierung und Optimierung des Lagers, Auflösung der Nebenlager und Verbesserung des Materialflusses und EDV-Fragen wurden hier die Bedeutung des steigenden internationalen Geschäfts sowie Besonderheiten der beiden Sparten Pharma und Medizintechnik besprochen. An der Niederlassungstagung hat Else Kröner allerdings nicht persönlich teilgenommen. Sie meinte dazu lapidar: »Ich bin bewusst nicht zu der ›Meckerstunde‹ gekommen, um nicht die zarten Pflänzchen des gegenseitigen Vertrauens mit meiner Kritik zu ersticken.«[21]

Dafür besuchte sie im September 1987 ein Seminar, auf dem unter anderem ein spezielles Lagersteuerungssystem vorgestellt wurde,[22] wovon sie den zuständigen Mitarbeitern berichtete: »Sicherlich ist die Konzeption des Lagers nicht in allen Einzelheiten auf uns übertragbar. Viele Anforderungen sind jedoch bereits erfüllt, die wir in einem künftigen Lager auch verlangen müssten.« Aber sie hatte Kontakte geknüpft. Durch das Seminar hatte sie einen Mitarbeiter der Ondal Industrietechnik GmbH kennen gelernt, der Fresenius-Mitarbeiter in zwei Lager der Wella AG einlud.[23] In ähnlicher Weise bat sie Mitarbeiter hinzu, als sie die Gelegenheit erhielt, die Siemens-Niederlassung in Würzburg zu besichtigen. Dort wurden Motoren für die Automobilindustrie in großen Stückzahlen hergestellt, und das Unternehmen hatte zu der Zeit eine automatische Beschickung des Arbeitsplatzes sowie eine automatische Fertigung mit Robotern in der Erprobung. Der Direktor von Siemens hatte zugesagt, dass später auch das Lager besichtigt werden könnte. Sie war der Ansicht, dass ihre Mitarbeiter von einer derartigen Besichtigung nur profitieren konnten.[24]

Else Kröner war in vielen Fragen pragmatisch und kostenbewusst, beispielsweise als es um einen eventuell neu anzuschaffenden Rotationsautoklav ging. Fresenius verfügte über zwei dieser Sterilisationsgeräte für Forschungs- bzw. Entwicklungszwecke. »Einer davon scheint sein Leben auszuhauchen«, schrieb sie und schlug künftig die gemeinsame Nutzung eines Autoklaven durch zwei Abteilungen vor, weil sie der Meinung war, dass dies organisatorisch möglich sei.[25]

Für ein Unternehmen wie Fresenius war es essentiell, Kontakt zu politischen Entscheidungsträgern zu halten. Hierfür war Else Kröner aufgrund ihrer Erfahrungen prädestiniert. Gegenüber Staatssekretär Otto Kirst vom Hessischen Ministerium für Wirtschaft und Technik in Wiesbaden bezog sie zum Beispiel deutlich Position, wobei sie den Wert ihres Unternehmens unmissverständlich herausstellte. In ihrem Brief, der eine eindrückliche Bestandsaufnahme »ihres« Unternehmens enthält, heißt es: »Während bei Kriegsende nur 30 Mitarbeiter in der Firma tätig waren und der Umsatz 500.000,-- DM im Jahr betrug, sind jetzt allein im Inland

231

mehr als 2.300 Mitarbeiter tätig, der Umsatz liegt über 500 Millionen DM. Die Finanzierung dieser Entwicklung ist neben Bankkrediten ausschließlich durch den Verzicht auf die Ausschüttung von Gewinnen möglich gewesen, wodurch die Investitionen ermöglicht werden konnten. Dabei ist zu berücksichtigen, daß wir in Gebieten mit hoher Arbeitslosigkeit zwei Werke aufgebaut haben, und zwar in St. Wendel im Saarland, mit zur Zeit 500 Mitarbeitern, und in Schweinfurt mit 300 Mitarbeitern. Man kann davon ausgehen, daß die meisten dieser neu eingestellten Mitarbeiter ohne unsere Aktivität arbeitslos geblieben wären. Durch das Werk im Saarland mit einem Einkaufsvolumen von jährlich etwa 10 Millionen DM in der Region werden zusätzliche Impulse für die dortige Wirtschaft geschaffen. Für beide Werke gibt es die üblichen Förderungsmaßnahmen, die aber im Rahmen der Gesamtinvestitionen keine entscheidende Rolle spielen. Bei dieser Entwicklung war es aber von Nachteil, daß wir nur 30 % der Gewinne investieren können, da auch derzeit noch 70 % bei der Einbehaltung von Gewinnen weggesteuert werden. Wir hätten bei einer steuerlichen Begünstigung der wiederinvestierten Gewinne in beiden oben genannten Werken sowie im Stammwerk Bad Homburg wesentlich umfangreichere Investitionen vornehmen können, und sie wären mit Sicherheit früher erfolgt. Ohne Zweifel wären dadurch zusätzliche Arbeitsplätze geschaffen worden und dasselbe gilt für die Zukunft, wo wir daran interessiert sind, ein größeres modernes Werk in Friedberg/Hessen zur Herstellung von Infusionslösungen, klinischer Diät und pharmazeutischer Produkte zu errichten. Natürlich kann man argumentieren, daß höhere Steuereinnahmen angesichts der wachsenden Verschuldung der Bundesrepublik eine Notwendigkeit darstellen, persönlich bin ich aber der Meinung, daß Investitionen in einem wachsenden Markt, die von bereits erfolgreich tätigen Firmen geplant und durchgeführt werden, zumindest hinsichtlich der Verbesserung neuer Arbeitsplätze auf dem Markt sich letztlich positiv auswirken und nicht als Subventionen gesehen werden können. Wenn ständig die Rede davon ist, daß die unternehmerische Initiative gestärkt und die mittelständische Industrie gefördert werden soll, ist es schwer verständlich, wenn der nächstliegende Weg, nämlich die steuerliche Begünstigung von Arbeitsplätze schaffenden Investitionen, nicht genutzt werden. Dies hätte unter Umständen ebenso Vorteile für die auch politisch unerfreuliche Situation im Ruhrgebiet gebracht, wo die Ansiedlung kunststoffverarbeitender Industrie, wie sie mit Erfolg in Bayern durchgeführt wurde, zu einer Besserung beigetragen hätte, auch wenn eine Umschulung der Arbeitskräfte nur begrenzt möglich ist. Diese Ausführungen erhalten dadurch großes Gewicht, dass wir beispielsweise festgestellt haben, daß auf dem japanischen Markt eines unserer wichtigsten Pharma-Produkte, die Aminosäurelösungen, zur Hälfte unseres Preises angeboten wird.

Vermutlich wird auch auf anderen Sektoren der Pharmawirtschaft der Wettbewerb mit den weitgehend rationalisierten japanischen Produktionsanlagen schwer möglich sein, auch auf dem deutschen Markt, auf dem die Japaner eines Tages aktiv werden. Es wäre nach unserer Ansicht eine weitsichtige Politik, die Voraussetzungen dafür zu schaffen, daß deutsche Firmen, vor allem Firmen mittlerer Größenordnung, in ihrer Wettbewerbsfähigkeit gestärkt werden.« [26]

BERUFS- UND PRIVATLEBEN

Else Kröner war kontaktfreudig, und beruflich wie privat war es ihr immer wichtig, viele Menschen um sich zu haben. Einige von ihnen empfing sie auch bei sich zu Hause in ihrem Haus Am Rabenstein in Bad Homburg. Manchmal gab sie auch größere Einladungen, bei der 15 Personen und mehr zu bewirten waren. Da das Haus eigentlich nicht für große Gesellschaften ausgelegt war, musste »improvisiert« werden. Die Tafel wurde dann aus mehreren Tischen und Teewagen zusammengestellt. Eine klassische Speisefolge bestand beispielsweise – in den 1970er Jahren sehr in Mode – aus Suppe, Toast Hawaii und Eis mit Himbeeren.

Das Privatleben bot Else Kröner nur wenige Rückzugsmöglichkeiten und Mußestunden, in denen sie für sich Zeit hatte und das eine oder andere Buch las. Mit ihrem Mann unterhielt sie sich schon beim Frühstück hauptsächlich über die Firma, und über die Wochenenden nahm sie sich Firmenunterlagen zur Bearbeitung mit nach Hause. Ihrer Neigung für Kunst und Kultur konnte Else Kröner nur eingeschränkt nachgehen, genoss aber doch hin und wieder Abende in der Oper, im Theater oder besuchte Konzerte, Ausstellungen und Lesungen. Derartige Gelegenheiten waren im Alltag fast die einzigen Auszeiten, die sie sich gönnte. Dass es Phasen gab, in denen sie sehr oft in die Oper ging, zeigen ihre Kartenbestellungen. So hatte sie für sechs Abende im Januar 1987 jeweils eine Karte für die Alte Oper in Frankfurt bestellt.[27]

Allerdings gönnte sie sich im Gegensatz zu ihrem Mann von Zeit zu Zeit Urlaub. Oft verbrachte sie diese Tage mit ihren Kindern im alten Fresenius-Ferienhaus in Schmitten, das dann aber doch für sie zu nahe beim Unternehmenssitz lag, um ganz abschalten zu können. Geeigneter für einen »Ausstieg auf kurze Zeit« waren ihre Ferienwohnungen in Garmisch und am Wolfgangsee oder Reisen zu weiter entfernten Zielen. Da sie sich für fremde Länder und Kulturen interessierte, unternahm sie mit ihren Adoptivkindern Urlaubsfahrten – etwa eine Mittelmeerkreuzfahrt, eine Reise nach Indien, Nepal und Tibet oder nach Südamerika. In Südamerika war sie dann aber bereits wieder mit ihren Gedanken bei der Firma, denn sie nutzte die Gelegenheit, das Tochterunternehmen in São

Paulo zu besuchen. Auch sonst verband sie die privaten Reisen oft mit Geschäftlichem. Eine Reise nach China 1981 nutzte sie zu Klinikbesuchen und Kontaktaufnahmen mit Ärzten und Apothekern.[28]

Dass Else und Hans Kröner einflussreiche Unternehmer waren, merkte man ihnen äußerlich nicht an. Sie lebten bescheiden und zurückgezogen. Der Großteil der Gewinne, die erwirtschaftet wurden, nutzten sie für Reinvestitionen oder führten sie wohltätigen Zwecken zu. Für sich persönlich hatte das Ehepaar keine großen Ansprüche. Sie kauften weder teure Autos noch gaben sie viel für Kleidung aus. Else Kröner kaufte ihre Kleidung im Kaufhaus von der Stange, und Hans Kröners alter Mantel war firmenbekannt. Selbst das villenartige Haus in der Bad Homburger Hardtwaldsiedlung, das die Erbengemeinschaft Dr. Fresenius 1963 hatte errichten lassen, war seither nicht mehr modernisiert worden. Einzig die Kücheneinrichtung, die noch aus der Vorkriegszeit stammte, war auf Drängen Hans Kröners 1972 durch eine neue ersetzt worden.[29] Dagegen lehnte er es kategorisch ab, sich ein neues Bett zu kaufen, obwohl er schwere Rückenprobleme hatte und ein neues Bett aus gesundheitlichen Gründen angeraten gewesen wäre. Eine Neuanschaffung war ihm aber zu teuer, solange das alte Bett in seinen Augen seinen Zweck erfüllte.[30]

Wegen ihrer familiären und beruflichen Verpflichtungen war es Else Kröner kaum möglich, den Kontakt zu ihren Verwandten in dem Maße aufrecht zu erhalten, wie sie es sich gewünscht hätte. Oft reichte es nur zu kurzen Telefonaten. Besuche in Lollar waren selten. Sie sah ihre Verwandten allenfalls bei großen Familienfeiern wie Konfirmationen, Geburtstagen und Hochzeiten. Aber wenn sie irgendwie helfen konnte, war sie immer zur Stelle. Als der Mann ihrer Nichte Ulrike einmal schwer an Tuberkulose erkrankte, war sie die Erste, die ihm jede Unterstützung zusagte und Blumen ins Sanatorium schickte.[31]

VERANTWORTUNG

Ihre Aufgaben im Unternehmen und als Mutter von fünf Kindern waren für Else Kröner auf Dauer sehr belastend. Oft beklagte sie sich über Probleme im Unternehmen und über zu viel Ärger und zu viel Arbeit. Else Kröner stand über Jahre unter einem enormen Druck. »Es gibt viel Ärger, die Zeiten werden auch härter, aber das steht ja alles in der Zeitung«, schrieb sie einmal.[32] Bei einer Bekannten entschuldigte sie sich, dass sie etwas vergessen hatte, und betonte: »Aber Sie kennen ja den Betrieb, da ist wenig Freizeit für mich selbst drin.«[33] Ein anderes Mal heißt es: »Nun hat der Jahresalltag mit einigen Problemen angefangen. Wir bemühen uns, die Lagererweiterung gegen den Willen der Stadt (wir hoffen, daß uns dies gelingt für dieses Jahr) durchzuführen. Zum anderen bringt die Kostendämpfung viele Überlegungen, die nur mit Arbeit und Energie gelöst werden können.«[34] Dann heißt es wiederum voller Lebensfreude: »Ich bin sehr viel auf Achse und bin immer beglückt von dem vielen Neuen, was mich umgibt und die Welt ist so schön, man muß es nur sehen.«[35]

In einem Geburtstagsgruß an einen Apotheker schrieb Else Kröner über das Arbeitspensum bei Fresenius: »Auch wir sind noch tätig, manchmal mit Übertreibung 12–14 Stunden, die mein Mann, obwohl er 73 ist, noch ohne Beeinträchtigungen durchhält.«[36] Und gegenüber einer ehemaligen Mitarbeiterin gab sie zu: »Manches hat sich bei uns geändert, einmal die wirtschaftliche Lage, aber auch die Einstellung zum Leben, die ernster, weniger unbeschwert ist.«[37] Und an anderer Stelle heißt es: »Ich ersticke in Akten.«[38]

Else Kröner war durchaus auch bewusst, dass sie sich zu sehr auf die Arbeit konzentrierte. »Sie haben so recht, wenn Sie darauf hinweisen, daß das Leben nicht nur aus Arbeiten besteht«, schrieb sie an eine Bekannte. Aber sie wusste auch, dass eine Veränderung ihrer Lebensführung nicht so einfach möglich war. »Die Menschen«, bemerkte sie dazu, »sind leider sehr verschieden, auch innerhalb einer Ehegemeinschaft. Mein Mann kann die Arbeit nicht lassen. Ich sehne mich weit mehr nach so einem schönen Ort wie Lanzarote, oder möchte statt Akten durchstöbern noch mehr Museen und Kirchen ansehen.«[39]

Else Kröner hatte jahrelang unter Druck gearbeitet. Manchmal schien es ihr, sie könne die Anstrengungen kaum noch bewältigen. Im Frühjahr 1988 sollte die Belastung einen Höhepunkt erreichen, denn das Unternehmen musste sich mit Problemen bisher nicht gekannter Art auseinandersetzen. Seit Anfang 1988 wurde gegen Verantwortliche der Fresenius AG ermittelt.[40] Durch die Ermittlungen wurde die Presse auf das Unternehmen aufmerksam, so dass am 3. Mai 1988 ein Journalist vom »Stern« in die Firma kam, um zu recherchieren und Interviews u. a. mit Dr. Krick zu führen.[41] Grund der Ermittlungen und des Interesses des Journalisten war der Verdacht, dass Außendienst-Mitarbeiter von Fresenius an höher gestellte Krankenhausmitarbeiter Gelder gezahlt hätten, damit diese Einfluss bei den Entscheidungen der Klinikleitungen über Auftragsvergaben an Fresenius nehmen würden. Es waren einige Belege über Zahlungen aufgetaucht, deren Verwendungszweck nicht eindeutig war. Als Else Kröner von den Ermittlungen erfuhr, war sie außer sich. Der Vorstand leitete umgehend Maßnahmen ein, um die Vorwürfe aufzuklären. Am 9. Juni 1988 erschien zu dem Thema in der Zeitschrift »Stern« der Artikel des Journalisten, der zuvor im Unternehmen recherchiert hatte.[42]

Fresenius betonte, dass es sich bei allen Zahlungen um Honorare für wissenschaftliche Arbeiten, klinische Studien oder die Entwicklung neuer Produkte gehandelt habe. Die enge Zusammenarbeit mit Kliniken und externen Wissenschaftlern war bei Fresenius schließlich seit jeher üblich. Viele Zahlungen seien außerdem Rückvergütungen an Krankenhäuser gewesen. Diese seien vertraglich geregelt, und die Höhe der Vergütungen war von der Bezugsmenge der Krankenhäuser abhängig gewesen; sie seien insofern mit Rabatten vergleichbar. Die Zahlungen gingen nicht an einzelne Angestellte, sondern an die Kliniken. Die Praxis der Rückvergütungen für hohe Abnahmemengen sei in der Pharmaindustrie durchaus gängig.[43]

Die weiteren Untersuchungen bestätigten zwar die Position des Unternehmens, bei einigen Zahlungen blieb der Verwendungszweck allerdings unklar. Der Vorstand räumte die Verantwortung des Unternehmens ein. Letztlich wurde das Ermittlungsverfahren gegen Zahlung einer Geldauflage eingestellt.

DER 5. JUNI 1988

Noch am 4. Juni, einem Samstag, war Else Kröner bei einem befreundeten Ehepaar in Bad Nauheim zu Besuch. Leni und Dr. Richard Martin waren schon in den 1930er Jahren bei Dr. Fresenius beschäftigt und daher lange Jahre mit den Kröners verbunden gewesen. Leni Martin schrieb später: »Wir waren so dankbar, daß sie trotz ihrer vielen Termine und Arbeitsüberlastung sich einige Stunden für uns frei machte, um den 80. Geburtstag meines Mannes am 4. Juni mit uns zu feiern. Heiter, fröhlich und unbeschwert waren wir«.[44] Am folgenden Tag, den 5. Juni, klagte Else Kröner über Unwohlsein. Sie aß kaum und ruhte sich aus. Als Hans Kröner spät abends nach Hause kam, fand er seine Frau tot in ihrem Zimmer. Sie hatte einen Herzinfarkt erlitten.[45]

Else Kröner hat den »Stern«-Artikel nicht mehr erlebt. Er erschien drei Tage nach ihrem Tod. Aber sie hatte von den Ermittlungen gewusst und versucht, die Vorwürfe zunächst intern aufzuklären. Für Else Kröner brach buchstäblich eine Welt zusammen, denn Offenheit und Ehrlichkeit waren für sie fundamentale Werte. Welche Tragweite für sie allein der Verdachtsfall hatte, in »ihrem« Unternehmen könnte gegen diese Werte verstoßen worden sein, und in welchem Maße Else Kröner persönlich betroffen war, zeigt ein späteres Schreiben der Vorstände Dr. Krick und Dr. Schmidt, in dem sie den Darstellungen des »Stern« entgegentraten. »Der Stern erweckt den Eindruck, als hätten unsere in dieser Woche verstorbene, von uns allen verehrte Frau Kröner und ihr Ehemann, Hans Kröner, sich persönlich bereichern wollen. Diese Unterstellung ist verleumderisch und schon dadurch zu widerlegen, daß das gesamte Vermögen von Frau Kröner und damit nahezu alle Stammaktien der Fresenius AG bereits seit 1981 für eine gemeinnützige Stiftung bestimmt sind. Wir bedauern, dass das Ansehen von Frau und Herrn Kröner verunglimpft ist.«[46] Else Kröner hatte immer hinter ihrem Unternehmen gestanden und ein sehr persönliches Verhältnis dazu entwickelt. Nun wurde das saubere und ehrliche Image des Konzerns, für den Else Kröner Tag und Nacht gearbeitet hatte, in Frage gestellt. Die Aufregungen im Zusammenhang mit den Ermittlungen müssen deshalb sehr groß gewesen sein und haben wahrscheinlich zu ihrem Herztod beigetragen.

Der Tod von Else Kröner kam für alle überraschend. Schließlich hatte Else Kröner noch mit voller Arbeitskraft im Unternehmen gearbeitet, aber im Nachhinein betrachtet, hatte schon zuvor Verschiedenes darauf hingedeutet, dass sie geschwächt war. Da war zum einen das über Jahre hinweg außerordentlich hohe Arbeitspensum, die ständige Sorge um das Unternehmen und um die Kinder. Außerdem war Else Kröner eine starke Raucherin[47] und litt an Übergewicht, weswegen sie bereits verschiedene Ärzte aufgesucht hatte. Zudem war sie wegen zu hoher Cholesterinwerte in ärztlicher Behandlung.[48] Schon einige Zeit vor ihrem Tod hatte Else Kröner mit gesundheitlichen Problemen zu kämpfen gehabt, weshalb sie beispielsweise eine geplante Reise an den Bodensee absagen musste. Ein Hinweis auf Herzprobleme war, dass sie über schwere Beine klagte und dass sie schnell außer Atem geriet, wenn sie Treppen stieg. Ihre angeschlagene Gesundheit hatte aber nicht etwa dazu geführt, dass sie weniger arbeitete.[49] Mit alledem hatte sie sich aber schließlich abgefunden und ihre Gewichtszunahme dahingehend kommentiert, dass sie »die einzige Möglichkeit« darstelle, »um mit dem Täglichen fertig zu werden (ich behaupte es als Rechtfertigung!)«.[50]

Ihre Familie, Freunde, Kollegen und Geschäftspartner zeigten sich über die Todesnachricht bestürzt. Niemand konnte so recht glauben, dass die »Seele« von Fresenius so plötzlich aus dem Leben gerissen worden war. Die Nachrufe ihrer Weggefährten verdeutlichen, wie sehr Else Kröner zeitlebens geschätzt und respektiert wurde. Eine Kollegin, die im Betriebsrat aktiv war, schrieb: »Die Nachricht vom Tode unserer von allen verehrten Else Kröner hat uns alle bewegt. Ihr Leben war so reich an Taten, daß es uns schwerfällt, eine Summe zu ziehen. ... Frau Kröner hat es nie aufgegeben, trotz der Umwandlung in eine AG, die Firma als eine Familie zu sehen. Diese Tatsache hat Fresenius entscheidend vor anderen Firmen ausgezeichnet, denn hier stand bis zuletzt der Mensch im Vordergrund. Frau Kröner ging es immer um die Substanz der Verantwortung und nicht um die Macht. Sie hat dadurch eine einzigartige Autorität erworben, die von allen Seiten vorbehaltlos anerkannt wurde.«[51] Andere Mitarbeiter fassten ihre Trauer in folgende Worte: »Sie hat uns die Sorge und das Bemühen um das Unternehmen, das sie durch ihre Persönlichkeit und ihren unermüdlichen Einsatz seit Bestehen der heutigen Fresenius AG geprägt hat, nahe gebracht, indem sie uns an ihren Erfahrungen und an ihrem Leben mit und in der Firma teilhaben ließ. Der Verstand und die Wärme der Verstorbenen haben das Unternehmen in Vergangenheit und Gegenwart gelenkt. Auch in Zukunft werden ihre Gedanken den Weg des Unternehmens begleiten, und wir werden sie und ihre Erfahrungen und Anregungen in lebendiger Erinnerung behalten.«[52] Ein ihr nahestehender Mitarbeiter schrieb: »In vielen Punkten hat sie – konsequent und doch immer mit einem Ohr für ›Zwischentöne‹ – so für alle Mitarbeiter als Vorbild gewirkt und war doch immer erreichbar und nicht fern auf einem erhabenen Podest.«[53] Und eine Mitarbeiterin hob hervor, dass sie Trost und Kraft gab und einfach da war: »Diese Zuwendung gab sie an so viele Menschen, daß sie darüber doch zu wenig an sich gedacht hat.«[54] Auch Menschen, die mit ihr geschäftlich zu tun hatten, äußerten sich mit viel Anteilnahme: »Wir kennen sie als rastlose und erfolgreiche Unternehmerin; wir kennen aber auch ihr soziales und humanitäres Engagement. Über eine lange Wegstrecke durften wir Else Kröner bei unternehmerischen Entscheidungen begleiten. Dabei haben uns ihr Weitblick, ihr Mut und ihre menschliche Wärme stets beeindruckt.«[55]

Ein Mitarbeiter des Jugendamts Bad Homburg schrieb: »Jemand – so sozial engagiert, sich selbst total einbringend und unkonventioneller Hilfe fähig – zu erleben, ist das nicht häufig zu erfahrende Glück, das uns die Verstorbene schenkte.«[56] Und Elisabeth Disselnkötter, Else Kröners Lehrerin an der Schillerschule, kam noch einmal auf die Eigenschaften zu sprechen, die sie schon in der Schülerin Else Fernau ausgemacht hatte: »Sie war etwas Besonderes, … wie sie die alte Klassengemeinschaft pflegte, immer bereit, zu helfen, zu erfreuen, für andere da zu sein.«[57]

[oben] *1978 verlegte Fresenius seine Zentralverwaltung nach Oberursel. Sie zog in das einstige Panorama-Hotel am Borkenberg. Das war der Wirkungsort von Else Kröner bis 1988. Luftaufnahme aus dem Jahr 1991.*

[unten] *Am 30. Oktober 1987 fand im Hotel Maritim in Bad Homburg eine Festveranstaltung anlässlich des 75-jährigen Bestehens des Unternehmens Fresenius statt. Nach der Begrüßung durch Else Kröner folgte eine Rede von Hans Kröner zur Geschichte der Fresenius AG sowie ein fachlicher Vortrag des Anästhesisten und Notfallmediziners Prof. Dr. Friedrich Wilhelm Ahnefeld zum Thema »Die Medizin unserer Zeit – Fortschritt oder Fehlentwicklung?«. Hans Kröner erhielt zu diesem Anlass das Bundesverdienstkreuz Erster Klasse.*

[oben] *Else Kröner 1988.*

[unten] *Hans Kröner, Vorstandsvorsitzender der Fresenius AG von 1982 bis 1992.*

1 Archiv EKFS, Else Kröner Tageskopien, 07.01.1987.
2 Archiv EKFS, Else Kröner Tageskopien, 04.02.1987. 3 Archiv EKFS, Else Kröner Tageskopien, 24.06.1987. 4 Archiv EKFS, Else Kröner Tageskopien, 09.01.1987. 5 Archiv EKFS, Else Kröner Tageskopien, 09.01.1987, Parker an Dr. Krick. 6 Archiv EKFS, Else Kröner Tageskopien, 25.02.1987. 7 Archiv EKFS, Else Kröner Tageskopien, 20.03.1987. 8 Archiv EKFS, Else Kröner Tageskopien, 06.01.1988. 9 Archiv EKFS, Else Kröner Tageskopien, 02.03.1987, Japan-Büro. 10 Archiv EKFS, Else Kröner Tageskopien, 31.03.1987. 11 Archiv EKFS, Else Kröner Tageskopien, 03.02.1987. 12 Fresenius Report, Nr. 9, 1989, S. 20 f. 13 Archiv EKFS, Else Kröner Tageskopien, 03.02.1987. 14 Archiv EKFS, Else Kröner Tageskopien, 04.03.1987. 15 Archiv EKFS, Else Kröner Tageskopien, 28.07.1987. 16 Archiv EKFS, Else Kröner Tageskopien, 20.01.1987. 17 Archiv EKFS, Else Kröner Tageskopien, 09.01.1987 bzw. 02.03.1987. 18 Archiv EKFS, Else Kröner Tageskopien, 02.03.1987, an Hans Kröner und Herrn Rautert. 19 Archiv EKFS, Else Kröner Tageskopien, Lagererweiterung – Arbeitskreissitzung am 10.03.1987. 20 Archiv EKFS, Else Kröner Tageskopien, 10.03.1987, an Hans Kröner, Dr. Krick, Dr. Schmidt. 21 Archiv EKFS, Else Kröner Tageskopien, 18.03.1987. 22 Archiv EKFS, Else Kröner Tageskopien, Unternehmerseminar CIM 14.–15.09.1987. 23 Archiv EKFS, Else Kröner Tageskopien, 16.09.1987. 24 Archiv EKFS, Else Kröner Tageskopien, 01.06.1987, an Metzner. 25 Archiv EKFS, Else Kröner Tageskopien, 17.02.1987. 26 Archiv EKFS, Else Kröner Tageskopien, 10.02.1988, an Staatssekretär Otto Kirst, Hessisches Ministerium für Wirtschaft und Technik, Wiesbaden, Oberursel. 27 Archiv EKFS, Else Kröner Tageskopien (1987), 03.12.1986. 28 Specker, Manfred: Erinnerungen an Else Kröner, 28.06.2006. 29 Zeitzeugengespräch Gesa und Detlef Kröner, 21.11.2008. 30 Zeitzeugengespräch Anneliese Maier, 27.01.2009. 31 Zeitzeugengespräch Gerda Gaul, 08.10.2009. 32 Archiv EKFS, Else Kröner Tageskopien, 11.02.1976. 33 Archiv EKFS, Else Kröner Tageskopien, 22.06.1973. 34 Archiv EKFS, Else Kröner Tageskopien, 13.01.1986. 35 Archiv EKFS, Else Kröner Tageskopien, 12.02.1986. 36 Archiv EKFS, Else Kröner Tageskopien, 03.03.1983. 37 Archiv EKFS, Else Kröner Tageskopien, 29.09.1983. 38 Archiv EKFS, Else Kröner Tageskopien, 13.09.1985. 39 Archiv EKFS, Else Kröner Tageskopien, 02.02.1988. 40 Hessisches HSTA Wiesbaden, 461/37387. 41 Fresenius Firmenarchiv, Ordner Stern. 42 Müller, Rudolf: »Der Mann hat viel für uns getan«, in: Stern, Nr. 24, 09.06.1988. 43 Fresenius Firmenarchiv, Ordner Stern. 44 Leni Martin an Anneliese Maier, 28.07.1988. 45 Zeitzeugengespräch Anneliese Maier, 27.01.2009; Archiv EKFS, Sterbeurkunde Else Kröner. 46 Archiv EKFS, Else Kröner Tageskopien, 09.06.1988. 47 Sie selbst hatte in einem Schreiben, mit dem sie sich für das Geschenk eines Aschenbechers bedankte, einmal erwähnt: »Als starke Raucherin weiß ich es zu schätzen, dass an jeder Ecke ein ›Auffanggerät‹ stehen muss. Leider sind auch meine Kinder gelegentliche Raucher. Ich hoffe, ich haben ihnen nicht ein schlechtes Beispiel gegeben.« Archiv EKFS, Else Kröner Tageskopien, 08.07.1977. 48 Archiv EKFS, Misc. 1987. 49 Zeitzeugengespräch Ingrid Banecki, 27.01.2009.

50 Archiv EKFS, Else Kröner Tageskopien, 03.09.1987. 51 Barbian-Jöckel, Hannelore, Mitglied des Betriebsrates, Fresenius Report 7, 1988, S. 2. 52 Archiv EKFS, Kondolenzschreiben, Abteilung Controlling an Hans Kröner, 15.06.1988. 53 Archiv EKFS, Kondolenzschreiben, Matthias Eickhoff, Mitarbeiter bei Fresenius, an Hans Kröner, 08.06.1988. 54 Archiv EKFS, Kondolenzschreiben, Irmgard Stieber, Mitarbeiterin bei Fresenius, an Hans Kröner, 07.06.1988. 55 Archiv EKFS, Kondolenzschreiben, Deutsche Treuhand-Gesellschaft an Hans Kröner, 08.06.1988. 56 Archiv EKFS, Kondolenzschreiben, Hans Schmalfuß, Jugendamt Bad Homburg, an Hans Kröner, 09.06.1988. 57 Archiv EKFS, Kondolenzschreiben, Lisel Disselnkötter, ehemalige Lehrerin an der Schillerschule, an Hans Kröner, 13.06.1988.

ELSE KRÖNERS VERMÄCHTNIS – STIFTUNG UND UNTERNEHMEN

DIE WEITERE ENTWICKLUNG DER ELSE KRÖNER-FRESENIUS-STIFTUNG

MIT DEM TOD VON Else Kröner ging ihr beträchtliches Vermögen auf die Else Kröner-Fresenius-Stiftung über, womit die Voraussetzungen für eine umfassende Stiftungsarbeit gegeben waren. Ganz in diesem Sinne weiteten die Testamentsvollstrecker, die nach dem Tod der Stifterin aktiv wurden, den Stiftungszweck auf den ursprünglich von Else Kröner vorgesehenen Umfang aus. Die Stiftung sollte sich nun neben der Förderung der medizinischen Wissenschaft auch der Unterstützung von jungen Medizinern in der Ausbildung und der Finanzierung von humanitären Projekten widmen.[1]

Es war allerdings nicht einfach, sogleich eine Anzahl von förderungswürdigen Projekten zu finden, für die die finanziellen Mittel der Stiftung eingesetzt werden konnten. 1988 wurde daher nur ein Projekt gefördert. Auch 1989 unterstützte die Stiftung nur eine medizinische Untersuchung. Im Jahr 1990 kam erstmals ein humanitäres Projekt hinzu. 1993, zehn Jahre nach Gründung der Stiftung und fünf Jahre nach dem Tod von Else Kröner, förderte die Else Kröner-Fresenius-Stiftung dann allerdings schon 22 Projekte mit insgesamt rund 2,5 Millionen DM. Die Anzahl der Projekte und die Fördergelder für die medizinischen wie humanitären Projekte nahmen in den folgenden Jahren kontinuierlich zu.

Heute zählt die Else Kröner-Fresenius-Stiftung zu den größten Stiftungen in Deutschland. Seit ihrer Gründung bis Mitte 2010 hat sie etwa 900 Projekte mit einem Volumen von nahezu 100 Millionen Euro gefördert. Etwa 6,7 Millionen Euro davon stellte die Stiftung für medizinisch-humanitäre Projekte zur Verfügung. Allein 2009 wurden ca. 10,5 Millionen Euro an Fördermitteln bewilligt. Davon entfiel etwa ein Fünftel auf humanitäre Projekte. Else Kröner hätte sich eine solch erfolgreiche Entwicklung ihrer Stiftung niemals träumen lassen; eine Entwicklung, die der Arbeit der Testamentsvollstrecker, des Verwaltungsrats, des Vorstands und der Wissenschaftskommission zu verdanken ist, und die eng mit dem Wachstum der Fresenius-Firmengruppe seit den 1990er Jahren verbunden war.

Die Else Kröner-Fresenius-Stiftung sah es immer auch als ihre Aufgabe an, das Andenken an die Stifterin zu bewahren und ihre medizinisch-humanitären Anliegen in der Öffentlichkeit bekannt zu machen. Hierfür boten sich etwa Preisverleihungen an. So wird seit 1993 der Else Kröner-Fresenius-Förderpreis der Arbeitsgemeinschaft für Pädiatrische Nephrologie, der heutigen Gesellschaft für Pädiatrische Nephrologie, verliehen. Der Preis wird jungen Wissenschaftlern für »richtungsweisende, bedeutsame klinische oder experimentelle Forschungsarbeiten« verliehen. Ein weiterer Preis ist der »Else Kröner Memorial Award«, der mit 25.000 Euro dotiert ist und durch die Deutsche interdisziplinäre Vereinigung für Intensiv- und Notfallmedizin (DIVI) ausgelobt wird. Alle zwei Jahre wird der Preis anlässlich des Kongresses der DIVI vergeben.

Eine zusätzliche Möglichkeit der Wissenschaftsförderung und zugleich Erinnerung an Else Kröner boten Stipendien, die nach der Stifterin benannt sind. 2002 vergab die Stiftung erstmals das Else Kröner Memorial Fellowship, mit dem sich vielversprechende Ärzte für zwei Jahre ganz dem Aufbau eines eigenen wissenschaftlichen Arbeitsgebiets widmen können. 2007 wurde mit den Else Kröner-FIRST-Stipendien eine neue Stipendien-Initiative begonnen, die es jungen Wissenschaftlern mit abgeschlossenem Medizin- oder Pharmaziestudium ermöglicht, einen Ausbildungsgang an der Frankfurt International Research Graduate School for Translational Biomedicine, kurz FIRST, zu absolvieren. Die Stiftung stellte 2007 für sechs Stipendien insgesamt 540.000 Euro zur Verfügung.

Neben den Preisen und Stipendien erinnern auch die von der Stiftung ins Leben gerufenen Stiftungslehrstühle an Else Kröner. 1998 wurde als erste derartige Institution die »Else Kröner-Fresenius-Stiftungsprofessur für Innere Medizin mit dem Schwerpunkt Gastroenterologie und klinische Ernährung« eingerichtet. 2001 begann die Stiftung ein Großprojekt, bei dem gleich mehrere Stiftungslehrstühle begründet wurden. In enger Zusammenarbeit mit der Technischen Universität München entstand im etwa 40 km nordöstlich von München gelegenen Weihenstephan das Else Kröner-Fresenius-Zentrum für Ernährungsmedizin mit einer klinischen Abteilung im Klinikum rechts der Isar in München. An dem von der EKFS voll ausgestatteten Institut, für das die Stiftung insgesamt 23,36 Millionen DM aufbrachte, wurden neben einem Stiftungslehrstuhl zusätzlich drei Extraordinariate für Experimentelle, für Molekulare und für Pädiatrische Ernährungsmedizin eingerichtet.

Weitere Stiftungsprofessuren an anderen Universitäten folgten: So finanziert die EKFS seit Januar 2008 an der Ludwig-Maximilians-Universität in München eine Stiftungsprofessur für interdisziplinäre Stammzellforschung, und 2009 wurde eine Stiftungsprofessur für Nanomedizin an die Medizinische Fakultät der Universität Erlangen-Nürnberg vergeben.

Die Stiftung machte es sich außerdem zur Aufgabe, an Hans Kröner zu erinnern, der am 27. Juni 2006 in München im Alter von 96 Jahren verstorben war. Kröner war von 1996 bis 2005 Vorsitzender des Verwaltungsrats der Else Kröner-Fresenius-Stiftung gewesen. Im Jahr 2009 richtete die Stiftung ihm zu Ehren das Hans Kröner-Graduiertenkolleg an der Goethe-Universität Frankfurt am Main ein. Anlass war der 100. Geburtstag von Hans Kröner. Das Hans Kröner-Graduiertenkolleg richtet sich an junge Wissenschaftler aus der molekularen Medizin, Pharmazie und Biologie. Renommierte Wissenschaftler begleiten das Kolleg fachlich auf dem Forschungsgebiet der Eikosanoide und Sphingolipide und ihrer Rolle bei Krankheiten wie Entzündungen, Schlaganfall und Krebs.

DAS UNTERNEHMEN NACH 1988

Der plötzliche Tod von Else Kröner bedeutete für Fresenius einen großen Verlust. Ihre Kenntnisse, ihre kommunikativen Fähigkeiten, ihre persönlichen Kontakte und ihr Elan fehlten nun im Unternehmen. Doch das Unternehmen war nicht mehr vergleichbar mit jener Firma, wie sie etwa in den frühen 1960er Jahren bestanden hatte. Damals hätte Fresenius den Verlust von Else Kröner nur schwer verkraften können. Zwei bis drei Jahrzehnte später aber verfügte die Fresenius AG über gänzlich andere Strukturen. Fresenius war ein etabliertes Unternehmen, das sich in verschiedene Bereiche ausdifferenziert hatte und sich auf viele sehr gute Führungspersönlichkeiten stützen konnte. Daher kam es 1988 auch nicht zu tiefgreifenden Veränderungen in der Unternehmensführung.[2]

Den unter Else Kröner begonnenen Expansionskurs behielt die Firmenleitung bei. Dafür sorgte Hans Kröner, der bis 1992 das Unternehmen als Vorstandsvorsitzender weiterführte. Kröner wurde nach seinem Ausscheiden Ehrenvorsitzender des Aufsichtsrates und begleitete das Unternehmen bis zu seinem Tod im Jahr 2006.

Unter Hans Kröners Nachfolger im Unternehmen, Dr. Gerd Krick, kam es bei Fresenius zum verstärkten Ausbau der Medizintechnik. Im Februar 1996 wurde die amerikanische Grace-Tochtergesellschaft National Medical Care mit dem weltweiten Dialysegeschäft des Unternehmens Fresenius zusammengeführt. Die neue Gesellschaft Fresenius Medical Care AG entstand.[3] Nur zwei Jahre später wurde mit dem Erwerb des internationalen Infusionsgeschäfts der amerikanisch-schwedischen Pharmacia &

Upjohn (Kabi) der Ausbau des Pharmabereichs von Fresenius vorangetrieben. Aus der Verbindung des Infusionsgeschäfts von Pharmacia & Upjohn und der Pharmasparte von Fresenius entstand als neue Gesellschaft
das Tochterunternehmen Fresenius Kabi.[4] Im gleichen Jahr, 1998, gab das
Unternehmen das Arzneimittel-Spezialitätengeschäft auf. 2003 entstand
ein ganz neuer Bereich: Fresenius fasste die Biotechnologieaktivitäten in
dem Tochterunternehmen Fresenius Biotech zusammen, um neue The-
rapiemöglichkeiten, in erster Linie auf den Gebieten der Transplantati-
onsmedizin und der Onkologie zu entwickeln sowie das bestehende und
erfolgreiche Geschäft mit dem Immunsuppressivum ATG-Fresenius fort-
zuführen.[5] 1996 erwarb Fresenius die österreichische VAMED AG, deren Leistungsspektrum Engineering und Dienstleistungen für Krankenhäuser und andere Gesundheitseinrichtungen umfasst.[6] Später entstand
für die Entwicklung und Realisierung von Krankenhausprojekten sowie
der Gesamtbetriebsführung und Logistik von Gesundheitseinrichtungen
die Sparte Fresenius Vamed. Während die Grundlagen dieses Bereichs
noch von Else Kröner mit der Gründung von Pharmaplan 1974 selbst geschaffen worden waren, betrat Fresenius mit dem Erwerb von Kliniken
wirkliches Neuland: Fresenius kaufte 2001 eine kleine Klinikgruppe, die
Wittgensteiner Kliniken AG, und 2005 übernahm Fresenius die Helios
Kliniken GmbH, einen der drei führenden privaten Krankenhausbetrei-
ber in Deutschland.[7] Das Krankenhausbetreibergeschäft von Fresenius
firmiert heute unter Fresenius Helios.[8]

Der Kauf von Helios fiel schon in die Zeit nach der Vorstandschaft
Dr. Kricks. Dr. Krick wechselte 2003 in den Aufsichtsrat, dessen Vorsitz er
übernahm. Neuer Vorstandsvorsitzender des Fresenius-Konzerns wurde
Dr. Ulf M. Schneider.[9] Zu den wichtigen Entscheidungen der folgenden
Jahre gehörte neben der Helios-Übernahme die Akquisition der Renal
Care Group in den USA im Jahr 2006, wodurch Fresenius Medical Care
seine marktführende Position in der Dialyse ausbauen konnte, sowie die
Übernahme von APP Pharmaceuticals im Jahr 2008, mit der Fresenius
der entscheidende Schritt gelungen ist, den nordamerikanischen Markt
für Kabi zu erschließen.[10] Im gleichen Jahr wurde das indische Unternehmen Dabur Pharma erworben, womit Fresenius Kabi sein Geschäft mit
intravenös zu verabreichenden generischen Arzneimitteln (I.V. Generika)
ausbaute und im Bereich der onkologischen Arzneimittel expandierte.

In mehr als 20 Jahren seit Else Kröners Tod hat sich Fresenius äußerst
dynamisch entwickelt. Allein zwischen den Jahren 1990 und 2009 konnte
der Umsatz um mehr als das Zwanzigfache gesteigert werden. Im Geschäftsjahr 2009 lag er bei über 14,2 Milliarden Euro. Im Jahr 1990 zählte
Fresenius 4.862 Mitarbeiter, 2010 sind es über 130.000. Heute befindet
sich die Konzernzentrale von Fresenius wieder in Bad Homburg. 1998

war sie von Oberursel zurück nach Bad Homburg in ein modernes Büro-gebäude umgezogen.[11] Zu Ehren der langjährigen Unternehmensleiterin erhielt die Zufahrtsstraße zur neuen Konzernzentrale den Namen Else-Kröner-Straße, und in den Eingangsbereichen der zentralen Gebäude wurden Bronzebüsten von Else und Hans Kröner aufgestellt.[12]

In den über 20 Jahren seit ihrem Tod hat das Unternehmen Dimensio-nen angenommen, die sich im Bad Homburger Kleinbetrieb der 1950er und 1960er Jahre wohl keiner hätte vorstellen können. Aus dem Jahr 1962 ist eine Zukunftsvision überliefert, die Mitarbeiter der damaligen »Dr. Edu-ard Fresenius Chemisch-pharmazeutischen Industrie KG« zum 50-jähri-gen Firmenjubiläum verfasst hatten. Die Vision zeigt, welche Entwicklung die damaligen Mitarbeiter dem Unternehmen zutrauten: »Die Firma Dr. E. Fresenius AG besteht heute, also im Jahr 2012, aus herrlichen Anlagen. Forschungslaboratorien, Produktionsstätten und Verwaltungsbüros sind in vielen kleinen Gebäuden untergebracht, die meisten Großanlagen be-finden sich unterirdisch, sodass der Eindruck einer Villenkolonie entsteht. Am Empfang wird dem Besucher zunächst Blut abgenommen. Er wird in den Auskleideraum geschickt, nimmt ein Bad, wird mit UV bestrahlt und erhält sterile Kleidung. Derart präpariert erhält er die Erlaubnis, den Komplex zu betreten. Im Direktionsgebäude befinden sich die Verwal-tung und die Buchhaltung. Auf dem Flachdach sieht man den eigenen Ra-ketenflugplatz, von dem es stündlich eine Flugverbindung von und nach München gibt. In ihrem Büro sitzt Fräulein Fernau an einem Schreibtisch aus der Gründungszeit der Hirsch-Apotheke. Über einen Monitor kann sie jederzeit überall Einblick gewinnen und den Fortgang der Arbeiten überwachen. Die Kameraaufnahmen werden für spätere Kontrollen ar-chiviert. Für Ferngespräche aus den 2.500 ausländischen Filialen steht ihr eine Übersetzungsmaschine zur Verfügung. Ständig klingelt das Telefon. Zwar gelingt es ihr, den Besucher binnen zwei Stunden in einem kurzen Satz herzlich zu begrüßen, doch für eine Führung durch die Anlage hat Fräulein Fernau selbst leider keine Zeit, ihre Sekretärin soll das überneh-men. Man schreitet an großen lautlosen Maschinen vorbei, die völlig auto-matisch laufen. Keine Menschenseele ist zu sehen, nur Herr Adolf [1962 Mitarbeiter der Forschungsabteilung] steuert vom Kontrollraum aus alles mit Knöpfen. Für die Belieferung von Krankenhäusern wurden Rohrlei-tungen installiert, die direkt neben den Krankenbetten münden und aus denen die bestellten Lösungen sogleich entnommen werden können. In der Forschungs- und Entwicklungsabteilung arbeiten einige hundert Wis-senschaftler in vollklimatisierten Räumen. Herr Hawickenbrauck [1962 Leiter der Forschungsabteilung] füttert ein riesiges Elektronengehirn mit wissenschaftlichen Angaben, es bearbeitet diese und spuckt neue Formeln einfach auf der anderen Seite aus. Die Kontrollabteilung unter der Leitung von Fräulein Dr. Steiff ist stolz auf eine ganz neue Entwicklung: Pyrogene in Tischtennisballgröße. Endlich sind diese in Lösungen äußerst störenden Substanzen leichter herauszufiltern. Der Umgang mit den Versuchskaninchen wurde erheblich erleichtert, denn sie verfügen nun über einen Wortschatz von 50 Wörtern und können so ihre Erfahrungen mit neuen Produkten besser kommunizieren. Nach einem ohnehin schon langen Marsch über das Gelände erreicht man das moderne dreistöckige Gebäude der kaufmännischen Abteilung. Das Unternehmen hat mittlerweile ein dichtes Vertriebsnetz über ganz Deutschland aufgebaut, die Vertreter eines jeden Landkreises sitzen hier beisammen. Alle Vertreter haben noble Firmenwagen, die mit Telefon und Fernsehen ausgestattet sind. Der Kundendienst kann auf die besonders schnelle Abwicklung aller Aufträge stolz sein. Zwischen dem Eintreffen des Auftrages und der Auslieferung an den Kunden vergehen innerhalb Europas höchstens acht Minuten. Die Auslieferung erfolgt per Raketen. Um das Wohl der Mitarbeiter ist Fresenius besonders bemüht und wartet mit zahlreichen sozialen Einrichtungen auf. Inmitten einer weitläufigen Parklandschaft stehen ein großer Speisesaal, eine Bibliothek, Ruheräume, eine Sport- und Schwimmhalle sowie eine eigene Poliklinik und ein Sanatorium zur Verfügung. Urlaub gibt es alle drei Monate. Im Theater, im Kino und in der Konzerthalle findet ein allabendliches Programm statt. Die wöchentliche Arbeitszeit beträgt zwölf Stunden, die Pausen bereits eingerechnet. In der Ladenstraße können alle wichtigen Einkäufe erledigt werden, von Lebensmitteln über Schmuck bis hin zu Autos. Das Kinderzentrum bietet Familien Kindergärten, Schulen, eine Kinderklinik und Spielplätze.«[13]

Vieles war damals fantastisch und ist es noch heute. Aber dass durch die Dynamik ihrer jungen Geschäftsführerin Else Fernau, der späteren Else Kröner, das Unternehmen in eine große Zukunft geführt werden würde, hatten die Autoren bereits erahnt. Sie konnten gut annehmen, dass Else Kröner im Jubiläumsjahr von Fresenius noch am Leben sein würde. Else Kröner hätte im Jahr 2012 ihren 87. Geburtstag gefeiert. Doch sie ist für alle überraschend viel zu früh gestorben. Sie lebt weiter in der Erinnerung derjenigen, die sie kannten und schätzten, und vor allem in ihren beiden Vermächtnissen: der Else Kröner-Fresenius-Stiftung und dem Unternehmen Fresenius.

1 Archiv EKFS, Verfassung der EKFS, § 2. Vgl. zum Folgenden allgemein: Kamp, Michael/Neumann, Florian: Forschung fördern – Menschen helfen. 25 Jahre Else Kröner-Fresenius-Stiftung 1983–2008, München 2008. Zu aktuellen Zahlen vgl. www.ekfs.de. **2** Fresenius Report, Nr. 10, 1989, S. 6. **3** Fresenius Geschäftsbericht 1995, S. 27. **4** Fresenius Geschäftsbericht 1999, S. 14; Fresenius Presseinformation v. 11.12.1998; Fresenius Report Nr. 21, 1998, S. 15. **5** http://www.fresenius.de/internet/fag/de/faginpub.nsf/Content/Fresenius+Biotech+%28Der+Gesundheitskonzern%29 (abgerufen am 01.02.2010). **6** Fresenius Geschäftsbericht 1993, S. 22. **7** Fresenius Geschäftsbericht 2000. Fresenius. Der Gesundheitskonzern. Dienst und Leistung für den Menschen, Bad Homburg 2001, S. 7; Fresenius Geschäftsbericht 2005. Ziele erreichen, Bad Homburg 2006, S. 49. **8** Fresenius Geschäftsbericht 2007. Weiter… denken, Bad Homburg 2008, S. 55. **9** http://www.fresenius.de/internet/fag/de/faginpub.nsf/Content/Vorstand (abgerufen am 1.2.2010). **10** Fresenius Geschäftsbericht 2008 und Pressemitteilung. **11** 90-Millionen-Projekt: Fresenius-Zentrale kehrt zurück, in: Frankfurter Rundschau 01.11.1995. **12** Fresenius-Report, Nr. 21, 1998, S. 20 f. **13** Fresenius Firmenarchiv, Ordner Firmengeschichte, 1962.

QUELLEN

LITERATUR

— 500 Jahre Hirschapotheke, in: Mitteilungen der Industrie- und Handelskammer Frankfurt am Main 1962 (15.06.1962).

— Alphabetisches Verzeichnis der Einwohner und Firmen von Frankfurt am Main, 1924, 1925, 1926, 1927.

— Aus der Geschichte einer deutschen Apotheke 1462–1937. Zum Jubiläum der Fresenius'schen Hirsch-Apotheke in Frankfurt am Main, Frankfurt am Main [1937].

— BÄUMLER, Ernst: Die Rotfabriker. Familiengeschichte eines Weltunternehmens, München 1988.

— BENDIX, Werner: Die Hauptstadt des Wirtschaftswunders. Frankfurt am Main 1945–1956, Frankfurt am Main 2002.

— BEYERSTEIN, Barry L./BEYERSTEIN, Dale F. (Hrsg.): The Write Stuff. Evaluations of Graphology. The Study of Handwriting Analysis, New York 1992.

— BRÖER, Ralf: Art. Herxheimer, Karl, in: Eckart, W. U./Gradmann, C. (Hrsg.): Ärzte Lexikon. Von der Antike bis zur Gegenwart, Berlin (Springer) 2001, S. 158.

— CRÜWELL, Konstanze: Von Fürsten, Quellen und Roulette. Kleine Promenade durch die Bad Homburger Geschichte, Frankfurt am Main 1996.

— DOSSMANN, Axel/WENZEL, Jan/WENZEL, Kai: Operative Architektur – Zur Geschichte transportabler Holzbaracken. In: Zuschnitt 36 (2009), S. 18 f., http://www.proholz.at/zuschnitt/36/transportabel.htm, 14.01.2010.

— FRESENIUS, Eduard: Zur Reform des Apothekenwesens. Inaugural-Dissertation zur Erlangung der Doktorwürde der philosophischen Fakultät der Grossherzoglich Hessischen Ludwigs-Universität zu Giessen, Giessen 1906.

— FRESENIUS, Remigius: Karl Remigius Fresenius 1818 bis 1897. Nassauische Lebensbilder. 1939; 1. S. 191–203.

— Fünfzig Jahre Schillerschule Frankfurt a. M. 1908–1958, Frankfurt am Main 1958.

— Geschichte der Eisenwerke Buderus, 2. Bde: Vom Ursprung und Werden der Buderus'schen Eisenwerke Wetzlar; Band II: Die Neuere Geschichte der Buderus'schen Eisenwerke. München 1938.

— Gesetz über die Aufwertung von Hypotheken und anderen Ansprüchen (Aufwertungsgesetz) vom 16. Juli 1925 nebst Gesetz über die Ablösung öffentlicher Anleihen vom 16. Juli 1925, Leipzig 1925.

— GOETHE, Johann Wolfgang: Dichtung und Wahrheit. Erster Teil. Viertes Buch. Hamburger Ausgabe. Band 9, Autobiographische Schriften, München 1988.

— HAMBURGER, Franz: Ueber die perkutane Anwendung des Tuberkulins. In: Münchener Medizinische Wochenschrift 48, 1922, S. 1664.

— HAMMERSTEIN, Notker: Die Johann Wolfgang Goethe-Universität Frankfurt am Main. Von der Stiftungsuniversität zur staatlichen Hochschule. Neuwied-Frankfurt 1989.

— Handbuch Altfrankfurter Firmen, Frankfurt am Main 1955.

— HEDWIG, Andreas (Hrsg.): Zwangsarbeit während der NS-Zeit. Nachweisbeschaffung, historische Forschung und Auseinandersetzung mit der Vergangenheit in Hessen, Marburg 2005.

— HOFMANN, Friedrich: Lebendiges Bad Homburg v.d.H. Seine Vergangenheit und Gegenwart, Bad Homburg 1960.

— HUHLE-KREUTZER, Gabriele: Die Entwicklung arzneilicher Produktionsstätten aus Apothekenlaboratorien: dargestellt an ausgewählten Beispielen, Stuttgart 1989.

— HUTTARSCH, Reinhold/MÜLLER, Michael: Lollar beiderseits der Lahn. Lollar 1984.

— IfAp Service-Institut für Ärzte und Apotheker GmbH (Hrsg.): 50 Jahre IfAp. Streiflichter aus der Geschichte der Pharmazie in Deutschland, Bad Saarow-Neu Golm 1999.

— Institut Fresenius Gruppe (Hrsg.): 1848–1993. 145 Jahre Unternehmensgeschichte. Eine kleine Chronik, Wiesbaden 1993.

— JANEWAY, Charles u. a.: Immunologie, Heidelberg/Berlin 2002.

— KLÖTZER, Wolfgang: Frankfurt in den Zwanziger Jahren. Mit einem Ausblick auf die dreißiger, Würzburg 1984.

— KLÖTZER, Wolfgang (Hrsg.), Frankfurter Biographie. Erster Band: A-L, Frankfurt am Main 1994.

— KLÖTZER, Wolfgang: Sachsenhausen – Mehr als nur ein Vorort der Metropole Frankfurt am Main, in: Ders.: »Keine liebere Stadt als Frankfurt«. Kleine Schriften zur Frankfurter Kulturgeschichte II, Frankfurt am Main 2000.

— KLÖTZER, Wolfgang: »Wahrlich eine schöne und lebendige Stadt...« Kleine Schriften zur Frankfurter Kulturgeschichte (Archiv für Frankfurts Geschichte und Kunst 60), Frankfurt am Main 1985.

— KRÖNER, Hans: 75 Jahre Fresenius 1912–1987. Bericht über das Unternehmen zur Außendiensttagung am 24.9.87.

— KRÖNER, Hans: Erinnerung an Else Kröner aus Anlaß des zehnten Todestages, o. O. [Bad Homburg] o. J. [1988].

— KRÖNER, Hans: Erinnerungen und Gedanken, o. O. [Bad Homburg], o. J.

— KRÖNER, Hans: Rückschau auf 60 Jahre, o. O. [Bad Homburg], o. J. [1985].

— KRÖNER, Hans: Rückschau und Ausblick, o. O. [Bad Homburg], o. J. [1981].

— LENZ, Friedrich: Die Wirtschaftswissenschaft in Gießen. Ein Beitrag zur Geschichte der politischen Ökonomie, in: Die Universität Gießen 1607 bis 1907. Festschrift zur dritten Jahrhundertfeier, Bd. 2, Gießen 1907, S. 375–396.

— LERNER, Franz: Das tätige Frankfurt im Wirtschaftsleben dreier Jahrhunderte (1648–1955), Frankfurt am Main 1955.

— MALLEBREIN, Wolfram: Der Reichsarbeitsdienst. Dokumentation der Geschichte und Entwicklung, Coburg o. J.

— MANZKE, Hermann: Sanitätsrat Dr. August Steffen (1825–1910). Nestor und Spiritus rector der Kinderheilkunde in Deutschland und Mitteleuropa, Kiel 2005.

— MATHY, Helmut: Johannes Gutenberg-Universität Mainz. Die erste Landesuniversität von Rheinland-Pfalz, Mainz 1997.

— Merck KGaA (Hrsg.): Die Marke im Wandel der Zeit, Darmstadt o. J.

— MOLL, Friedrich/HEILMANN, Peter: Die Entwicklung der Pharmazie an der Mainzer Universität nach 1945, in: Dilg, Peter (Hrsg.): Pharmazie in Mainz. Historische und aktuelle Aspekte, Berlin 2006.

— MORGAN, Dagmar G.: Weiblicher Arbeitsdienst in Deutschland, Darmstadt 1978.

— MÜLLER, Rudolf: »Der Mann hat viel für uns getan«, in: Stern, Nr. 24, 09.06.1988.

— NAPP-PETERS, Anneke: Adoption – das alleinstehende Kind. Geschichte, Rechtsprobleme und Vermittlungspraxis, Darmstadt 1978.

— Neue Deutsche Biographie, Band 18, Berlin 1997.

— NEUHÄUSER-BERTHOLD, M./BÖHLER, S./ BERTHOLD, D./BÄSSLER, K.H.: Infusionslösungen mit hohem Anteil an verzweigtkettigen Aminosäuren (VKAS) und hochprozentige Aminosäurelösungen im experimentellen Tiermodell, in: Infusionstherapie 1987, S. 262–266.

— NORDMEYER, Helmut: Sachsenhausen – Ansichten. Bilder aus Alt-Sachsenhausen vom 16. Jahrhundert bis zur Gegenwart, Frankfurt am Main 1998.

— NOTTER, Bettina: Leben und Werk der Dermatologen Karl Herxheimer (1861–1942) und Salomon Herxheimer (1841–1899), Diss. Univ. Frankfurt, 1994.

— OELSCHLÄGER, Herbert/UEBERALL, Sieglinde: Die Pharmazie an der Universität Frankfurt am Main im Wandel der Zeiten, Mainz 2006.

— PAULI, Friedrich Wilhelm. Homburg vor der Höhe und seine Heilquellen, Frankfurt 1842.

— PERSCHKE-HARTMANN, Christiane: Die doppelte Reform. Gesundheitspolitik von Blüm zu Seehofer, Opladen 1994.

— PLEWIG, Gerd/LÖSER, Christoph: Art. Herxheimer, Karl. In: dies. (Hrsg): Pantheon der Dermatologie, Heidelberg 2008, S. 447–451.

— PLEWIG, Gerd/CHRISTOPH Löser (Hrsg.): Pantheon der Dermatologie. Herausragende historische Persönlichkeiten, Heidelberg (Springer) 2008.

— POTH, Susanne: Carl Remigius Fresenius. (1818–1897). Wegbereiter der analytischen Chemie, Stuttgart 2006.

— Presse- und Informationsamt der Stadt Frankfurt am Main (Hrsg.): Frankfurt 1933–1945. Unterm Hakenkreuz, Frankfurt am Main 1999.

— RAMSTETTER, Heiner: Eugen de Haën, in: Hannoversche Geschichtsblätter, Neue Folge, Bd. 20 (1966), S. 107–190.

— ROSCHKE, Gerda [ehem. Mitarbeiterin]: »Die gute alte Zeit«. In: Fresenius Report Nr. 4, 1986, S. 12.

— SCHÄFER, Kurt: Schulen und Schulpolitik in Frankfurt am Main 1900–1945 (Studien zur Frankfurter Geschichte 35), Frankfurt am Main 1994.

— SCHEMBS, Hans-Otto: Das war das 20. Jahrhundert in Frankfurt am Main, Gudensberg-Gleichen 2005.

— SCHEMBS, Hans-Otto: Erinnerung an Frankfurt. In den Jahren 1945–1960, Würzburg 2000.

— SCHITTENHELM, A.: Carl von Noorden zum 70. Geburtstag. In: Münchener Medizinische Wochenschrift (Nr. 36, 1928), S. 1555–1556.

— SCHMID, Armin: Frankfurt im Feuersturm. Die Geschichte der Stadt im Zweiten Weltkrieg, Frankfurt am Main 1965.

— SCHMITZ, Rolf/FRIEDRICH, Christoph/ MÜLLER-JAHNCKE, Wolf-Dieter: Die Geschichte der Pharmazie. Bd. 2: Von der frühen Neuzeit bis zur Gegenwart, Eschborn 2005.

— SCHOTT, Heinz: Chronik der Medizin, Gütersloh/München 1993.

— SCHRÖDER, Gerald: NS-Pharmazie. Gleichschaltung des deutschen Apothekenwesens im Dritten Reich. Ursachen, Voraussetzungen, Theorien und Entwicklungen, Stuttgart 1988.

— SEYFFART, Günter: Giftindex. Dialyse und Hämoperfusion bei Vergiftungen, Bad Homburg 1975.

— STRECK, Wolf Rüdiger: Chemische Industrie. Strukturwandlungen und Entwicklungsperspektiven, Berlin 1984.

— THAMER, Hans-Ulrich: Verführung und Gewalt, Berlin 1998.

— TRAPP, Eduard Christian: Homburg und seine Heilquellen, Darmstadt 1837.

— Unterhaltungsblatt der Hirsch-Apotheke Frankfurt am Main von Dr. Fresenius seinen Freunden und Kunden gewidmet. 2 Jahrgänge: 1933 (Nummer 1–8), 1934 (Nummer 9).

— VAHRENKAMP, Richard: Die Entwicklung der Speditionen in Deutschland 1880 bis 1938. Neue Geschäftsfelder, neue Kooperationsformen und neue Regulierungen (Working Papers in the History of Mobility No 11 (2007). Online unter: http://www.vahrenkamp.org/WP11_Speditionen.pdf (abgerufen am 15.11.2008).

— VIEHÖVER, Ulrich: Die EinflussReichen. Henkel, Otto und Co – Wer in Deutschland Geld und Macht hat, Frankfurt am Main 2006.

— WAGNER, Leonie: Nationalsozialistische Frauenansichten. Vorstellungen von Weiblichkeit und Politik führender Frauen im Nationalsozialismus, Frankfurt am Main 1996.

— WALSH, Gerta: Schornsteine in der Kurstadt. Anfänge der Bad Homburger Industrie, Frankfurt am Main 1993.

— WATZKE-OTTE, Susanne: »Ich war ein einsatzbereites Glied in der Gemeinschaft...« Vorgehensweise und Wirkungsmechanismen nationalsozialistischer Erziehung am Beispiel des weiblichen Arbeitsdienstes, Frankfurt am Main 1999.

— WESTENHOFF, Inge: Ein »Diätpavillon« im Kurort. In: Zeitschrift der Reichsfachschaft Technische Assistentinnen, 5 (1938), Heft 5, S. 1–5.

ARCHIVALIEN

AMTSGERICHT BAD HOMBURG, REGISTERGERICHT
— Abt. 3 IV 229/45: Nachlass Else Fresenius
— Abt. 4 IV 425/44: Testamentsakten Dr. E. Fresenius
— Abt. 4 IV 574/70: Erbvertrag Scheele/Fernau
— Registerblatt 2617, HRB 10660, Bd. 4–25: Fresenius AG / SE 1987–2006

ARCHIV BEITEN BURKHARDT RECHTSANWALTSGESELLSCHAFT MBH, FRANKFURT
— Akten Kröner Adoptionen

ARCHIV DER ELSE KRÖNER-FRESENIUS-STIFTUNG BAD HOMBURG
— Nachlass Else Kröner

BAUAUFSICHT DES TECHNISCHEN RATHAUSES FRANKFURT
— Liegenschaft »Zeil 111« (im Besonderen »Hirsch-Apotheke«), Akten 1949–2003

BAYERISCHES WIRTSCHAFTSARCHIV MÜNCHEN
— Bestand AGROB AG

BUNDESARCHIV KOBLENZ
— R 77: Reichsarbeitsdienst
— Zsg 145: Sammlung zur Geschichte des Freiwilligen Arbeitsdienstes / Reichsarbeitsdienst

FIRMENARCHIV FRESENIUS SE BAD HOMBURG
— Tageskopien Hans Kröner
— Protokolle der Geschäftsführungsbesprechungen

— Protokolle der Aufsichtsratssitzungen
— Protokolle der Vorstandssitzungen
— Geschäftsberichte

HESSISCHES HAUPTSTAATSARCHIV
WIESBADEN
— Abt. 252/5: Arbeitsgau Hessen/Süd; Liste
der Deutschen Arbeitsfront (DAF)
— Abt. 461 /37387: Meldekartei der Gestapo
— Abt. 483/7328: Gauverwaltung Hessen-
Nassau, Hauptstelle Arbeitseinsatz, Stelle:
Lagerbetreuung
— Abt. 484, Nr. 110: Hirsch-Apotheke
— Abt. 501 - Nr.632: Spruchkammerakten Usin-
gen und Hochtaunus (HG)
— Abt. 501 - Nr.625: Spruchkammerakten Usin-
gen und Hochtaunus (HG)
— Abt. 501 - Nr.1304: Spruchkammerakten
Usingen und Hochtaunus (HG)
— Abt. 501 - Nr.1386: Spruchkammerakten
Usingen und Hochtaunus (HG)
— Abt. 507, Nr. 297: Dr. Eduard Fresenius KG
1946 (Betriebserlaubnis, Präparate)
— Abt. 507, Nr. 5847: Dr. E. Fresenius KG
1971/72 (Schriftverkehr mit Kreissparkasse
des Obertauniskreises, Kredite)
— Abt. 519/3, Nr. 14.355: Devisenprüfung 1939
— Abt. 519/3, Nr. 15.541: Devisenprüfung 1939
— Abt. 519/3, Nr. 23.952: Devisenprüfung
1939/40
— Abt. 519/3, Nr. 34.605: Devisenprüfung/Zoll-
fahndung 1936/37
— Abt. 1198, Nr. 720: Aus der Geschichte einer
deutschen Apotheke 1462–1937
— Bildarchiv: Schillerschule

HESSISCHES STAATSARCHIV DARMSTADT
— G 19 A: Obermedizinaldirektion

HESSISCHES WIRTSCHAFTSARCHIV
DARMSTADT
— Abt. 3, 2249: Dr. E. Fresenius KG 1946
(Monthly Production Report; Industrial
Investigation Report)
— Abt. 3, 4937: Preisliste 1945
— Abt. 3, 5924: Hirsch-Apotheke 1963/64, Inh.
Haid
— Abt. 1108, 186: Presse 1986–89

IHK FRANKFURT AM MAIN
— Bestand Fresenius, Bad Homburg

INSTITUT FÜR STADTGESCHICHTE/STADT-
ARCHIV FRANKFURT AM MAIN
— Adressbücher der Stadt Frankfurt
— Bildarchiv: Bilder Sachsenhausen 1920er,
Bilder Zeil 1930/50er
— Einwohnermeldekarte Fernau (ohne Signatur)
— Magistratsakten 7.378, 4506/1, Bd. 1: Defaka,
Kaufhaus Wronker

— Schulamt 1633, Anh. K46/St2, Abt. DD, Nr.
3, Bd. 1: Kaufmännische Privatschule von
Carl und Dr. W. Steinhöfel
— Schulamt 1634, Anh. K46/St2, Abt. DD, Nr.
3, Bd. 2: Kaufmännische Privatschule Dr. W.
Steinhöfel
— Schulamt 3293, Abt. DD, No. 1, Bd. 3: Private
Fortbildungs- und Fachschulen
— Schulamt 7484, Bd. 3: Privatschule Steinhöfel
— S3/M1615: Steinhöfel

REGIERUNGSPRÄSIDIUM DARMSTADT,
AUSSENSTELLE WIESBADEN, ABTEILUNG
ARBEITSSCHUTZ UND UMWELT
— Akten der Fresenius KG 1954–1980

STADTARCHIV BAD HOMBURG
— A 04-1047 (Laufzeit 1947–1960): Erfassung
von Evakuierten in Bad Homburg
— A 04-1049: Erfassung von Ausländern in Bad
Homburg, Band I (1940–1947/1948)
— A 04-1050: Erfassung von Ausländern in Bad
Homburg, Band II (1948–1960)
— A 04-1051: Liste der bei den Fliegerangriffen
auf Homburg getöteten Personen
— A 04-1058 (1939–1948): Listen und Berichte
über die statistische Erfassung von
Ausländern Band I
— A 04-1059 (ab 1948): Listen und Berichte
über die statistische Erfassung von
Ausländern Band II
— A 04-1060 (bis 1970): Listen und Berichte
über die statistische Erfassung von
Ausländern Band III
— A 04-1061: Berichte der Spruchkammer des
Landkreises Obertaunus A–D
— A 04-1065: Berichte der Spruchkammer des
Landkreises Obertaunus T–Z
— Adressbücher 1933–1984/85

STADTARCHIV DARMSTADT
— Bildarchiv DA/G/3.08.1: Arbeitsmaiden
HEAG, Straßenbahn RAD/KHD

STADTARCHIV LOLLAR
— Geburten-Erstbuch 1886–1895: Geburt Thekla Therese Reucker

STADTARCHIV MÜNCHEN
— PMB G451: Eltern Kröner (Meldeunterla-
gen)

STANDESAMT FRANKFURT AM MAIN MITTE
— Familienbuch Kröner/Fernau
— Geburtenbuch 1851–1898: Geburt Fresenius
— Totenbuch 1929: Tod Christoph Fernau
— Trauungsbuch 1872: Eltern Fresenius

UNIVERSITÄTSARCHIV ERLANGEN
— Studentenkartei: Immatrikulation und Exma-
trikulation Else Fernau

UNIVERSITÄTSARCHIV GIESSEN
— Allg Nr. 1268: Matrikeleintrag Eduard
Fresenius

— Allg Nr. 1282: Inskription
— Immatrikulationsakte Eduard Fresenius
  (ohne Signatur)
— Phil Prom Nr. 333: Promotionsakte

UNIVERSITÄTSARCHIV MAINZ
— Studentenkartei: Studienunterlagen Else
  Fernau (ohne Sig.)

UNIVERSITÄTSARCHIV LMU MÜNCHEN
— Stud.-Kart. I (Kröner, Hans): Studentenkartei 1929–33

WEBSITES

— www.freundeskreis-schloss-hungen.de/
  geschichte.html (abgerufen 29.10.2009)
— www.institut-fresenius.de/ueber_uns/histo
  rie/index.shtml (abgerufen am 16.5.2009)
— www.krankenhaus-sachsenhausen.de/index.
  php?id=5 (abgerufen am 06.02.2009)
— www.stadtgeschichte-ffm.de/download/sach
  senhausen.pdf
— www.woehlerschule.de/cms/front_content.
  php?idart=259 (abgerufen 28.04.2009)
— www.zonta-union.de/dasistzonta.htm (abgerufen am 13.05.09)

ZEITZEUGEN

Wir danken insbesondere den folgenden Personen, die uns über Else Kröner, das Unternehmen Fresenius und die Else Kröner-Fresenius-Stiftung in Interviews wertvolle Informationen geben konnten:

Ingrid Banecki
Helga Delp
Prof. Dr. Barbara Dölemeyer
Ralf Düringer
Walter Fuchs
Gerda Gaul
Robert Hartwig
Dr. Hans-Ulrich Hawickenbrauck
Klaus Heilmann
Rudolf Herfurth
Elizabeth Keil
Dr. Gerd Krick
Detlef Kröner
Gesa Kröner
Anneliese Maier
Dr. Bernd Mathieu
Johann Mesch
Dieter Metzner
Ida Owschimikow
Friedrich Podzemny
Charlotte Rieger
Wolfgang Rietzschel
Franz Schafferhans
Marianne Schmidt
Dr. Matthias Schmidt
Dr. Karl Schneider
Klaus Schrott
Bärbel Singh
Dr. Manfred Specker
Gerd Thomas
Manfred Zimmermann